L'enlèvement

Du même auteur

Édouard Drumont, Perrin, 2008.
Le nouveau FN. Les vieux habits du populisme, Seuil, 2016.
Hôtel de Bretagne. Une famille française dans la guerre et l'épuration, Flammarion, 2019.

Grégoire Kauffmann

L'enlèvement

Flammarion

978-2-0802-0614-5

À mon fils Ignace

1

LES BRAUDIÈRES

Le samedi 25 mai 1985, enfin libres. La sonnerie de 12 h 30 vient de retentir. Elle annonce un week-end prolongé. Trois jours de relâche, lundi de Pentecôte en bonus. Dans les couloirs, les meneurs de la classe braillent aux oreilles des filles les paroles du tube de l'année : « Mélissa, métisse d'Ibiza, a des seins tout pointus ». Trois semaines plus tôt, ils ont écopé d'un avertissement pour l'avoir interprété en rigolant sous le nez des pionnes. Ils récidivent en dévalant l'escalier qui les mène vers la liberté.

Chaque samedi, la sortie du collège parisien François-Villon, dans le XIVe arrondissement, rejoue les mêmes embrouilles. Combats de regards, claques sur la nuque, coups de pression, dépouille. Les maîtres du jeu sont reconnaissables à leurs Yamaha Chappy qui bourdonnent et virevoltent autour du terre-plein. D'un gabarit réduit, bien campé sur ses gros pneus, le cyclo fétiche des bandes de la porte de Vanves ressemble à une mini-moto de manège. Gare aux gitans du « 15.6 » qui font des roues devant les grilles. « 15.6 », pour 156, rue Raymond-Losserand. L'adresse accueille un îlot de brique rouge adossé aux voies ferrées desservant la gare Montparnasse. Les gitans font partie des premiers habitants de ces immeubles sortis de terre à la fin des années 1920. Chassés de la zone aujourd'hui recouverte par le périphérique, ils avaient été relogés dans la cité flambant neuve et s'y sont sédentarisés. À François-Villon, la rumeur leur prête les plus terribles forfaits : yeux crevés à la pointe de compas, victimes embarquées dans un coffre de voiture, attachées à un arbre et travaillées au chalumeau.

Du haut de mon mètre quarante, je rase les murs de la rue Maurice-Noguès qui borde le collège. Depuis mon arrivée dans la 6e 4 de François-Villon, j'ai troqué le cartable bicolore Tann's en croûte de cuir, fierté de ma mère au jour de la rentrée, pour un sac US kaki constellé de taches fluos – effet des gouttes de Javel répandues par mes soins sur la toile. De la coupe au bol « à la Mireille Mathieu » qui me fit charrier par les copains de CM2, j'ai évolué vers la coiffure en vogue chez les grands du collège : en brosse, avec une petite queue tombant sur la nuque. Dans la cour de François-Villon, la mode est aux tee-shirts noirs sans manches, aux baskets montantes, aux jeans serrés. La panoplie des lascars du plateau de Vanves. Ils vouent aussi un culte au survêtement peau de pêche Adidas. J'essaie de les imiter. Comme eux, je fume en cachette des News avec mes copains. Mais ceux qui font la loi dans la cour me tiennent pour un bouffon. J'essuie des baffes. En boucle, j'écoute moi aussi « Mélissa » sur mon walkman, sans oser me joindre au tapage des meneurs qui déclament la rengaine des seins pointus en passant sous la fenêtre du conseiller d'éducation.

Trois mois plus tôt, deux élèves de 4e m'ont coincé au bout d'un couloir. Deux masses, multiredoublants en cheville avec les caïds du 15.6. Torsion d'oreille, de nez, low-kicks. « Bouffon, reviens demain ici même avec deux pièces de 5 francs et un yoyo Roll'in Russel à motif Fanta ou Sprite. » Le lendemain, nouvelle râclée. Au retour des vacances de Pâques, après révélation de l'embrouille à mes parents et sur leur instance, je dénonçai mes racketteurs au conseiller d'éducation, qui les fit exclure du collège. Ma réputation de délateur était établie. Depuis lors, je suis dans le viseur des conducteurs de Chappy. Le samedi midi, j'évite de traîner devant les grilles de la rue Maurice-Noguès.

Je cherche du regard la Renault 9 blanche qui doit m'emmener loin d'ici. Ouf, elle stationne à l'angle de l'avenue Marc-Sangnier. À l'avant, ma mère et ma grand-mère. Derrière elles, mon petit frère Alexandre. Je grimpe à ses côtés sur la banquette. Direction Les Braudières, lieu-dit à Montrieux-en-Sologne. Mes parents y louent une ancienne ferme à l'année.

La présence de ma grand-mère Imelda Brunerie, née Le Garrec, annonce rarement une ambiance sereine. Bavarde, raisonneuse, se faisant fort de redresser nos manières d'enfants gâtés, l'énergique et envahissante Bretonne suscite chez sa fille un raidissement, une nervosité qui altèrent sa patience face à nos chahuts. D'autres nuages semblent voiler l'humeur de ma mère. Mercredi, mon père s'est envolé pour Beyrouth. Retour prévu le mercredi suivant, 29 mai, jour anniversaire des dix ans de mon frère Alexandre. Le lendemain de son départ, chez ma tante Armelle à Carrières-sur-Seine, ma mère a passé toute la soirée au téléphone. À travers les mots saisis au vol derrière la porte du bureau où elle s'était barricadée, j'ai compris qu'il était question de mon père. Une anomalie vaguement inquiétante semble s'être glissée dans le dispositif des adultes. L'énervement est palpable sous l'habitacle de la Renault qui file vers le périph.

Avenue de la Porte-de-Vanves, un Chappy slalome entre les voitures. Il s'est échappé de l'armada qui vrombissait cinq minutes plus tôt devant l'entrée du collège. Panique à bord. Je m'aplatis fissa sur la banquette arrière, hurle à fendre les tympans. J'implore ma mère de nous extirper des embouteillages. À son tour elle hausse la voix, l'inflexion montant très haut dans les aigus. Qu'est-ce que ce petit racketteur sur sa moto naine qui terrorise son fils ? Deux coups de volant plus tard, elle s'arrête à hauteur du deux-roues. Par la fenêtre, elle lance en direction du Chappy : « Petit con ! » Dans le raffut des moteurs et des klaxons, il n'est pas sûr que l'apostrophe ait atteint les oreilles de son destinataire. Qu'importe, ce morceau de bravoure va déchaîner la foudre sur les occupants de la Renault. Hoquetant de larmes, je vocifère que ma mère a signé mon arrêt de mort : les gitans vont me retrouver pour solder l'offense, pourquoi pas au chalumeau. Le volant dans une main, ma mère utilise l'autre pour expédier des tartes à l'aveugle dans ma direction. Imelda s'en mêle, tempête contre le petit drôle qui lui casse les pieds avec ses cris de chat-huant et ses gigotements.

L'orage lentement retombe. Autoroute A10. Sainville, Orléans. Voie départementale vers Beaugency. La Ferté-Saint-Cyr, Dhuizon. Enfin, Les Braudières. On est arrivés, les enfants. Sitôt descendue de la voiture, Imelda m'allonge une baffe sonore. Je la méritais, précise-t-elle, depuis ma crise de nerfs au départ de Paris.

À défaut de téléphone, la maison des Braudières est reliée au monde extérieur par une vieille télé en noir et blanc et un poste transistor. Au menu des infos du lendemain, dimanche 26 mai 1985, l'attaque d'un train par les Khmers rouges au nord de Phnom Penh. L'incendie d'un pétrolier japonais. Retour sur la tentative d'assassinat de Jean-Paul II : l'enquête avance, la piste bulgare se précise, le tireur serait un mercenaire au service de l'Union soviétique. Héroïne du feuilleton *Châteauvallon*, Chantal Nobel est toujours entre la vie et la mort. Un mois plus tôt, sortie de l'émission *Champs-Élysées*, elle fonçait sur une départementale dans la Porsche 924 Carrera GT conduite par Sacha Distel. Aux abords de Tracy-sur-Loire (Nièvre), dérapage, pylône percuté violemment, tonneau. Sacha Distel en fut quitte pour une blessure légère. Chantal Nobel souffre d'un traumatisme crânien et de plusieurs fractures au bassin.

Casquette pied-de-poule et canne à la main, François Mitterrand gravit la roche de Solutré. Les journalistes le questionnent sur les increvables chaussures de toile verte que, chaque dimanche de Pentecôte depuis la Libération, il porte pour gravir la roche. Sont-elles de vraies Pataugas ? « C'est une imitation, fabriquée par une usine de Château-Chinon qui s'appelle Morvan Chaussures, je crois », précise le Président. Une réaction sur la dernière sortie de Jacques Dominati ? Le député UDF de Paris suggère de faire couper l'électricité au palais de l'Élysée si, d'aventure, le Président choisissait d'y prendre racine en cas de victoire de la droite. « L'Élysée a son groupe électrogène. C'est un ignorant. » Un pronostic sur le résultat des législatives, en mars prochain ? « Ne nous hâtons pas de conclure », répond Mitterrand. Pendant ce temps, à Presles, dans le Val-d'Oise, Arlette Laguiller tient meeting commun avec Alain Krivine. Ils accusent « la pleutrerie et les reniements de la gauche officielle ». « Le socialisme nouveau est né. Son symbole : "touche pas à mon patron" [1]. »

L'après-midi s'étire dans l'ennui, bavardage d'Imelda en sourdine. Je file par le chemin qui mène à la rivière et aux étangs. À mon retour, la cour des Braudières est en plein branle-bas. Aux injonctions d'Imelda, aux commandements aigus de ma mère se mêlent les pleurs de mon petit frère Alexandre et le grésillement de la radio portative qui résonne dans la cour. Que dit cette radio que les deux adultes cherchent à couvrir de leurs voix ? J'essaie de m'approcher du poste. Imelda me fait barrage. M'engueule. Mais les mots du flash info filtrent jusqu'à mes oreilles. Beyrouth, Jean-Paul Kauffmann, disparition, taxi, Michel Seurat, aéroport, barrage, mitraillette. Souvenirs de Joëlle Kauffmann : « Ma mère a dit : "Les enfants, taisez-vous ! N'écoutez-pas !" Et ils ont cru un instant que leur père était mort [2]. »

De guerre lasse, Imelda et sa fille finissent par lever l'interdiction faite aux enfants d'écouter les nouvelles. Au journal télévisé de 20 heures, regardé tous ensemble ce soir-là, la reprise des mêmes mots accompagne des images de ruines, de tirs d'obus et de foules libanaises en colère. Beyrouth venait de s'inviter dans la famille.

2

LES ARCHIVES DANS LA MAISON

Calé sur son siège côté couloir, son MacBook déplié devant lui, Yann attaque la rédaction d'un papier destiné aux pages nécrologiques du *Monde*. Sujet : un historien célèbre, bientôt quatre-vingt-neuf ans, l'âge canonique pour que les rubricards du quotidien s'avisent de préparer le dossier qui lui sera consacré au lendemain de sa mort. La pige commandée à mon compagnon de voyage traite du futur disparu à la lumière de sa pratique des archives du Moyen Âge. Je somnole côté fenêtre, m'étant couché tard la veille. Quand notre TGV Ouigo arrive en gare de Bordeaux, il a déjà fini son article. L'érudition joyeuse qui s'en dégage, c'est la marque de Yann Potin, un mélange, au physique, de Balzac et de Balavoine, ogre de savoirs, touche-à-tout, archiviste, bourlingueur.

Toujours sur sa faim, Yann Potin butine son miel des manuscrits de Michelet à ceux de Françoise Dolto ou de Gisèle Halimi, des scribes de Saint Louis à la géomorphologie du Nivernais, des parchemins de Jérusalem aux ornements des grottes de Lascaux. L'érudition de cette encyclopédie vivante opère au grand air, en partage, s'éprouve par le corps, la bouffe, le vin, les kilomètres parcourus entre initiés sur les sentiers de randonnée au cœur des campagnes françaises. Plaçant l'amitié au-dessus de tout, l'ancien camarade de khâgne de mon cadet Alexandre est devenu comme un frère pour moi.

Parmi les multiples casquettes de Yann, sa qualité de chargé d'études documentaires aux Archives nationales me vaut de voyager avec lui en ce matin du 30 juin 2018. Débarqués à Bordeaux, nous prenons la correspondance pour Ychoux, village de Haute Lande où ma mère nous attend pour nous conduire en voiture vers le trésor que nous espérons découvrir aux Tilleuls. C'est dans ce lieu-dit, à l'ombre des pins, que mes parents s'installent chaque année du début du printemps à la fin de l'été. Maison de la liberté retrouvée pour mon père, qui en fit l'acquisition en 1989, l'année suivant sa libération. Lieu où furent enfouies, à la même époque, les archives du comité de soutien des Amis de Jean-Paul Kauffmann. C'est le sens de la visite de Yann dans ma famille – et un bon prétexte pour passer deux jours ensemble : explorer cette masse documentaire, en vue d'un don éventuel aux Archives nationales. Comparant le collecteur de papiers à un alchimiste, changeant le plomb en or, Yann consacre une partie de sa vie à transformer les traces du passé en archives, pour le présent et le futur : ces restes, dit-il en s'amusant de sa formule, composent une « archi-vie ».

Les papiers du comité reposent dans un imposant coffre en bois situé dans la grange attenante à la demeure principale. Depuis vingt-neuf ans, personne ne l'a jamais ouvert. Transformée en remise, la pièce accueille pêle-mêle outils de jardinage, produits désherbants, rouleaux de grillage, tuyaux, échelles, sacs de semences pour l'airial. Il y fait sombre ; la remise n'a pas de fenêtres. Recouvert d'une vieille bâche et d'ustensiles, le coffre, laissé par l'ancien propriétaire, est relégué dans un angle sombre au fond de la resserre. Avant que je ne m'ouvre à Yann de son existence, l'idée ne m'était jamais venue d'y jeter un œil.

Maintenant que nous sommes là, j'ai hâte d'emmener mon ami voir ce qu'il contient. Mais lui n'est pas pressé. Yann n'en est pas à sa première incursion chez des particuliers pour cause d'archives sensibles à expertiser. L'opération exige au préalable un temps de battement pour prendre le pouls de la famille, gagner sa confiance, se faire accepter. Elle réclame un sens affûté de la psychologie.

Le gisement caché au fond de la remise se rapporte à une période douloureuse pour les Kauffmann – nos « années couleur d'étain », selon l'expression de ma mère [1]. À coup sûr, ces archives renferment un trauma que la paix des lieux devrait inciter à tenir sous clé. Inutile, donc, de brusquer les choses. Délaissant la grange, Yann et moi accompagnons ma mère choisir oignons et concombres dans la petite ferme bio où elle a ses habitudes. Le soir, pour fêter notre invité, mon père sort de la cave une bouteille de saint-estèphe, Haut-Marbuzet 2003.

Le lendemain matin, j'observe l'archiviste-manutentionnaire à l'œuvre. Yann engage tout son corps, souffle et sue, soulève des kilos. À l'ouverture du coffre, nous sommes saisis par une violente odeur de papier moisi, de vieille encre, de rance, mêlée à celle des fientes de souris. À l'intérieur, la plupart des dossiers sont emmaillotés dans des sacs en plastique. Il y en a plusieurs dizaines. Privées de protection, certaines liasses de documents croupissent sans ordre dans les interstices. D'autres encore sont rangées dans des cartons postaux défraîchis datant du premier septennat mitterrandien. Cahiers, classeurs, agendas, boîtes à fiches métalliques, affiches roulées, tirages photo, cassettes audio et VHS complètent le capharnaüm. Des feuilles volantes débordent de partout. Aucune logique ne semble présider à l'agencement de cet improbable trésor.

Selon Yann, il est urgent de sauver ces archives du triple danger qui pèse sur elles : la critique rongeuse des souris, qui ont réduit en miettes les dossiers logés en bas du coffre ; l'humidité, propice au développement des champignons et des insectes ; le plastique, qui asphyxie les pièces enserrées dans sa gaine, favorisant ainsi l'« anaérobie » – terme désignant un milieu privé d'oxygène. Les archives, pour vivre, doivent respirer. Dans l'immédiat, Yann suggère d'entreposer notre butin au premier étage de la grange, sous les combles. Le soleil landais qui tape dru sur les tuiles augure un taux d'hygrométrie plus clément pour les documents. Le plancher est en bois de pin, l'aération convenable, la ventilation des archives assurée dès lors qu'elles seront délivrées de leurs gangues en plastique.

Entre la remise et le grenier, le transvasement exigera plus de quatre heures d'effort. Muni d'une brosse de ménage à poils durs pour épousseter les dossiers, gants de jardinage remontés jusqu'aux coudes, Yann m'a préposé au maniement de la brouette qui fait l'aller-retour entre les abords du coffre et la pièce qui mène au grenier. Ma mère glisse une tête de temps à autre, curieuse de notre manège. Quant à mon père, indifférent, il ne quitte pas son bureau de la matinée.

Pause-déjeuner dans le jardin. Depuis l'intérieur de la maison, un léger brouhaha nous parvient. La télé est restée allumée pour cause de cérémonie d'entrée de Simone Veil au Panthéon. Après le café, Yann et moi retrouvons notre chantier d'archives. À mesure que l'après-midi avance, mon père vient jeter un coup d'œil. Ces documents qui, par milliers, reproduisent son nom, appellent son retour, brodent sur sa vie, il n'a jamais voulu les voir. Les petits raids qu'il mène dans nos parages indiquent qu'il n'a pas trop envie de s'en approcher.

Par coups de sonde, au fil des pauses qui ponctuent la journée et nous portent à feuilleter certains dossiers choisis au hasard, je sens palpiter un monde disparu qui fut aussi celui de ma préadolescence percutée par la tragédie. Tirés d'un sommeil trentenaire, les papiers du comité de soutien se révèlent être une corne d'abondance. Censés traduire la vaste mobilisation suscitée par ma mère pour faire libérer Jean-Paul Kauffmann et ses compagnons d'infortune, ils disent bien davantage que cette seule action militante. Par larges bouffées, c'est l'esprit d'une décennie, le cœur battant des années 1980 qui souffle à travers eux. Ainsi des milliers de lettres d'inconnus reçues par ma mère entre 1985 et 1988 de toute la France, comme une coupe transversale sur les imaginaires et les sensibilités de l'époque. Ainsi des circulaires, préparatifs de manifs, cahiers de permanence, dessins, tracts, notes prises à chaud, brouillons, dossiers de presse… Cet amas de papiers raconte la métamorphose d'une société, un basculement inédit dans l'histoire politique et culturelle du dernier XXe siècle. Atterris dans les archives du comité par des voies mystérieuses, un prospectus pour un cours de salsa, une pub pour le dernier Amstrad, un livret de diététique plongent aussi sûrement le profane dans l'atmosphère de ces années électriques. Mon frère et moi apparaissons çà et là : fils d'otage.

Dans les mois qui suivent, l'idée va cheminer en moi d'un récit qui prendrait ces documents comme fil rouge afin de revisiter les *eighties*.

3

L'ENFANT DU PLACARD

La veille de son départ pour Beyrouth, mardi 21 mai 1985, la soirée avait fini en prise de bec. Semonces de ma mère hachées de pleurs perçants, rabrouements excédés de mon père en quête de sommeil. Tapi dans l'escalier en face de leur chambre, j'ai entendu une partie de la dispute. À l'origine de cette embrouille, l'éreintement, la tension accumulés par ma mère au fil d'une journée de chien où elle avait accompagné au cimetière le cercueil de son amie radiologue Lazarène Goudelman, dite « Zizi ». Emportée par un cancer du poumon dû à l'abus de tabac et à une exposition imprudente aux rayons X émis par ses appareils d'imagerie. C'est à Zizi que ma mère confiait les radios de l'utérus requises pour sa patientèle, nombreuse ; c'est dans son appartement du VIIe arrondissement, 47, quai d'Orsay, qu'avaient eu lieu quelques soirées de copines mémorables entre caviar, grands crus et papotages enfumés. Partie de peu, parvenue haut, l'affectueuse Lazarène aimait à régaler.

Joëlle Kauffmann : « La nuit avant qu'il ne parte, nous nous sommes disputés sur des détails. En réalité, j'étais furieuse de son départ, et je n'ai pas su le lui dire. Peut-être avait-il besoin que je dise : reste. Je ne sais pas. C'est trop de vouloir jouer toujours les fortes. Je ne suis pas si forte que cela. Je ne suis pas Mme Thatcher [1]. »

Le lendemain, mercredi, pas d'école. Mon père s'apprête à partir, rasé de près, valise bouclée, espiègle. Un grand soleil matinal baigne la salle à manger. Je me tiens près de lui sous le porte-manteau rehaussé d'un miroir en rectangle où plonge la lumière chaude. J'embrasse sa joue. Il sent le frais, l'eau de Cologne. Ce souvenir, le mien, ne correspond pas à la dernière vision que mon père emportera d'Alex et moi en quittant la maison ce matin-là. C'est dans la pièce télé, où ses deux enfants étaient affalés devant des dessins animés « à la con », qu'il serait venu nous dire au revoir avant de partir pour Orly. Mon père prit son taxi « avec une certaine tristesse ». Esclaves de la télé, ses fils étaient sans doute à jamais perdus pour les livres.

Le lendemain, 23 mai 1985, un papier signé Jean-Paul Kauffmann paraît dans *L'Événement du jeudi*. Titre : « Comment les jurés (et le public) ont adopté la mère de l'enfant du placard ». Deux pages, les dernières de sa vie d'avant. Elles sont consacrées au procès de Françoise Bisson, caissière de magasin, et de son compagnon, Claude Chevet, directeur commercial. Le couple vient d'être jugé devant la cour d'assises de l'Essonne dans l'affaire du « petit David », fils de Françoise Bisson. Pendant des années, David avait été battu à coups de laisse, de pommeau de douche, attaché à la tuyauterie du chauffage, ébouillanté. Les derniers mois, sa mère l'avait enfermé dans un placard. « David n'entrevoyait la lumière du jour qu'à travers le trou d'une serrure. » Un matin, il avait pris la fuite et prévenu les secours. N'en déplaise aux experts cités, Françoise Bisson « aimait passionnément David », « à la folie ». Cette « femme exceptionnelle [...] n'était ni simplement méchante ni perverse ». Dans un désir de perfection inatteignable, elle se punissait elle-même en martyrisant son fils. Elle voulait « le garder pour elle, à l'ombre, dans le placard, dans son ventre », tranche l'article.

Mon père avait promis qu'il serait de retour dans une semaine pour les dix ans d'Alexandre. Il s'envolait souvent pour d'autres continents. Ma mère est alors occupée par une affaire plus grave, un dossier coriace qui relègue à l'arrière-plan le soupçon de contrariété suscité par l'énième reportage de son homme en milieu hostile. Depuis la fin des vacances de Pâques, les grandes manœuvres ont été engagées pour m'exfiltrer de François-Villon. Le temps presse, car la rentrée de septembre, c'est demain. Combinaisons mûries à l'insu du principal intéressé. Malgré le gang des Chappy, je ne me vois pas quitter Villon, où sont tous mes copains de primaire. Mes parents ont fait jouer tous les pistons possibles, vieux copains, relations de travail, amis d'amis au rectorat. Ils ont bon espoir de me faire inscrire sinon à Henri-IV, du moins à Montaigne. Les deux établissements brillent au palmarès des collèges de la rive gauche.

C'est avec ce lourd dossier en tête qu'au soir du jeudi 23 mai 1985, accompagnée de ses deux fils, ma mère se rend pour dîner chez sa sœur Armelle. L'aînée des filles Brunerie vit dans un pavillon de Carrières-sur-Seine (Yvelines) avec son époux Jean-Claude et ses trois enfants. On passe à table, mais Joëlle se retire dans la pièce du téléphone. Elle compose le numéro de Christian Casteran. Ce père chanceux habite derrière le Panthéon. L'adresse idéale pour faire entrer de droit sa fille à Henri-IV, situé à deux pas. Elle aussi est en 6e et coule une scolarité heureuse dans ce collège pour happy few. Petit nez retroussé, fossettes, silhouette menue, Mathilde est hautaine et gaie. Son père est un vieux copain du mien, diplômé, comme lui, de l'École supérieure de journalisme de Lille. Fort de ses tuyaux, il a promis son concours pour déblayer les voies de ma dérogation pour le Saint des Saints.

Ma mère vient aux nouvelles. À l'autre bout du fil, Casteran lui dit sa surprise et s'étonne de son « air guilleret [2] ». Ainsi, personne ne l'a prévenue ? Ignore-t-elle que son mari, débarqué la veille à l'aéroport de Beyrouth, n'a jamais rejoint son hôtel du quartier de Hamra ? Casteran tient l'info d'une relation de l'AFP. Sur place, Mary [3] Seurat a déjà sonné l'alerte. Son mari était dans le même vol au départ de Paris. En ce moment même, ses amis font la tournée des morgues à Beyrouth. Il faut néanmoins privilégier l'hypothèse d'un enlèvement. Mot d'ordre : se taire, laisser travailler les autorités compétentes. Bouche cousue même auprès des proches, de la famille. Aux dires de Casteran, c'est la consigne martelée d'une même voix par l'ambassade de France et le chef du bureau de l'AFP à Beyrouth.

Instant sismique, où les choses de la vie quittent leur cadre de perception ordinaire. La rupture avec la minute d'avant est telle, la commotion si violente que l'être en ressort scindé, comme étranger à lui-même. « J'ai eu l'impression de me dédoubler. "Ça ne m'arrive pas à moi, Joëlle Kauffmann", me disais-je [4]. » Il faut pourtant garder le silence. Si tant d'importants personnages insistent sur cet impératif, c'est que leurs raisons sont bonnes, la situation sous contrôle, le sort de Kauffmann en voie d'être résolu. D'un premier mouvement, parce que cette option lui est présentée comme la seule possible, ma mère choisit de tenir sa langue.

Deux matinées par semaine, les mercredi et vendredi, Joëlle Brunerie délaisse son cabinet médical parisien pour l'hôpital Antoine-Béclère et son Centre de planification familiale, à Clamart. Brunerie : nom de jeune fille qu'en signe d'indépendance elle a gardé dans la vie professionnelle. Le service a pour patron René Frydman, pionnier de la fécondation *in vitro*. En ce mois de mai 1985, il met la dernière main au manuscrit de son premier livre, *L'Irrésistible désir de naissance*. Haute stature, voix chaude, magnétisme irradiant, Frydman fut de tous les combats pour la dépénalisation de l'IVG. Avec Joëlle Brunerie, il milita au Groupe information santé (GIS) ; avec elle, il signa en 1973 le manifeste des 331 médecins qui revendiquaient avoir pratiqué des avortements clandestins. Ma mère lui est très attachée. Nous raillons parfois en famille sa vénération de groupie pour « René ». En arrivant à Béclère le matin du vendredi 24 mai 1985, c'est dans ses bras qu'en pleurs, ma mère s'effondre. Du bout des lèvres, elle lui confie son secret. Frydman la secoue, somme sa copine d'envoyer promener les injonctions au silence qui, du reste, ne lui ont pas été signifiées par voie officielle.

Sur son conseil insistant, ma mère compose le numéro de *L'Événement du jeudi*, demande à parler à Jean-François Kahn. On le lui passe. Comment, s'étonne Kahn, le Quai d'Orsay ne vous a pas encore contactée ? Depuis mercredi, aucun appel des services de Roland Dumas ? À *L'Événement*, nous sommes au courant depuis deux jours. Nous travaillons le dossier, ratissons nos contacts. Enlevé : c'est en effet l'hypothèse retenue. Par qui, pourquoi ? Dans le fatras des groupes incontrôlés, fanatisés, qui sévissent dans la capitale libanaise, difficile de tirer les choses au clair. Non, aucune revendication à ce jour. Reste une consigne, une règle d'or : tenir l'affaire secrète, meilleur moyen d'aboutir à un règlement rapide. En pareil cas, tout se joue dans les premières heures, les premiers jours. Les services français sont au charbon, faisons-leur confiance.

Pas plus avancée, Joëlle Brunerie se décide à contacter le Quai d'Orsay. On la fait patienter au téléphone. Elle tombe enfin sur un secrétaire. « J'ai tempêté au ministère des Affaires étrangères, en demandant pourquoi on ne m'avait pas prévenue. Ils ne m'avaient pas retrouvée parce que je ne portais pas le nom de Kauffmann. Là, je me suis dit : ils ne sont pas près de récupérer Jean-Paul [5]. » Et de nouveau ces mots, déjà entendus la veille, cette même berceuse invitant à la réserve, au silence. Pas de vagues, laissez aux « services » le soin de démêler cette affaire sensible qui exige la plus absolue discrétion. « On m'a donné l'ordre de ne pas parler. Alors, je n'ai parlé à personne, ni aux enfants, ni à ma mère, ni à la mère de Jean-Paul, et cela quatre jours durant. Quand, tout d'un coup, l'information est tombée à la télévision ! Pour les enfants, la famille, c'était l'horreur totale [6]. »

Entretemps, nous étions arrivés aux Braudières.

4

UNE TRAGÉDIE SANS IMPORTANCE

La pièce la plus ancienne des archives landaises date du lundi 27 mai 1985. Glissée dans un agenda, cette feuille volante dresse l'inventaire des appels passés depuis le jeudi précédent : « jeudi 23 tél. Casteran », « vendredi 24/5 contact Quai », « dimanche 26/5 tél. Odette »... Cette dernière mention suggère que ma mère a fait l'aller-retour en voiture jusqu'à la ferme du propriétaire des Braudières. Cultivateur, il réside à 2 kilomètres de la maison et dispose du téléphone. Quant à Odette, c'est le prénom de ma grand-mère paternelle, anéantie par la nouvelle tombée aux infos. Cette volonté d'ordonnancer les événements, de prendre date, témoigne de la mue qui s'engage en cette fin de week-end prolongé. Ma mère étouffe dans le rôle d'épouse tenue au silence, suspendue aux consignes elliptiques de fonctionnaires qui la prennent de haut. Elle s'apprête à adopter une posture moins accommodante.

Lundi de Pentecôte, midi, nous rentrons à Paris. Coutumière des pointes à 160 km/h, Joëlle Brunerie appuie sur le champignon avec toute la rage qui bout en elle. Rage contre le Quai d'Orsay, l'AFP, le patron de *L'Événement du jeudi* qui savaient, pour Jean-Paul, et gardèrent l'information par-devers eux, l'obligeant à mendier un début d'attention. Rage contre l'injonction répétée au silence alors que les radios, les télés s'apprêtaient à lâcher l'info, exposant ses enfants à recevoir le scud en plein visage. Rage comme remède au chagrin et à l'angoisse, car enfin, qu'est-il advenu de Jean-Paul ? Le grand écart est douloureux entre son ignorance, l'absence de toute nouvelle, et les hypothèses rassurantes échafaudées à l'intention des enfants. Magazine *Elle*, interview d'Alexandre et moi par Patricia Gandin, 2 décembre 1985 : « Il était peut-être parti sur un coup ! Il était obligé de se cacher, de ne pas donner de ses nouvelles ! Pendant quelques jours, on a cru ça [1]. » À mon frère, Joëlle répète que toute la famille sera réunie mercredi 29 mai pour son anniversaire, comme promis.

Qu'éprouve-t-elle en retrouvant notre maison de la rue Didot ? Au premier étage, sur la table de nuit de la chambre à coucher, les mêmes livres reposent, qui attendent le retour de leur propriétaire : *Une tragédie sans importance* de William Shawcross, sur le drame du Cambodge, *La Secte* de Philippe Robrieux, *D'Artagnan amoureux ou Cinq ans avant* de Roger Nimier [2].

Lundi soir. Les adultes ont envahi le salon. Les chaises, le canapé ne suffisent pas à faire asseoir tout le monde ; certains sont installés en tailleur sur le tapis. Je leur sers de la bière fraîche. Cette responsabilité soudaine qui m'incombe, abreuver les adultes, est une première pour moi. Je prends mon rôle à cœur. Ils me font sentir leur tendresse, exagèrent leur reconnaissance une fois servis, manifestent à mon endroit une sollicitude inhabituelle qui confère à l'instant une certaine douceur. Cette aménité signale une brèche dans le dispositif d'autorité. Il y a cours demain : je devrais être couché depuis longtemps.

La petite assemblée disserte avec gravité. Pas d'échauffement dans l'air, mais comme une froide détermination, une concentration qui pousse chacun à parler net et clair.

On distribue les rôles. On soupèse les arguments. On cogite sur la stratégie, appels aux journalistes, communiqués, pétitions, exploration tous azimuts des pistes pouvant mener de Paris à Beyrouth, de Beyrouth à Paris.

Fragments des notes manuscrites prises par ma mère au cours de la soirée, consignées sur une ordonnance à en-tête de son cabinet médical : « contacts divers : nos copains », « mouvement d'opinion », « les vieux copains : association », « Mary Seurat (cure de sommeil à l'hosto) », « Vautrin : ami député socialiste. Ami d'Hernu », « cave (gardée militairement par 100 mecs) », « Cantal. Contact avec les Syriens : partir = connerie. Partir quand on sait ». L'âme de la conjuration, c'est lui, l'architecte et urbaniste Michel Cantal-Dupart. Lui qui mène la danse des contacts à prendre et des occasions à saisir, lui qui ordonne, dispose, délègue, approuve, s'oppose.

Le petit collectif informel réuni rue Didot vient de trouver son *deus ex machina*.

5

CHOISIR D'ÊTRE MÈRE

Réservé aux professionnels de l'audiovisuel, le site inamediapro.com met à portée de clic la totalité des émissions diffusées par les chaînes du service public depuis les débuts de la télévision. La crise des otages a suscité une débauche d'images aussi sûrement rivées aux sensibilités des années 1980 que *Gym Tonic*, *Les Enfants du rock* et l'affaire du *Rainbow Warrior*. Je moissonne toutes ces archives numériques, tâche chronophage et souvent douloureuse.

Sur le moteur de recherche, j'entre pour commencer le nom de ma mère. Ses premiers passages à la télé remontent à 1973. Cette année-là, en février, sa participation au manifeste des 331 médecins revendiquant la pratique de l'avortement lui vaut une interview éclair dans un reportage du journal de 13 heures. Quelques semaines plus tard, le 27 mars, une invitation aux *Dossiers de l'écran* propulse cette jeune gynéco inconnue dans le grand chaudron cathodique. Thème de l'émission : « Choisir d'être mère ». Doux euphémisme pour qualifier le débat éruptif qui va opposer pendant une heure et demie adversaires et défenseuses de l'IVG – l'animateur, Alain Jérôme, est le seul homme du plateau. « Choisir d'être mère » : un intitulé qui, a posteriori, fera sourire mes parents, car je semble bien avoir été conçu durant la nuit qui suivit ce baptême du feu.

Sous son casque de cheveux noirs, chemisier à col pelle à tarte et pantalon pattes d'eph ajustés avec chic, Joëlle Brunerie jure avec les autres invitées par la fraîcheur de sa mise, la jeunesse de ses traits. Elle est la benjamine du plateau. Gisèle Halimi est assise à sa droite, ardente, impériale. De l'autre côté de la table basse, le camp des opposantes à l'avortement est dominé par une affreuse Mamie Nova en robe à fleurs qui sourit de toutes ses canines. Elle représente l'Ordre des médecins. Dans le feu des échanges, la parole se conquiert de haute lutte, et ma mère se la voit souvent confisquer. Me Halimi capte toute la lumière. Elle laisse peu de place à la petite gynéco, peu ou prou réduite à opiner du chef. Joëlle Brunerie va se rattraper dans le dernier quart de l'émission. Aux trois militantes anti-IVG alignées en face d'elle, ma mère jette des mots bruts qui disent la souffrance des femmes contraintes d'avorter en cachette, « pose de sonde », « mutilations », « utérus perforé ». Au ras de sa pratique médicale, elle raconte leur enfer quotidien, loin des généralités où s'enlisait parfois le débat. Débit saccadé, diction chirurgicale, regard orageux, timbre frémissant de colère contenue : sa sincérité, sa révolte viennent de crever l'écran.

Du concret, de la méthode, du cran, conjugués à une forte puissance d'émotion solidement chevillée au réel. Pas du même bois que les intellectuels faiseurs d'abstraction qui peuplent les comités où elle milite. La « rééducation par les masses » dont aiment à disserter ses copains gauchistes, maos pour la plupart, les embrouilles entre althussériens, les maximes de Wilhelm Reich, Herbert Marcuse, Ivan Illich, la notion de machine désirante pour penser le refoulé du structuralisme, très peu pour elle. Ils parlent Grand Soir, appareils idéologiques d'État, ruses de la conscience historique ; elle pense canules, seringues, lieux pour abriter les avortements clandestins, affrètement de cars pour la Grande-Bretagne où l'IVG se pratique au grand jour. En 68, elle a lancé des cocktails Molotov sur les CRS, sans jamais rêver au paradis terrestre chinois ni à un monde qui abolirait la propriété. Familière des petits révolutionnaires de Sorbonne, elle est aussi loin d'eux. Pas hippie pour un sou : aucune fanchon sur sa tête, nul gilet afghan dans sa garde-robe. Joëlle Brunerie n'a jamais fumé un pétard de sa vie.

Pour les soixante-huitards qui prétendaient balayer le vieux monde, l'année 1973 marque l'entrée dans l'ère du grand dégrisement idéologique. Au Groupe information santé (GIS), dont elle est membre, Mao commence à faire bâiller. Souvent passés par l'Union des jeunesses communistes marxistes-léninistes, les médecins qui animent ce collectif militant délaissent les aridités du *Petit Livre rouge* pour agir ici et maintenant : lutte en faveur des métallos victimes du saturnisme, soutien aux taulardes abîmées par la vie, défense des praticiens poursuivis pour apologie de la liberté sexuelle – comprendre « incitation à la débauche », dans le langage des tribunaux de l'ère Pompidou. Pierre Jouannet, l'un des piliers du GIS, « a cessé de jouer au prolétaire et s'est investi dans la lutte contre le pouvoir médical », résume sa femme Irène [1]. Reine des causes, le combat pour l'avortement libre et gratuit mobilise toutes les ardeurs.

Ma mère est à l'origine d'une petite révolution. Par son intermédiaire, les membres du GIS découvrent en 1972 la « méthode Karman », aube d'une ère nouvelle pour l'avortement puisque, au moyen d'une simple canule, elle permet d'interrompre la grossesse en quelques minutes, par aspiration, sans douleur et donc sans anesthésie. Son engagement militant, Joëlle Brunerie le vit aussi au quotidien par l'exercice d'une médecine de terrain au cœur de la banlieue rouge. Population des bidonvilles de Nanterre, travailleuses sans papiers, prostituées de Clichy, sa consultation du Centre médico-social d'Aubervilliers voit défiler toutes les marges. La municipalité communiste ferme les yeux sur les avortements clandestins qu'avec l'aide d'infirmières amies de la cause, elle pratique au dispensaire le soir venu.

L'homme qui partage sa vie ne l'accompagne pas aux manifs. Il préfère s'absenter, ou se coucher, quand les grappes de copains militants amenés par sa fiancée improvisent dans le salon des réunions jusqu'au petit jour. La libération sexuelle, l'euphorie des commencements, l'invasion des mini-jupes dans les rues, tout ce ferment de jeunesse et de révolte qui bouscule l'ordre ancien, il y a déjà goûté dans les années 1960, au Québec. Mon père y fit sa coopération en pleine « Révolution tranquille ». Plus ouvert à la contre-culture hippie que ma mère et un temps gros fumeur d'herbe, pour sa part.

Politiquement, Jean-Paul Kauffmann se sentirait plutôt en phase avec les soixante-huitards qui squattent sa moquette. Mais leur logomachie l'assomme. Il tient en horreur les collectifs militants, à plus forte raison quand ils ou plutôt elles l'empêchent de rentrer chez lui. Un soir de 1972, des activistes du MLF (Mouvement de libération des femmes) s'étaient donné rendez-vous dans la salle à manger. Furieux, il fut contraint d'attendre dehors. La réunion était non mixte. Convergence des luttes oblige, les réseaux de Joëlle Brunerie recoupent la nébuleuse du féminisme radical qui mène croisade avec le MLF contre le « chauvinisme mâle », dénonce le mythe de l'orgasme vaginal et publie *Le torchon brûle*. Pas vraiment la tasse de thé de ma mère, plus à son aise dans le féminisme à l'ancienne, universaliste et pragmatique, d'une Simone de Beauvoir.

Mais, à l'heure des combats décisifs, comment se passer des copines du MLF ? Leur énergie militante n'avait pas de prix. Au terme de cette réunion défendue aux mâles et tenue dans leur appartement du XVe arrondissement de Paris, mon père constata, soufflé, qu'une partie de ses livres avaient disparu.

Non contentes de lui avoir interdit sa propre porte, les camarades s'étaient servies sans vergogne dans sa bibliothèque.

6

DISPARUS

Ils avaient donc disparu. Jean-Paul Kauffmann n'avait jamais rejoint son hôtel du quartier de Hamra, ni Michel Seurat son appartement de Zarif à Beyrouth-Ouest. Volatilisés quelque part entre l'aéroport international et le centre de la capitale libanaise. À cet énoncé brut, à cette vérité sèche se résumaient les informations obtenues du Quai d'Orsay. Au fil de la semaine, à mesure que les journalistes en poste au Liban triaient les rumeurs, harcelaient l'ambassade, croisaient les témoignages, il devint possible de lever une partie du voile sur la journée du 22 mai 1985. Enquête en reconstitution visant à dégager le certain du vraisemblable, le douteux du presque avéré, ressassée jusqu'à l'obsession. Pendant trois ans, les médias broderont à l'envi sur ces derniers moments d'avant le drame. Ils resserviront à chaque fois le même storytelling. À force, ses effets de réalité finiront par s'émousser.

Ce mercredi 22 mai, l'appareil de la Middle East Airlines décollait d'Orly en début d'après-midi. La compagnie libanaise est alors la seule à assurer une liaison régulière entre Paris et Beyrouth. Gilles Kepel, vingt-neuf ans, accompagne Michel Seurat à l'aéroport. De retour d'un colloque tenu à Agadir sur le thème « Terrorisme, violence et ville », Seurat venait de passer quelques jours à Paris, hébergé par Kepel, qui avait mis à sa disposition le canapé de sa bibliothèque [1]. Les deux arabisants bavardent en attendant l'enregistrement des bagages. L'appel invite les passagers à rejoindre la salle d'embarquement. Kepel prend congé de son ami et mentor : « Comme toujours, il était encombré de valises et de sacs, mais il n'avait pas pu y faire tenir le gros animal en peluche qu'il rapportait en cadeau à l'aînée de ses petites filles. Telle est la dernière vision que je garde de lui, un jouet à la main, passant le contrôle du détecteur d'armes [2]. »

Gilles Kepel ne relève pas la présence de Jean-Paul Kauffmann à l'aéroport. Michel Seurat et mon père se retrouvent donc une fois passé le portique de sécurité. Seurat est prévenu que l'envoyé spécial de *L'Événement du jeudi* s'apprête à embarquer sur le même vol que lui. Leur ami commun, Ignace Dalle, correspondant à l'AFP, a joué les entremetteurs, avisant les deux voyageurs de la coïncidence. Par son intermédiaire, Kauffmann et Seurat s'étaient déjà rencontrés à la fin des années 1970. Un été, mes parents avaient laissé les clés de leur appartement parisien à Ignace Dalle, qui occupa les lieux en compagnie du jeune chercheur. Plus tard, les deux futurs compagnons d'infortune n'avaient pas vraiment cherché à creuser leur relation. L'un était occupé à Paris, l'autre à Damas et à Beyrouth. À Orly, ce sont deux vagues connaissances qui se retrouvent, deux tempéraments peu portés aux effusions et peut-être soucieux, une fois dans l'avion, de rester sur leur quant-à-soi pour mieux profiter du temps de lecture offert par ces quatre heures et demie de vol.

Un précieux Nagra – enregistreur à bandes magnétiques, génération 4.2, 3 kilos – leste les bagages du journaliste. Gainé de cuir, le gros bijou d'acier est la propriété d'Europe 1. Dépêché au Liban par son journal, Jean-Paul

Kauffmann s'est aussi vu confier une pige pour la radio de Lagardère.

Durée prévue du reportage : six jours. Objet de l'enquête : les villages chrétiens du Liban méridional assiégés par les Druzes. Feuille de route : depuis Beyrouth, filer 70 kilomètres au sud jusqu'à Jezzine, carrefour entre les régions druze, chiite et sunnite. Ville à portée d'obus de l'armée israélienne où Xavier Colin, autre envoyé d'Europe 1, attend son confrère pour rejoindre avec lui les villages martyrs du mont Liban. Jean-Paul Kauffmann a fait réserver une chambre à l'hôtel Cavalier. Situé à Beyrouth-Ouest, dans la zone sunnite, c'est le quartier général des journalistes occidentaux.

À 17 h 40, le long-courrier en provenance de Paris se pose sur l'aéroport international de Khaldé. Au terminal de débarquement, un critique de cinéma libanais remarque les deux Français côte à côte, attendant leurs bagages [3]. À 18 heures, comme l'atteste le registre des arrivées, ils sont contrôlés par les services de police et de la douane [4]. Cette formalité accomplie, Jean-Paul Kauffmann et Michel Seurat auraient logiquement dû quitter Khaldé quelques minutes plus tard. Or deux autres témoins assurent les avoir vus monter dans un taxi aux alentours de 19 heures. La nuit s'apprêtait à tomber. Comment expliquer ce sur-place de près d'une heure dans la déglingue de cette plaque tournante réputée dangereuse, bondée, en état de surchauffe continue ? Dans un article daté de 1983, mon père parlait lui-même du « triangle de la mort de Khaldé [5] ». Mais qui étaient au juste ces deux témoins qui disaient les avoir aperçus vers 19 heures à l'aéroport ? Pouvait-on les croire sur parole ?

Neuf kilomètres séparent l'aéroport international du centre de Beyrouth. Contrôlée par les milices chiites, la route borde des camps palestiniens où les combats, en ce

22 mai 1985, font rage. Les deux Français débarquent en pleine zone de tempête. Obus, roquettes, rafales de kalachnikovs : difficile de savoir qui tire et qui riposte entre miliciens d'Amal et Palestiniens. Les salves se font moins nourries à l'approche des tours décrépites de la banlieue Sud, fief du Hezbollah et passage obligé pour rejoindre Beyrouth-Ouest. C'est quelque part sur cette route, sans doute avant 20 heures, que se perd la trace de Michel Seurat et de Jean-Paul Kauffmann. Sans vraiment convaincre, un dernier témoin prétend les avoir aperçus arrêtés à un barrage non loin du camp de Chatila, dans les faubourgs de Beyrouth [6].

7

LA REVENDICATION

Jean-Paul Kauffmann et Michel Seurat se cachaient-ils quelque part, pris dans les combats entre factions chiites et palestiniennes ? Avaient-ils essuyé des balles perdues ? Morts ? Blessés ? Au dernier moment, avaient-ils changé leurs plans, obliqué vers une autre destination pour couvrir une ligne de front, un mouvement de troupe, le déplacement d'un chef de guerre, des négociations secrètes ? Alléchés par la promesse d'un scoop, se faisaient-ils tout simplement discrets avant de remonter à la surface ? Mais que serait allé faire Michel Seurat dans cette galère, lui qui n'était pas journaliste et que sa femme, ses filles attendaient dans leur appartement de Beyrouth-Ouest ? L'hypothèse d'un enlèvement semblait la plus vraisemblable. Paradoxalement, elle était aussi la plus rassurante. Au moins seraient-ils en vie. Peut-être à Damas ? Selon une rumeur reprise le 27 mai 1985 par la télévision libanaise, des agents syriens auraient fomenté le rapt et transféré leurs prisonniers de l'autre côté de la frontière [1].

Dans ce Liban déchiré par dix ans de guerre civile, l'industrie du kidnapping était florissante. Pas un jour ou presque sans qu'un Beyrouthin, pour des motifs crapuleux, confessionnels, privés, par simple vengeance ou pour servir de monnaie d'échange contre un autre otage, ne disparaisse dans le coffre d'une vieille Mercedes sous la menace d'une kalachnikov. On retrouvait parfois leurs cadavres dans la rue, yeux bandés et mains ligotées dans le dos. Ces exécutions de sang-froid semblaient jusqu'à présent épargner les ressortissants étrangers. Ceux-là, on s'en délestait contre rançon, ou on les gardait comme moyen de pression. Si tel était le cas, il ne restait plus qu'à espérer que les deux Français ne soient pas tombés aux mains des islamistes pro-iraniens, passés maîtres dans l'art du rapt et de l'attentat suicide. Sous la houlette du Hezbollah, mouvement réunissant la partie la plus radicale de la communauté chiite, longtemps tenue pour quantité négligeable par les chrétiens et les sunnites, ils naviguaient d'un groupuscule armé à l'autre, insaisissables, semant la terreur depuis leur fief de la banlieue Sud.

Dans le maquis de ces organisations secrètes, à la fois poreuses et concurrentes, le Jihad islamique[2], cellule clandestine du Hezbollah, s'était taillé la part du lion. C'est lui qui, deux mois plus tôt, avait revendiqué l'enlèvement des diplomates Marcel Carton et Marcel Fontaine. En France, un black-out complet entourait ces disparitions. Cinq Américains et deux Britanniques croupissaient eux aussi dans les geôles du Jihad. « Nous sommes les soldats de Dieu et nous sommes épris de mort », avait revendiqué l'organisation pro-iranienne pour signer sa première action d'éclat en 1983[3], une voiture chargée d'explosifs lancée à 100 km/h contre l'ambassade américaine.

Le mercredi 29 mai 1985, contrairement à sa promesse, mon père ne sera pas de retour pour fêter les dix ans d'Alexandre. Le goûter d'anniversaire aura lieu quand même : que les enfants s'amusent. Les copains de l'école et de l'allée où nous habitons envahissent le salon. Confettis tristes. Ma mère passe l'après-midi pendue au téléphone, enfermée dans le bureau du premier étage. La fête touche à sa fin quand tombe la nouvelle. Une explosion de joie l'accueille. Mon père est vivant. C'est l'Organisation du Jihad islamique qui l'affirme. Elle vient de revendiquer son enlèvement. Enterrée, l'hypothèse des balles perdues.

Ai-je lu le communiqué des ravisseurs, repris en boucle par les télés et les radios au cours de la soirée ? Qu'aurais-je compris à ce sabir ? « Remise en liberté de nos frères détenus dans les prisons koweïtiennes », « aide fournie par les États-Unis et la France à Saddam Hussein », « agressions répétées contre la République islamique iranienne [4] »... Ces noms étrangers, ces allusions brumeuses à des conflits lointains et à des chefs d'État inconnus avaient de quoi perdre un enfant de onze ans.

Patiemment, ma mère va tenter de nous expliquer.

8

GYMKHANAS

Kauffmann au Liban ? Un jour de septembre 1983, l'idée s'était invitée au milieu d'une conférence de rédaction du *Matin de Paris*. D'habitude, c'était Marc Kravetz, ancien de *Libé*, prix Albert-Londres 1980, qui s'y collait. Le Moyen-Orient, c'était sa chasse gardée. Mais, ce jour-là, Kravetz était occupé sur un autre théâtre du monde. Qui irait couvrir la guerre du Chouf à sa place ? Dans les montagnes au sud-est de Beyrouth, le retrait des troupes israéliennes avait mis le feu aux poudres entre phalangistes chrétiens et miliciens druzes. L'armée gouvernementale volait à la rescousse des premiers, les forces syriennes prêtaient aux seconds l'appui de leur artillerie. L'embrasement du Chouf promettait des sensations fortes. De quoi séduire un journaliste de l'espèce baroudeuse, du genre Kravetz, justement, avec sa belle voix grave de fumeur des sables, ses rouflaquettes moutonnantes, ses santiags, le bagage de bagout et d'amour du risque hérité d'une jeunesse cogneuse au service de l'extrême gauche étudiante. Loin du profil d'un Jean-Paul Kauffmann.

C'est pourtant son nom qu'en quête d'un plan B Vincent Lalu, le nouveau patron de la rédaction, avait sorti de son chapeau. Les confrères s'étaient gaussés. Envoyer dans la fournaise ce dilettante, qui signait des papiers sur les écrivains, le bordeaux, les curiosités de la France profonde, les faits divers obscurs, l'histoire ? « Lui, si attaché à son confort, à ses habitudes, à ses rites, jusqu'à la maniaquerie, capable de traverser Paris à pied pour rechercher tel livre rare ou acheter telle marque de savon ou de moutarde qu'il ne pouvait trouver que dans telle boutique bien précise. Lui, le sybarite [...]. Lui qui aurait volontiers passé sa vie au coin du feu, avec les œuvres complètes de James Hadley Chase, Simenon, Vautrin, Fajardie et quelques autres », dira de Kauffmann son ami Bernard Langlois [1].

Son port d'attache, au journal, c'était la rubrique « Idées ». Coiffée par Boris Kidel, cette enclave semi-autonome vivait sa vie loin des coups de bourre imposés par l'actu. Depuis ce havre, mon père se promenait d'un service à l'autre, écrivant selon son humeur et ses dilections. Cette indépendance un rien désinvolte pouvait sembler une manière de prendre ses aises, voire de pantoufler. Tout juste intronisé aux commandes, Vincent Lalu n'aimait pas ce genre de particule flottante. Proposer le Liban à Kauffmann pouvait se lire comme un rappel à l'ordre, une façon de siffler la fin de la récré. L'intéressé n'était pas en position de refuser.

« Jusqu'à quarante ans, Jean-Paul était un journaliste de dossiers. Il [...] ne partait que rarement pour quelques reportages. Il cultivait même une attitude légèrement condescendante à l'encontre de ces "cow-boys", comme il appelait les grands reporters », dira sa femme [2].

Cette réputation de journaliste en chambre n'est qu'à demi méritée. Kauffmann n'en était pas à son premier coup d'essai sur un théâtre de lutte armée. En 1975, envoyé par RFI couvrir la guerre civile angolaise, il avait vécu le siège de Luanda par l'armée sud-africaine. Il n'était pas non plus un néophyte sur le dossier libanais. Sa connaissance du pays s'étayait de lectures éclectiques et du souvenir heureux qu'il en avait gardé depuis le voyage accompli sac au dos avec ma mère durant l'été 1971. Ce *road trip* de six semaines les avaient menés d'Athènes à Akaba en passant par la Turquie, Chypre, la Syrie. À Beyrouth, le couple avait retrouvé l'ami Ignace Dalle, venu apprendre l'arabe à l'université Saint-Joseph. Ignace dont la passion pour le Moyen-Orient, déjà, entraînait mon père. En 1975, Dalle et Kauffmann cosigneront un livre, *Juifs et Arabes en Palestine*. Entre considérations historiques, dégagements géopolitiques et interprétations à chaud de la guerre du Kippour, ces 160 pages présentées sous forme de questions-réponses épousent sans ambages la cause palestinienne [3].

Aux premiers jours de septembre 1983, revenu d'un mois de farniente en Corse avec femme et enfants, Jean-Paul Kauffmann s'envolait ainsi pour le Liban et sa guerre civile. Au pays du Cèdre, les distances sont courtes ; rejoindre l'une des innombrables lignes de front depuis la capitale est l'affaire de deux ou trois heures de taxi. Et « un chauffeur de taxi se doit de connaître parfaitement l'évolution de la situation militaire. Il suffit qu'il emprunte une mauvaise route pour que ses clients se retrouvent par erreur au cœur d'un bombardement », indique le nouveau correspondant du *Matin* peu après son arrivée [4]. Lui qui, d'habitude, mûrissait longuement ses sujets, compose avec un rythme neuf, à la mitraillette. Levé avant le soleil, vers 5 heures, il file avec son chauffeur jusqu'aux zones de combat. De retour à l'hôtel Cavalier en milieu d'après-midi, il reprend ses notes, écrit son papier et le dicte au journal par téléphone. Crépitant, le ton de ses reportages laisse deviner les shoots d'adrénaline offerts par ses « incroyables gymkhanas à travers la montagne libanaise [5] », comme il l'écrit. Courses d'obstacles sous la canonnade et les bombardements aériens…

C'est le grand saut dans la fournaise. Au bord d'un chemin troué d'obus, « deux cadavres renversés sur des sacs de sable se consument de pourriture ». Plus loin, « un homme titube sur des amas de douilles [6] ». Demeures éventrées, ruines fumantes, sirènes hurlantes, chenilles des chars qui crissent dans les décombres : comme s'en amuse mon père dans un papier, le champ lexical du reportage de guerre n'est pas extensible à l'infini. « Les obus tombent à moins de 200 mètres dans un craquement énorme, le bruit d'un drap qu'on déchire. Le mortier, lui, émet un fracas particulier : celui d'une pile d'assiettes qui s'écrasent par terre. Qu'on nous pardonne, le vocabulaire des bruits guerriers est pauvre : les canons tonnent, les balles sifflent et les mitrailleuses mitraillent [7]. »

Ce 21 septembre 1983, Jean-Paul Kauffmann a eu très chaud. Son chauffeur fonçait sur les routes du Chouf. Les fils électriques qui jonchaient le bitume s'étaient enroulés dans l'axe des roues, immobilisant la voiture à découvert sous le feu de l'artillerie syrienne. Passager du même taxi, Michel Leprêtre, proviseur au lycée français de Tripoli, se souviendra de mon père occupé à démêler et à découper les câbles métalliques à l'aide d'un couteau, avant que la voiture ainsi désentravée ne redémarre in extremis [8].

Son séjour au Liban devait durer deux semaines. Il y restera trois mois, entraîné par la course folle des événements. Après la guerre du Chouf, l'attentat du Drakkar : 58 paras français tués à Beyrouth dans l'explosion d'un camion piégé lancé contre leur quartier général. Carnage attribué au Jihad islamique dont l'un des chefs, Hussein Moussaoui, résidait dans la plaine de la Bekaa. Ayant retrouvé sa trace, mon père publia dans *Le Matin* un entretien du terroriste pro-iranien. Un petit scoop. Puis vint le siège des fedayin d'Arafat acculés dans Tripoli par l'artillerie dissidente palestinienne, les batteries syriennes et les navires israéliens [9].

Choses vues par Sorj Chalandon, correspondant de *Libération* : « La presse errait en groupes, harassée, à la recherche d'une savonnette nommée Yasser Arafat, insaisissable, surgissant toujours là où on ne l'attendait pas, doigts en "V" et sourire aux lèvres, à l'affût des nouvelles du front. Jean-Paul Kauffmann était dans la voiture, généralement à l'avant, là où la balle entre en rigolant. En toute circonstance, il avait l'attitude décontractée de celui qui va à un cocktail. Sur la petite route en lacets qui menait aux camps palestiniens, sous le tir nourri de méchantes mitrailleuses, Jean-Paul Kauffmann se tassait au fond de son siège, bien entendu, mais sans casser le pli de son sourire et de son pantalon. » Mon père, raconte Chalandon, ne se séparait jamais d'un petit sac de toile bleue qu'il protégeait de son corps et manipulait avec d'infinies précautions, même au milieu des bombardements. « Et puis un jour, alors que la bataille faisait rage, il sortit de ses chemises une bouteille de vin. Pardon, de bordeaux, une bouteille frappée d'une date séculaire. » C'était un Château Pichon Longueville Comtesse de Lalande, deuxième cru classé de Pauillac. Il fut dégusté « dans la fraîcheur d'un restaurant de Beyrouth [10] ».

Dans Tripoli assiégée, Kauffmann avait retrouvé le proviseur Michel Leprêtre, qui témoignera : « Le ton de ses papiers du *Matin* [...] tranchait avec le reste de la presse. Qui a décrit ces hommes de l'élite sunnite de Tripoli continuant, au Rabita Sakafié, à la lueur des bougies et sous les bombardements, à jouer et à fumer ? C'est lui également qui à l'hôpital a interrogé de longues heures ces combattants meurtris, ces mercenaires originaires des quatre coins du monde islamique, qu'Arafat avait embrigadés en leur faisant croire qu'ils s'engageaient dans le juste combat contre Israël [11]. » Le chef palestinien fascine les journalistes occidentaux qu'il reçoit sans manières dans son QG. Mon père en serait « littéralement tombé amoureux », raconte sa femme. « Il est même revenu en portant aux pieds les chaussures d'Arafat », dit-elle aussi [12]. Il serait imprudent de la croire sur parole. L'intéressé ne garde aucun souvenir de ces chaussures.

Le Liban provoque une dépendance puissante. Sa guerre civile est une drogue dure. « Beyrouth est un volcan qui vomit sans cesse. Il finit par toucher tous ceux qui s'y trouvent », fait dire mon père à un milicien druze dans l'un de ses papiers [13]. Jean-Paul Kauffmann succombe, lui aussi. « Il a voulu voir la lave, voir ce qu'avaient derrière la tête les gens qui manipulaient la lave et se brûlaient tous les jours », dira son ami Jean Vautrin. Lequel ajoute que Kauffmann, avec sa « tête de protestant », sa passion pour la littérature et les « êtres de papier », n'avait « rien du correspondant de guerre » [14]. Ma mère ne dit pas autre chose : « Jean-Paul était un homme calme. Quand je l'ai connu, il faisait une pige sur les eaux minérales. Ce n'était pas très dangereux. Mais ensuite il s'est grisé au feu, au Liban. Je ne l'ai plus reconnu. Il n'avait qu'une hâte en rentrant : repartir [15]. » Difficile, pour elle, de comprendre cette passion des reporters pour la déglingue libanaise : « Je n'arrivais pas à saisir ce qu'ils avaient tous ces journalistes à devenir fous avec le Liban, à vouloir toujours repartir vers cette ville, Beyrouth [16]. »

Dans cet ancien pays sous mandat, les vestiges encore lisibles de la présence française, de sa culture, suscitent une connivence, une familiarité aussitôt percutée par l'exhibition d'une violence fratricide. Dans l'excitation du danger, cet effet de dissonance agit comme un shoot. Le chant du muezzin, les étals pouilleux installés au cœur des ruines, les relents de suri, de pneu brûlé, la fébrilité anxieuse des Beyrouthins, l'extrême facilité à passer d'un camp à l'autre entraînent une addiction à nulle autre pareille. C'est l'« Orient compliqué » – le poncif, invincible, s'invite sans compter dans la prose des correspondants français au Liban. En janvier 1987, portraituré par Jean-Claude Raspiengeas dans *Télérama*, Alain Ménargues – la voix de Radio France à Beyrouth – confiera : « Le Liban agit sur moi comme une maîtresse dévorante et exigeante. On y vit sans fard. Tout est à l'état brut. Je préfère cette vérité dangereuse à l'indifférence et à la mine renfrognée des Parisiens. » Commentaire de Raspiengeas : « Maladie professionnelle bien connue : tous les journalistes qui se sont approchés du Liban ont succombé à son charme vénéneux. Tous, des baroudeurs aux esthètes. Jean-Paul Kauffmann, par exemple [17]... »

Dans la fournaise, le correspondant du *Matin* reste zen, attentif à sa mise, soucieux de ses aises. Concentré sur son sujet, un brin désinvolte, sensible à la dérision des êtres et des choses, il fait montre d'un courage sans esbrouffe, à l'opposé des grandes gueules en *battle-dress*. Un reporter de guerre de l'espèce janséniste. Jean-Paul Kauffmann cultivait déjà cette retenue quand, étudiant à Lille, il apprenait le métier à l'École supérieure de journalisme. « Par son comportement réservé, il tenait de l'abbé du XVIIIe siècle, raffiné et soigné », dira un ancien condisciple [18]. Au *Matin*, ses trois mois de Liban auront-ils prouvé que Kravetz n'était pas irremplaçable ? Contre toute attente, le flâneur de la rubrique « Idées » avait aussi la tripe aventurière. On penserait à lui pour d'autres reportages en zone sensible.

En cette fin d'année 1983, mon père retrouve au *Matin de Paris* une rédaction en proie au blues. Les ventes s'étiolent, les annonceurs se font prier. Le jeu des coteries gâte l'atmosphère. Patron du titre, Claude Perdriel rame pour éponger les dettes. En 1977, Jean-Paul Kauffmann avait participé aux débuts de l'aventure. Avec ses techniques d'impression dernier cri, son *open space*, sa maquette innovante et sa jeune rédaction pleine d'allant, *Le Matin de Paris* avait réussi son lancement. On saluait la naissance du « *France-Soir* de gauche ».

Ouvert au grand vent de l'union de la gauche, le quotidien de la rue Hérold tentait de faire la synthèse entre les chapelles concurrentes du Programme commun. Un même dénominateur, le rejet de la droite au pouvoir, aplanissait les querelles de sensibilité. Dans les petits salons où les amis du journal étaient conviés à déjeuner, les rocardiens avaient leur rond de serviette. Puis vint l'alternance, et avec elle les premiers signes du déclin. *Le Matin* se sentait mal aimé. Trop gouvernemental aux yeux du public, pas assez mitterrandien pour Mitterrand. Toujours suspect de rocardisme. Le Président ne déjeunait plus avec Perdriel, qui refusait une relation d'allégeance. Il préférait réserver ses interviews à *Libération*. L'ancien brûlot mao commençait à mordre dangereusement sur les plates-bandes du *Matin de Paris*.

Au début de l'année 1983, un changement de cap avait été tenté. Nommé directeur de la rédaction, Jean-François Kahn avait voulu bousculer les habitudes. Avec dix trouvailles à la minute, les équipes avaient parfois du mal à suivre. Passé par *Paris-Presse*, *Le Monde*, *L'Express*, Europe 1, FR3, *Le Quotidien de Paris*, cet inoxydable agitateur d'idées venait de révolutionner *Les Nouvelles littéraires*. De publication certes prestigieuse mais confidentielle, la belle endormie était devenue, sous sa griffe, un hebdo généraliste ou, pour reprendre les termes de Kahn dans ses Mémoires, « un magazine en rupture avec la forme "news" à l'américaine, d'essence culturelle mais ouvert sur l'actualité [19] ». En deux ans, la diffusion avait été multipliée par neuf [20]. Fâché avec l'héritage de mai 1968, chantre d'un improbable « extrême centre », inventif, iconoclaste, paradoxal, éruptif, Jean-François Kahn ne renouvellera pas, rue Hérold, l'exploit des *Nouvelles littéraires*. Le nouveau directeur de la rédaction incarnait une tentative de « déviation centriste [21] » contraire à l'humeur d'un journal de gauche. Au bout de trois mois, JFK avait rendu son tablier.

« Que faire désormais sinon construire soi-même le socle de l'indépendance rêvée ? Se confectionner sur mesure l'instrument de ce rêve ? Pas d'autre issue ! Créer un journal [22]. » Ce sera *L'Événement du jeudi*, porté sur les fonts baptismaux en novembre 1984. Repéré par Jean-François Kahn lors de son passage éclair au *Matin*, mon père embarque avec lui dans l'aventure. L'insistance de ses deux copines de la rue Hérold, Marie-Dominique Lelièvre et Liliane Sichler, embauchées par Kahn, lève ses dernières hésitations.

« Le journal qui pourra dire d'où vient l'argent : de vous », avait claironné la campagne de lancement de l'*EDJ*. Pour réaliser son rêve, Jean-François Kahn a imaginé un mode de financement alternatif, par souscriptions. Il a martelé sa « volonté de faire d'une propriété collective la garantie d'une indépendance radicale [23] ». Son ambition ? Subvertir les logiques partisanes, dépasser le clivage gauche-droite, l'affrontement entre idéologies socialiste et libérale. « Empêcheur de bipolariser » en rond, le patron de *L'Événement* en appelle à une « réflexion hétérodoxe, radicale et mesurée ». Vive l'« élitisme populaire » [24] ! « Papa Marx, pépé Aron, tonton Fidel, papy Reagan, excusez-nous : nous avons décidé de couper le cordon [25] ! »

À l'heure du grand essoufflement des idéologies, le nouveau-né des news magazines parvient à capter l'air du temps. Les souscriptions affluent. *L'Événement du jeudi* s'arrache : 250 000 exemplaires écoulés la semaine du lancement. La diffusion se stabilise ensuite à 160 000, belle moyenne sur le temps long. Le « modéré fanatique » a gagné son pari.

Le lecteur archétypal de *L'Événement* préfigure-t-il le « beauf de gauche » que la caricature associera, des années plus tard, à celui de *Marianne*, autre hebdo siglé JFK ? Le 28 mars 1985, un grand raout est organisé à l'hôtel Nikko, dans le XVe arrondissement de Paris. Il réunit plus d'un millier de lecteurs-propriétaires du titre. Journaliste au *Monde*, Annick Cojean s'est glissée dans l'assemblée. Elle témoigne d'une sociologie composite. Un échantillon de l'« élitisme populaire » cher à JFK ? Qu'on en juge : « Quelques têtes blanches, un bébé, mais beaucoup de jeunes adultes. Un flot de serviettes, attachés-cases, des vagues de lunettes, des rangées de cravates, mais aussi plusieurs sacs à provision, sacoches d'étudiants ou accessoires baba. Quelques Légions d'honneur, plusieurs artistes fauchés, et un mélange d'accents de Clermont, de Paris, d'Aix-en-Provence et de Pointe-à-Pitre [26]. »

Entre la fondation de *L'Événement du jeudi* et sa disparition à Beyrouth cinq mois et demi plus tard, mon père n'aura guère eu le temps de trouver ses marques. Il se montre rarement aux conférences de rédaction du mardi. Ses reportages l'appellent souvent à l'étranger. En Éthiopie, où il couvre la terrible famine consécutive à l'insurrection du Front de libération des peuples du Tigré. En Nouvelle-Calédonie, théâtre de violences meurtrières entre Kanaks et Caldoches.

Un soir de février 1985, ma mère, mon frère et moi étions venus le chercher à l'aéroport. Il revenait de Nouméa. Nous l'avons attendu en vain. Énième crise de l'aîné à problèmes : larmes, cris, coups de poing et de pied tambourinés contre le sol. Mon père avait été enlevé. Ou tué. Voilà ce que voulait dire, pour moi, son absence du vol au départ de la Nouvelle-Calédonie. Tapage gênant pour ma mère, au beau milieu des inconnus qui déambulaient dans l'aéroport. Ces scènes de grand craquage, mes parents en avaient l'habitude. Depuis deux ans, ils me faisaient consulter une psy pour enfants.

Ce soir de février 1985, l'envoyé spécial de *L'Événement du jeudi* avait tout simplement raté son avion.

9

UNE AMIE INTIME

Parmi les élus socialistes siégeant à l'Assemblée au printemps 1985, les colliers de barbe, nombreux, appartiennent surtout à d'anciens profs. Rasée de près, vaincue d'un poil, la droite vitupère cette inflation de pilosités. Ainsi Jean Cau dans *La Barbe et la rose* : « Rien n'est [...] plus urgent que de dénoncer avec quelle vulgarité barbue la France est désormais gouvernée [1]. » Avant que la « vague rose » ne fasse de lui un député, Jean Proveux, géographe, était maître-assistant à l'université de Tours. Mais, quand la plupart de ses nouveaux collègues, blanchis sous le harnais du syndicalisme enseignant, exhibent qui un bouc à la Hernu, qui un collier à la Auroux, Jean Proveux, lui, a le menton glabre – un gras menton rubicond, lisse comme une pastèque. Il représente la quatrième circonscription d'Indre-et-Loire. Le mercredi 29 mai 1985, peu avant que ne soit connue la revendication du Jihad islamique, c'est à son initiative que le nom de mon père et celui de Seurat résonnent pour la première fois dans l'enceinte de l'Assemblée nationale.

Quand un député ami, dans la séance des questions d'actualité, s'adresse ainsi au gouvernement, c'est d'ordinaire que celui-ci, soucieux de clarifier sa position sur tel ou tel sujet, lui a préalablement soufflé son intervention. La parole est donc à M. Jean Proveux. L'élu tourangeau dit solennellement sa vive inquiétude. Depuis le mois de mars, nous sommes sans nouvelles de deux diplomates en poste à Beyrouth, Marcel Carton et Marcel Fontaine. Deux autres Français arrivés au Liban, un journaliste et un chercheur, sont portés disparus depuis une semaine. Quelle est l'opinion du gouvernement sur ces événements regrettables ? Quelles mesures compte-t-il adopter pour faire la lumière sur ces disparitions ? (*Applaudissements sur les bancs socialistes.*)

Jean-Michel Baylet peaufine sa réponse. Secrétaire d'État auprès du ministre des Relations extérieures, Roland Dumas, il s'exprime au nom de son patron. En effet, convient-il, la situation est grave. La violence des affrontements qui déchirent le Liban ne saurait faire oublier le sort de nos ressortissants disparus dans ce maelstrom. Toutes les démarches sont entreprises, toutes les voies sont explorées pour retrouver Marcel Carton, Marcel Fontaine, Jean-Paul Kauffmann, Michel Seurat. « À Paris, une cellule d'urgence a été constituée au ministère des Relations extérieures. Elle s'efforce, sous l'autorité du Premier ministre, en liaison avec les familles et les amis de nos deux compatriotes, d'obtenir le maximum d'informations de nature à orienter les recherches [2]. »

La « liaison avec les familles », en vérité, peine à s'établir. C'est ma mère qui appelle le Quai d'Orsay, et non l'inverse. Elle veut parler à Roland Dumas. Mais le ministre est injoignable. Un barrage de standardistes, de conseillers, d'insipides blablas se dresse entre elle et lui. Sur le dossier Kauffmann, Dumas préfère passer par Jean-François Kahn. *L'Événement du jeudi* est une puissance. Que l'intendance suive, et avec elle le semblant d'information consenti aux familles. « Alors là, j'ai explosé : c'est mon mari qu'on enlève, et on me fait comprendre qu'il est préférable de parler entre hommes ! C'est le comble, non [3] ? » Le ministre a mieux à faire, plus sérieux, plus urgent, que d'écouter les doléances prévisibles de cette obscure enquiquineuse qui fait le siège de son secrétariat. Que ne prend-elle exemple sur les épouses de Marcel Carton et de Marcel Fontaine, déférentes, soumises aux consignes, silencieuses comme des mastabas ? « J'étais l'emmerdeuse qui refusait de rester dans sa boîte », dira ma mère [4].

Alors, comment joindre Roland Dumas ? Par quelle ruse hameçonner cet omble qui ondoie ? Un petit piège va être tendu au ministre. Parmi la poignée de fidèles qui, déjà, entourent ma mère dans la bataille, Jacqueline Vidal sort une idée de sa manche. Attachée de presse dans l'édition, elle compte parmi ses connaissances une certaine Florence Motte, propriétaire d'un château viticole dans les Graves. Collaborant au journal *Sud-Ouest*, elle est une « amie intime » de Dumas – c'est en tout cas l'expression griffonnée au coin d'un carnet retrouvé dans les archives landaises. En accord avec l'intéressée, qu'émoustille ce mauvais tour joué à « Roland », ma mère appelle le Quai d'Orsay en se faisant passer pour elle. La fausse Florence Motte passe le barrage du standard, tombe sur le secrétariat particulier du ministre, puis sur le ministre lui-même. « Allo, ma chère Florence ? » C'est Joëlle Kauffmann au bout du fil. Vif agacement de l'homme de pouvoir qui se voit feinté. L'échange est tendu. « Je crois que Dumas ne m'a jamais pardonnée [5]. » Leurs relations seront à l'avenant : exécrables.

De caillou dans sa bottine Berluti, certes insistant et désagréable, mais à peu près indolore, ma mère va vite devenir pour le ministre un crampon suppliciant. Une voix qui jamais ne cesse d'exiger des comptes, prend la France à témoin, tinte à ses oreilles même quand il est en voyage officiel à l'autre bout du monde. Il faudra désormais compter avec la puissance de feu dont les Amis de Jean-Paul

Kauffmann ont fait la preuve depuis la petite réunion informelle tenue rue Didot au soir du 27 mai 1985. La plupart des grands quotidiens, les radios, les télés reprennent le communiqué qu'ils rédigent le 31 mai. Signé, entre autres personnalités, par Jean-François Kahn, René Frydman, Sempé, le général Pâris de Bollardière, le navigateur Jean-Yves Terlain, les écrivains Denis Tillinac, Jean Vautrin, Frédéric H. Fajardie, l'appel s'adresse « à toute personne de bonne volonté en mesure de savoir en quel lieu [Jean-Paul Kauffmann] se trouve et pourquoi il est retenu, de prendre contact avec nous pour nous aider à lui faire retrouver une liberté qu'il a toujours contribué à défendre et à faire respecter ».

Depuis, sans faiblir, Joëlle Kauffmann occupe le terrain médiatique. Pour la seule semaine du 3 juin, elle enchaîne le journal d'Europe 1, Antenne 2 Midi, Soir 3, France Inter, France Culture. « Combien de Français doivent-ils être enlevés au Liban pour que nous commencions à réellement nous énerver ? » fulmine Michel Cantal-Dupart dans une tribune au *Matin de Paris*[6].

Une campagne de signatures est lancée, qui met à rude épreuve les télécopieurs du 5, rue de Savoie, dans le VIe arrondissement, siège des Amis de Jean-Paul Kauffmann. S'y associent plusieurs dizaines de députés, sénateurs, maires, conseillers régionaux, départementaux, municipaux, toutes tendances politiques confondues – Front national excepté. Le 4 juin, Jean Cauchon, sénateur d'Eure-et-Loir, porte l'affaire des otages à la tribune de la Haute Assemblée. Dans la foulée, ses collègues de l'Union centriste annoncent qu'ils feront de même à chacune de leurs interventions en séance publique. Le dossier revient au Palais-Bourbon par la voix de François d'Aubert, député UDF de la Mayenne. À son tour, il interpelle le gouvernement. Le 5, en Conseil des ministres, Roland

Dumas allègue de démarches « fréquentes et pressantes » pour « retrouver la trace » des deux Français. Et, du bout des lèvres, confesse son impuissance : les « groupuscules » qui détiennent les otages n'ont pas pignon sur rue [7]...

10

QUELQUE CHOSE A CHANGÉ

Parfaitement ciblée, menée en un éclair, la stratégie du pilonnage médiatique s'est avérée décisive. À en juger par le savoir-faire déployé en l'espace d'une semaine pour édifier les faiseurs d'opinion, peser sur le jeu politique, maintenir la pression, on devine que ses instigateurs n'en sont pas à leur coup d'essai en matière d'agit-prop.

Les membres du cercle rapproché qui entoure ma mère ont en commun leur insertion dans des réseaux qui comptent. Ils partagent une pratique aguerrie de l'engagement militant et une sensibilité à l'air du temps, au pouls des *eighties*. Sans surprise, l'échantillon qu'ils composent est à l'image des fidélités tissées par mes parents au fil de leur vie. Ils sont journalistes, médecins, psys, architectes, profs, cinéastes, photographes, écrivains. La plupart viennent de passer le cap de la quarantaine avec enfants. Leurs prénoms fleurent bon la France du baby-boom. Ainsi, les femmes s'appellent Claudine, Martine, Jacqueline, Françoise, Christine, Irène, Catherine, Marielle, Guilaine, Denise... Dans leurs rangs, l'humeur politique dominante est résolument à gauche.

En cette fin de printemps 1985, la cause de Jean-Paul Kauffmann les réunit au moment où s'achève la grande chrysalide amorcée quatre ans plus tôt, avec l'arrivée des socialistes aux affaires. Baignés de culture soixante-huitarde, beaucoup avaient continué à militer dans les années 1970. Mais le fossé s'était creusé avec les milieux gauchistes réduits à peau de chagrin. Seule parmi eux, Paula Jacques, journaliste à France Inter, accomplit un bout de chemin avec les derniers soldats de l'anarcho-maoïsme éradicateur. Membre d'Action directe, l'élu de son cœur était recherché pour meurtre et braquage. À l'automne 1984, pour lui être venue en aide dans sa cavale, Paula fut cueillie par la police et détenue un mois à Fleury-Mérogis.

Les autres piliers du comité ont emprunté les voies d'un militantisme moins chargé en TNT. Rencontré par ma mère au temps du Groupe information santé, le couple formé par Charles Belmont et Marielle Issartel s'était illustré en 1973 avec *Histoires d'A.* En faveur de l'avortement libre et gratuit, ce film-manifeste avait suscité l'ire de la censure pompidolienne et provoqué des bagarres avec les CRS lors de ses diffusions clandestines. Psychiatres, Jean Artarit et sa sœur Claudine, épouse de Paul Derôme, font partie de ces praticiens formés aux méthodes thérapeutiques en résonance avec l'héritage de Mai, libertaire et anti-psychiatrique, de la clinique de La Borde. Graphiste, Martine Lobjoy a papillonné des situs aux trotskistes, en passant par les sous-chapelles maos.

Une poignée de communistes tout juste défroqués, ou en rupture de ligne, complètent les rangs : Denise Grail, chargée de publication à l'Inra, longtemps cadre de la CGT ; Ourida Gherab, sœur d'un héros des maquis algériens pendant la guerre d'indépendance ; Mariana Bénézet, professeure de lettres, qui a gardé le nom de son mari poète, Mathieu, mais vit désormais séparée de lui – lancé par Louis Aragon, il officie comme producteur à France Culture. Leur divorce d'avec le Parti date de cinq ou six ans. En 1979, Georges Marchais avait jugé « globalement positif » le bilan des pays de l'Est. À la même époque, il abandonnait officiellement la référence au marxisme-léninisme. Temps de comité central agité, entre règlements de comptes et départs volontaires, laissant sur le carreau nombre d'orphelins en mal d'engagement militant.

De quelque chapelle qu'ils proviennent, la gauche est leur étendard, leur mantra, le mot magique qu'ils font claquer au vent depuis l'époque de leurs vingt ans. Mais le fond de l'air, pour ces quadras conquérants, n'est plus aux utopies communautaires ni aux rêves de rupture avec le capitalisme. Ont-ils vraiment cru au « front de classe » défendu par François Mitterrand au début des années 1970 ? Le candidat de l'union de la gauche dénonçait alors la « dictature de classe de la bourgeoisie d'argent ». Ont-ils pris au premier degré sa promesse de « réaliser la société socialiste » par la « propriété collective des grands moyens de production » ? Ils ne s'en souviennent plus vraiment. Reste une immersion commune dans le grand bouillonnement politique de la décennie 1970.

De bonne heure, leurs propres enfants ont appris à délimiter les frontières entre « droite » et « gauche ». J'en fus moi-même édifié vers l'âge de six ans. À force d'entendre les adultes, en fin de repas, s'emporter et ratiociner sur ces notions mystérieuses, j'ai fini par interroger ma mère à leur sujet. Elle me tint à peu près ce langage : « Le renard est méchant, car il veut manger les gentilles poules. C'est simple : la droite défend le renard, la gauche défend les poules. » J'entrais dans la vie bien armé…

Si ma mère, comme tous ses congénères soixante-huitards, invite joyeusement la politique à la maison, les pédagogies alternatives nées dans les brumes du freudo-marxisme, quant à elles, restent sur le seuil. *L'Anti-Œdipe* de Deleuze et Guattari lui tombe des mains. Appeler les parents par leurs prénoms, passe encore ; chambarder les hiérarchies, « libérer les flux du désir », faire copain-copain avec papa, il ne manquerait plus que ça. La marmaille se voit prescrire des limites. Elle essuie parfois des baffes. Dans le cas de la famille Kauffmann, la discipline est souple, mais conditionnée aux résultats du bulletin scolaire et intolérante au manque de respect. De l'extérieur, mon frère et moi n'en sommes pas moins tenus pour des enfants gâtés, intenables, beuglards, se plaisant à piétiner les interdits. L'autorité de ma mère s'arrête là où commence notre part ingérable, éruptive, ô combien usante. Pour le reste, nous avons droit aux *Fabulettes* d'Anne Sylvestre, aux gadgets de *Pif* et aux barbotages dans la boue conseillés par Françoise Dolto. Au journal *Libération*, aussi : dans cette bande de copains, c'est souvent la seule lecture qui traîne, défraîchie, au pied des toilettes.

Les futurs Amis de Jean-Paul Kauffmann étaient nombreux, le 10 mai 1981, à fêter Mitterrand place de la Bastille. Enfin, le poulailler tenait sa revanche. Parmi les membres du nouveau gouvernement, combien de copains, combien de connaissances même lointaines ou perdues de vue ! Ce frisson de connivence rendait la vie plus belle. Bien sûr, dans la bande, ce fut souvent la soupe à la grimace quand arrivèrent les nouvelles feuilles d'impôts. N'était-ce pas le sacrifice à consentir pour changer la vie ? Le train des réformes fonçait à pleine vapeur, n'en déplaise aux renards chagrins. Du théâtre subventionné à l'abrogation de la peine de mort, des nationalisations à la Fête de la musique en passant par les radios libres, Chéreau, Renaud, Max Gallo, le Président de leur cœur était poussé par le vent du Progrès. « Quelque chose a changé/L'air semble plus léger/C'est indéfinissable », chantera Barbara dans « Regarde », à l'automne 1981.

Au fil des mois, ont-ils pris la mesure du grand basculement advenu entre la « pause dans les réformes », décrétée en juin 1982, et la naissance du gouvernement Fabius quelque deux ans plus tard ? Ont-ils saisi, en temps réel, l'ampleur du hiatus entre leur ancien monde, baigné de références à l'idéal autogestionnaire, au marxisme, au « front de classe », et la gauche nouvelle manière incarnée par Jean Riboud et Bernard Tapie ? « Passage de l'empire vieux-socialo (Mauroy) à l'empire autoritaro-commercial de la "modernité" à la Fabius », ricanera Guy Hocquenghem dans sa *Lettre ouverte à ceux qui sont passés du col Mao au Rotary* [1].

En moins de trois printemps, le bouleversement est radical, qui voit passer la gauche de gouvernement, et avec elle la presse amie, *Libé* en tête, du messianisme révolutionnaire à la célébration des « battants ». En route pour la modernisation, le profit, l'investissement, le « défi informatique ». L'emploi est au bout de la chaîne des indices. L'heure a sonné de « réhabiliter » le « goût de l'entreprise », ose Jacques Julliard dans *Le Nouvel Observateur.* Et de tancer ses lecteurs : que la gauche cesse d'être un « super-lobby de consommateurs, d'assistés et de fonctionnaires râleurs [2] ».

Cette même année 1984, les cadres urbains qui ont voté Mitterrand fredonnent le tube de Cookie Dingler. « Petite fille faut pas rêver/Le loup ne vit plus dans les bois/Il est play-boy ou PDG/Il croque les filles mais elles aiment ça. » Un loup bronzé toute l'année, qui fait la fête en jean mais travaille en costard, remplit sa Samsonite de cigares et « aime son boulot plus que la fille dans son plumard ». D'un gouvernement l'autre, Barbara a pris un coup de vieux.

Cette reconversion dessine les voies d'un futur qu'il serait imprudent de vouer aux gémonies. Elle ouvre grand les bras aux quadras « de gauche » qui peuplent l'entourage des Kauffmann. Les adieux à l'époque qui s'achève sont expédiés avec un certain soulagement. Adieu à la culture d'opposition forgée du temps de leur jeunesse sous de Gaulle, Pompidou, Giscard. Adieu aux rouges idoles de la révolution. De l'air, enfin.

Pour ces baby-boomers pragmatiques, urbains, diplômés, le tournant « social-libéral » engagé rose au poing sonne l'âge de la maturité, des responsabilités. Sans doute préféraient-ils Mauroy à Fabius. Plus jeune qu'eux, ou à peine, le nouveau Premier ministre, tout à coup, les a fait vieillir. Ils sentent avec lui comme un hic. Trop bourgeois, trop Guizot. Eux sont moins corsetés, volontiers déconneurs. Ils préfèrent avoir tort et se tordre de rire avec Coluche que raison avec Fabius. Pour le reste, le nouveau discours « entrepreneurial » de la gauche au pouvoir s'accorde d'autant mieux à leur sensibilité qu'il se drape de références suffisamment nombreuses pour maintenir le cordon sanitaire avec le répertoire de la droite. En tête de ces valeurs hautement revendiquées figurent la lutte contre le racisme, la défense des droits de l'homme, l'élan humanitaire comme substitut au vieux discours tiers-mondiste. À ce cocktail plus digeste que la soupe marxiste s'ajoute le zeste « libéral-libertaire », festif, répandu à larges brassées par leur journal de prédilection, *Libération*.

Michel Cantal-Dupart campe idéalement cette gauche parvenue au terme de son aggiornamento. La confiance absolue que lui voue ma mère explique sa qualité de président des Amis de Jean-Paul Kauffmann. Le choix s'impose à elle d'autant plus naturellement que ce vieux copain présente une familiarité profonde avec sa culture militante. Malgré les crispations qu'il suscite parfois chez l'élément mâle du comité, hérissé par ses accès d'autorité, Cantal incarne une forme de syncrétisme des sensibilités politiques présentes autour de ma mère. Sa légitimité à parler au nom des « Amis » s'en trouve puissamment confortée.

Depuis l'arrivée des socialistes au pouvoir, Cantal a pris son envol. En l'espace de quatre ans, son carnet d'adresses s'est copieusement enrichi. La lecture de son agenda pour le début de l'année 1985 révèle la nature de ses réseaux, de plain-pied avec les cercles du pouvoir. Il déjeune avec Lionel Jospin, dîne avec Hubert Védrine, prend le café avec une jeune conseillère élyséenne nommée Ségolène Royal. Apparaissent, d'une colonne à l'autre, les noms de Paul Quilès, Henri Emmanuelli, Michel Crépeau, Jacques Chérèque, André Labarrère, Éric Arnoult (Erik Orsenna). De fréquentes réunions le conduisent au 10, rue de Solférino, car il a fini par prendre sa carte au Parti socialiste. Il voit aussi des journalistes. Beaucoup : de Nicolas Beau, rubricard au *Monde*, à la jeune équipe de Radio Beur, du patron de FR3 Serge Moati aux localiers de *Ouest-France* ou de *Sud-Ouest*. Parfois, il a rendez-vous avec Annie Cohen-Solal, la biographe de Sartre, dont François Mitterrand apprécie lui aussi la compagnie.

En 1983, avec Roland Castro, Michel Cantal-Dupart s'est vu confier la mission interministérielle « Banlieues 89 ». Castro, Cantal : « le petit gros au négligé calculé et le grand maigre au nœud papillon », plaisantera *Libé*[3]. Les deux compères mitterrandiens se veulent les « enfants terribles de l'urbanisme[4] ». Ils disposent d'un bureau et d'une petite équipe installés dans une annexe de Matignon, rue de Varennes. À charge pour eux de réinventer la banlieue, d'en finir avec la « ville à deux vitesses ». Cantal et Castro se veulent les hérauts d'une « authentique civilisation urbaine ». Mitterrand les a désignés pour imaginer le premier Grand Paris. Rien de moins[5].

Parmi les réalisations les plus emblématiques de la mission figure le programme estival « Fêtes et forts ». Six ministères le subventionnent. Par la fête, la culture, la création, et puisque l'imagination est au pouvoir, l'ambition est de redonner vie aux vieux forts militaires qui dressent leurs défenses autour de Paris. Projet galvanisant que celui d'élever ces remparts bastionnés, déclassés, à la joie du vivre-ensemble, au fun, à la beauté. Les habitants d'Ivry, d'Aubervilliers, de Champigny, et avec eux les Parisiens, sont invités à investir ces friches le temps d'un concert de zouk, d'un bœuf de jazz, d'un parcours à bicyclette. Leur sont aussi proposés des concours de breakdance, des courses en voiture à pédales, et même la trilogie de *Star Wars* sur écran géant – au creux d'un transat et sous les étoiles. « Elle danse, la banlieue », applaudit *Le Nouvel Observateur* pour la deuxième édition de Fêtes et forts en 1984. « Smurf, rock, reggae. Pour la première fois, Aubervilliers et Ivry font la fête. Et Paris court [6]. »

Ma mère et sa copine Claudine Derôme ont connu Cantal-Dupart au début des années 1960, à l'époque de leurs études à Nantes. La légende familiale dit qu'il passait sous leur fenêtre un jour où les deux oiselles, accoudées à la balustrade, pleuraient : elles « se trouvaient moches ». Il les aurait consolées et serait devenu leur ami pour la vie. Elles bachotaient leur première année de médecine, il était inscrit en archi.

De trois ans leur aîné, Cantal traînait avec lui une bande d'étudiants qui jouaient de la fanfare et militaient contre la guerre d'Algérie. Un soir de bringue, au grand scandale de la presse nantaise, ils barbouillèrent de tags un monument élevé aux poilus de 14-18. Il y eut procès. Ses premiers pas de militante féministe, Joëlle Brunerie les accomplit en participant avec Michel Cantal-Dupart à l'ouverture d'une antenne du Planning familial. Puis ma mère était montée à Paris finir sa médecine. Cantal, lui, s'était installé en Tunisie comme urbaniste. Il y fut nommé représentant de l'Unesco pour la sauvegarde de Carthage et de la médina de Tunis. En 1973, pour avoir aidé des dissidents à sortir clandestinement du pays, il fut torturé par la police de Bourguiba. Alors journaliste à RFI, mon père avait épaulé la petite mobilisation organisée en France pour obtenir sa libération. Après deux mois et demi de calvaire et une parodie de procès, Cantal fut remis en liberté avec un billet sans retour pour Paris et de lourdes séquelles aux pieds.

Aux derniers jours de mai 1985, c'est dans son agence du 5, rue de Savoie, entre Odéon et le quai des Grands-Augustins, que les Amis de Jean-Paul Kauffmann installent leur quartier général. Depuis le lancement de Banlieues 89, Cantal se partage entre l'annexe de Matignon et cette adresse du VIe arrondissement située à deux pas de *L'Événement du jeudi*. Calme et ombreuse, un brin décrépie, la rue accueille en son angle une petite épicerie bienvenue pour le grignotage et la soif des conjurés qui prolongent leurs conciliabules jusque tard dans la soirée. Entre les tables à dessin, les planches, les maquettes, le rez-de-chaussée peut faire tenir une quarantaine de personnes. La vie du comité déborde irrésistiblement sur celle de l'agence et colonise sa logistique. Autant qu'il peut, Cantal confine ses activités d'urbaniste aux deux petites pièces du premier étage. Très vite, il fait aussi installer une nouvelle ligne de téléphone – l'affaire est réglée en deux jours grâce à l'intervention de Louis Mexandeau, ministre des PTT.

Jamais déclarés en association, les Amis de Jean-Paul Kauffmann resteront jusqu'au bout un collectif informel. Chacun veut espérer que sa durée de vie sera la plus courte possible. Néanmoins, dès l'origine, les archives, le courrier, les comptes sont rigoureusement tenus par ma mère, qui veille au grain. De même, la qualité de président attachée à Cantal n'est pas de simple convention. Engagé corps et biens dans le comité, dût-il négliger sa carrière d'urbaniste, le patron des « Marchands de ville » – c'est le nom de son agence – est bien celui qui fixe le cap, pense les actions à mener, fait jouer la diversité de ses réseaux. Lui qui, d'habitude, se plaît tant à contempler sa propre image dans le journal ou à la télé – il y est passé quelquefois – évite en la circonstance les flashs et les caméras. Quand il apparaît dans les médias aux côtés de ma mère, c'est le plus souvent silencieux, arborant un air grave.

Du haut de ses deux mètres, il la surplombe d'au moins deux têtes. Il porte toujours un nœud papillon, soigne sa belle moustache noire et fait entendre de loin sa voix de stentor. Impénétrable, cachant peut-être une blessure et une mélancolie profondes, ce faux extraverti donne le change par sa hâblerie, ses facéties. Ses blagues, son art du coq-à-l'âne lui valent une image de joyeux compagnon. Entre humour à la Boby Lapointe et revival des Quat'z'Arts, il draine dans son sillage un monde de fanfare nantaise, de moustachus en marinière qui roulent à vélo, font la fête, beuglent des chansons paillardes, sifflent du muscadet, se déguisent, barytonnent.

Paradoxe, ce boute-en-train sourit rarement. Bon conteur, increvable tchatcheur, Michel Cantal-Dupart sait aussi sentir l'air du temps et saisir les rapports de force. Son flair politique, ses qualités d'organisateur, ses trouvailles sont un atout précieux. M'ayant vu grandir, il fait pour ainsi dire partie de la famille. Sa présence aux côtés de ma mère me rassure. « À eux deux, ils forment en vérité une sorte de tandem, indissociable et d'une redoutable efficacité », écrira Marc Kravetz à la fin de l'été 1985 [7] – tôt engagé dans le comité de soutien, il est revenu à *Libé* après son passage au *Matin au Paris*.

Le titre de son article résume le programme des années à venir : « Joëlle Kauffmann : de la libération des femmes à celle de son mari ».

11

RHIZOMES

La vie d'avant suivait un rythme lent. Les cours, la télé, les devoirs, encore la télé. Les week-ends aux Braudières, couronnés par le sacro-saint poulet au sel du dimanche soir. Les sorties entre potes du mercredi après-midi, place d'Alésia : menu Whopper au Burger King, séance au Gaumont ou au Mistral. Les petites ronces du quotidien n'accrochaient pas aux jambes. L'aîné rencontrait des problèmes de racket au collège ? On le changerait d'établissement. Joëlle avait les nerfs en boule, épuisée d'enchaîner vingt patientes par jour ? Elle ferait relâche aux Braudières, et puis l'été approchait. Les Kauffmann avaient prévu de passer le leur à bord d'une pénichette bleu et blanc, sur le canal du Nivernais. Les arrhes avaient été versées. Pour la suite des vacances, le projet fou avait germé d'un road-trip familial en camping-car sur la côte est des États-Unis.

La cassure avec l'ancien monde est violente. L'urgence, l'aléatoire avaient révoqué les intentions prévisibles, gommé la ponctuation rassurante qu'écrivaient d'ordinaire les adultes. Le présent était désormais en surchauffe ; le temps battait ses cartes à toute allure. Une tempête de faits, de visages nouveaux, de flashs d'infos qui crépitent, de téléphone qui sonne encore et encore, le ballet d'adultes en pleine fièvre avaient remplacé la vie d'avant. Ce grand décrochage n'allait pas sans une part d'excitation. Il accouchait de nouveautés, de surprises. À commencer par l'exploration de territoires inconnus, entre Odéon et Saint-Michel, quais de Seine et Saint-Germain-des-Prés. Les grappes d'enfants échappés des réunions du comité étaient autorisées à s'égailler dans les parages du 5, rue de Savoie.

Bouleversé par les travaux, le quartier baigne encore, en 1985, dans le jus hérité du temps où les membres du comité, à vingt ans, hantaient ses bistrots et les AG en Sorbonne. La rue Saint-André-des-Arts, lépreuse, joyeuse, sent l'urine, la friture et le graillon. Clochards à la Boudu, routards célestes, vieilles en châle aux joues pivoine et à casquette Gavroche parsèment la faune des touristes et des étudiants. La fontaine Saint-Michel est squattée par les babas cool qui usent leurs doigts sur des djembés en fumant des bidis. Plus haut sur le boulevard, devant la librairie des Puf place de la Sorbonne, des performers torse nu composent à coups de craie d'immenses figures christiques à même la chaussée.

Les riverains protestent contre le chantier géant qui s'éternise place Saint-Michel. La nouvelle gare en construction établira bientôt, sous la Seine, une connexion entre les lignes C et B du RER. Le peintre Claude Maréchal a été chargé de décorer la station : 620 m^2 de mosaïques jaunes, rouges, bleues, rhizomes de volutes végétales, d'eaux vives, de soleils.

Sur les murs du Quartier latin, l'un des premiers tags à la mode new-yorkaise a fait son apparition : « Bando ». À l'UCG-Odéon, *Subway* est à l'affiche.

12

LEILA

Le jeudi 6 juin 1985, à 16 heures, les Amis de Jean-Paul Kauffmann tiennent leur première conférence de presse. La petite assemblée se réunit dans un bar à vins de la rue Christine, le Comptoir de l'Écluse. Il est situé au pied de *L'Événement du jeudi*. Les photographes, le caméraman de TF1 s'affairent autour des quatre célébrités installées au premier plan, silencieuses sur leurs chaises Thonet. Jacques Chaban-Delmas se tient un peu en retrait des trois autres, en rang d'oignons près de la fenêtre. De gauche à droite : Jacques Toubon, Alain Madelin, François Léotard – le seul à porter une chemisette. La brochette est belle, qui réunit les ténors de l'opposition. Le Parti socialiste, quant à lui, s'est contenté d'envoyer Pierre Brana, son secrétaire national aux Droits de l'homme. Les quatre députés de la droite brillent alors au firmament de tous les pronostics sur la composition du futur gouvernement, dans neuf mois, après la défaite annoncée de la gauche aux législatives.

Chaban est parfois cité pour rempiler à Matignon. Burgrave du chiraquisme, Toubon pourrait atterrir à la Culture. Quant aux deux autres cadets de la droite, Léotard et Madelin, un vent favorable les place au cœur du mouvement de reconquête engagé par les vaincus de 1981. À l'approche de l'été, Léotard, quarante-trois ans, est en passe de distancer Chirac et Giscard dans les intentions de vote. Bientôt sacré « jeune prince des sondages » par *L'Express*[1], il mûrit déjà ses *punchlines* pour concourir à la prochaine élection présidentielle.

En ce 6 juin 1985, Léotard et Madelin s'apprêtent à jouer une partie délicate. Sur les images de TF1, les lourds sourcils qui rembrunissent la physionomie du premier, son air douloureux ne sont peut-être qu'en partie dus au sort des otages français. Pense-t-il aussi à la grand-messe prévue deux jours plus tard au Palais des Congrès ? François Léotard s'y prépare depuis des mois. Sous les auspices de Valéry Giscard d'Estaing, cette « Convention libérale » entend fédérer frères ennemis du RPR et de l'UDF. Pour ce faire, les quadras de la « bande à Léo », Madelin en tête, ont préparé un cocktail à base de libéralisme ultra, du jamais vu au pays de Colbert. Une mixture détonante, corsée d'emprunts aux « reaganomics » et au thatchérisme. Chirac a promis de signer, lui aussi, ces « propositions pour l'alternance ». Mais peut-on faire confiance à Chirac ? Et à Giscard ? Quel destin, quelle identité pour la droite ? À quand la fin de l'État-providence, du dirigisme, de l'assistanat ? Qu'on libère Kauffmann et Seurat, mais aussi les prix, l'initiative privée, le crédit. Et Toubon, à un mètre, Toubon qui aujourd'hui porte la même veste qu'Alain, la même cravate, pourra-t-on se fier à lui samedi, à ses bonnes joues ? À moins qu'à la « Convention libérale », les tirs d'embuscade ne proviennent d'autres quadras pressés, un Juppé, un Carignon ? Au Comptoir de l'Écluse, ce sont peut-être ces questions, parmi beaucoup d'autres, que François Léotard rumine en fronçant les sourcils et en écoutant Joëlle Kauffmann.

Par leur présence silencieuse, l'occasion est belle, pour ces figures de l'opposition, de faire valoir l'incurie du gouvernement sur le dossier libanais. C'est bien connu, l'efficacité est de droite, l'impéritie de gauche. L'amateurisme des socialistes est une plaie pour la France. Dans ce monde darwinien, Mitterrand manque de poigne, de vision. Mais d'autres motivations expliquent la présence des quatre députés. La puissance de feu démontrée par les Amis de Jean-Paul Kauffmann, l'entrée en lice de *L'Événement du jeudi*, la caisse de résonance offerte par toute la presse à l'enlèvement d'un reporter invitent à se mouiller pour la cause. Les journalistes défendent l'un des leurs, engagement qui leur permet aussi d'éprouver leur pouvoir sur le champ politique. Les rédactions de France Inter, d'Antenne 2, d'Europe 1, le Syndicat national des journalistes (SNJ) y sont tous allés de leurs communiqués : solidarité totale envers Jean-Paul Kauffmann [2]. En ces temps d'affirmation conquérante des médias sur des pans entiers de la vie publique, il serait malavisé de naviguer à contre-courant. Mais les arrière-pensées ne font pas tout. Chassez-les, et vous découvrirez dans le cœur de Chaban, Toubon, Madelin, Léotard un amour sincère de la liberté doublé d'une vive répulsion envers les preneurs d'otages.

Pendant quelques secondes, le reportage de TF1 montre Joëlle Kauffmann entourée de ses deux fils. Veste rose églantine et chemisier à fleurs, elle est interrogée sous les estampes viticoles qui décorent les murs du Comptoir de l'Écluse. « Aucune négociation n'a démarré. Là-bas, je pense que l'ambassade a des informateurs qui font le maximum, mais aucune négociation n'a démarré, au moins à titre officiel, on ne m'en a pas prévenue », déclare-t-elle. Statique, Alex fixe l'œil de la caméra, moins impatient que moi qui trépigne et semble vouloir quitter le champ. Sur le revers noir de mon pull, la petite main jaune de SOS Racisme provoque un contraste criard [3].

Les conférenciers discourent derrière une longue table recouverte de toile cirée à carreaux vichy. Commentaire en soutien du plan-séquence : « Seize jours après la disparition de Jean-Paul Kauffmann, ses amis, ses collègues et sa famille ne savent toujours pas ni où il est ni pourquoi il a été enlevé. Après avoir respecté le silence demandé par le ministère des Relations extérieures, ils désirent aujourd'hui informer tous ceux qui défendent les droits de l'homme et la liberté de l'information. » Au centre de l'image, Joëlle Kauffmann et Michel Cantal-Dupart. Siègent à leur gauche Jean-François Kahn et Albert du Roy, le directeur de la rédaction de *L'Événement du jeudi*. Jean-Michel Cazes ferme le ban à droite, bien découplé dans son costume d'été bleu ciel. Cazes : sa présence ouvre sur une géographie, des attaches, un univers que mon père, bon an mal an, s'était employé à cloisonner. Mais depuis deux semaines, les digues ont sauté. Les soixante-huitards du comité n'ont pas été peu surpris de voir affluer chèques de soutien et autres témoignages de fidélité en provenance des viticulteurs du Bordelais. De cet élan de solidarité, Jean-Michel Cazes s'est fait le porte-drapeau. Propriétaire du Château Lynch-Bages, il compte parmi les amis que mon père a rencontrés en qualité de rédacteur en chef de *L'Amateur de Bordeaux*.

Depuis 1981, Jean-Paul Kauffmann animait cette revue en tandem avec Michel Guillard, dentiste et photographe. C'était son hobby, à côté de son métier de journaliste. Le mardi 21 mai, veille de son enlèvement, il avait passé l'après-midi en compagnie de Guillard. Les deux complices avaient peaufiné le prochain numéro de la revue, consacré à l'appellation Saint-Julien. Mon père s'était donné encore quelques jours pour boucler son papier. « L'objectif prioritaire de l'année 1985 devait être à ses yeux une meilleure vente de *L'Amateur de Bordeaux* », dira ma mère [4]. De sympathie plus giscardienne que socialiste, un pied à Paris, l'autre dans sa maison de Talmont-sur-Gironde, Michel Guillard s'est joint sans difficulté à la bande du comité.

Élégant, séducteur, d'un naturel conciliant, il affiche un air de ressemblance avec le jeune Jean Poiret, celui des années 1960, excepté pour les cheveux, qu'il porte plus longs, relevant avec chic sa mèche de côté. En attendant la libération de son ami, Michel Guillard s'est promis de faire vivre la revue. Il en a d'ailleurs disposé plusieurs numéros à la vente, ce 6 juin 1985, à l'entrée du Comptoir de l'Écluse. Jean-François Kahn n'a pas du tout apprécié : l'heure n'était pas à la promotion des crus de Bordeaux.

Le brassage né du comité accouche de rapprochements inédits. Prés carrés de l'entre-soi professionnel, relations laissées en friche depuis vingt ans, amitiés littéraires, viticoles, gastronomiques, ce sont tous les jardins secrets de mon père qui d'un seul coup se découvrent. Ils s'invitent dans le cercle post-soixante-huitard où mes parents mêlaient d'ordinaire leurs relations communes. « Après l'enlèvement, j'ai reçu tant de lettres, entendu tant de témoignages sur Jean-Paul, dans lesquels j'ai découvert des aspects que je ne connaissais pas... Surtout sa vie de journaliste, ses "amis du midi" qu'il préservait », témoigne ma mère[5]. Amis « de droite », pour une partie d'entre eux, que mon père voyait pour déjeuner. Ils ne sont pas de ceux qui tiennent la permanence téléphonique ou collent des enveloppes, mais se mouillent à leur façon.

Ainsi Denis Tillinac. D'« ami du midi », l'écrivain chiraquien était devenu un intime de la famille Kauffmann. Entre les deux clans, la première rencontre avait pourtant failli tourner court. C'était en 1982 ou 1983. Au volant de sa Renault 9, mon père cherchait son chemin sur les départementales du plateau corrézien. Sur la banquette arrière, ses enfants chouinaient et s'empoignaient. Maussade, l'épouse se renfrognait de plus en plus. Nous étions perdus ; la nuit allait tomber. But de l'expédition : des inconnus, les Tillinac, nous attendaient dans leur village d'Auriac. Ils faisaient partie des nouvelles relations nouées par mon père depuis qu'il avait publié un compte rendu élogieux de *Spleen en Corrèze* dans *Le Matin de Paris*. Ma mère ne tenait pas plus que cela à faire leur connaissance. Et pour cause : ils étaient de droite. De droite ! La sentence fut prononcée, lancée par ma mère excédée de tourner en rond sur les routes. Elle présupposait un traquenard, une vilénie, le « piège à cons » tendu par les mauvaises fréquentations d'un mari abouché à l'hydre réactionnaire. Mot tombé comme la foudre, qui eut pour effet d'inspirer force pleurs et de faire redoubler les protestations sur la banquette arrière. Ainsi dessillés sur la nature véritable de nos futurs hôtes, mon frère et moi étions persuadés d'avoir à franchir, ce soir, les portes de l'enfer. Le comité d'accueil eut tôt fait de lever nos préventions. Ce fut une surprise. Monique et Denis Tillinac étaient la gentillesse même, leurs enfants nous ressemblaient, et l'ambiance, à leur enseigne, promettait de franches rigolades et de sérieuses ripailles. Maman s'était peut-être trompée sur les gens de droite.

Ouvert au grand vent des amis proches ou perdus de vue, des anciennes patientes féministes de ma mère, des copains nantais, rennais, quimperlois et autres cousins de Bretagne, accueillant aussi journalistes, militants, solitaires et curieux réchauffés par un climat affectif et une sympathie commune, le 5, rue de Savoie voit défiler un monde bigarré. Quelques vautours, déjà, pointent le bout du bec. Cette éditrice de Plon, par exemple, entrée sans prévenir pour proposer à Joëlle Kauffmann un contrat à six chiffres en vue d'un livre sur le retour à la liberté de son mari. Ou ce rédacteur en chef de l'agence Sipa, s'apprêtant à vendre à *Paris Match* nos photos de famille. Fort de ses « contacts », ce barbu trop lisse aux mains de chanoine, affable, s'était promis de faire acheminer les clichés jusqu'aux geôliers de mon père. Ma mère en sera quitte pour un procès contre *Paris Match*.

Cantal veille au grain, rembarre les importuns, filtre comme il peut les allées et venues. Reste que l'urbaniste de François Mitterrand n'est pas taillé pour le rôle de physio. Pas son style, pas son gabarit. Dans cette fonction, c'est Ronald Moreau, nom de plume : Frédéric H. Fajardie, qui joue des biceps et fait valoir sa ceinture noire de karaté. La cantonade est prévenue qu'à la moindre incartade, au plus infime millimètre de cheveu touché sur l'un des crânes appartenant à Joëlle Kauffmann et à ses deux fils, le cassage de gueule prendra effet dans la seconde. Dans ses romans, c'est pire : les personnages sont empalés, égorgés, découpés. On y croise des tueurs psychopathes grimés en soldats allemands, des Dodge, des amoureuses en porte-jarretelles et des flics qui lisent Bakounine. Gauchiste non repenti, Fajardie se plaît à citer avec provocation la devise de la SS : « Mon honneur s'appelle fidélité. » En 1979, dans *Le Matin de Paris*, mon père fit connaître son premier roman, *Tueurs de flics*. Depuis, Fajardie s'est imposé comme l'un des maîtres du néo-polar. Alex et moi le révérons. La gauche assagie du comité n'entre pas dans son alchimie politique. Lui n'a rien renié du temps où, jeune kamikaze prochinois, il cassait du CRS en marge des manifs. Anarcho-maoïste, Ronald rêve de balayer la « canaille socialiste », les « sociaux-traîtres ». Il vomit François Mitterrand. Notre Président, dit-il de sa voix curieusement timide, est une « crevure », le « chien de garde du capital ». « Révolté impénitent, il invoquait les valeurs d'un "bolchevisme" idéal mais, au fond, c'était un nostalgique de toutes les chevaleries », dira de lui Denis Tillinac [6].

Les grandes vacances approchent. Au milieu des robes courtes, des bras dénudés, la ruche bourdonnante du 5, rue de Savoie vit une fin de printemps qui a aussi ses charmes. Les peaux dorées sentent le Paris des terrasses, de la drague. Jean Vautrin note alors dans une lettre ouverte à mon père : « Ça y est ! Juin fait son office. Le soleil prend le dessus sur la conscience universelle. Roland-Garros est arrivé : l'époque est à la raquette bien tendue. Le corps est à la Une de l'été. Bronzor à tous les étages. La France s'apprête à vivre à l'heure de la crème solaire et de la peau qui se dessèche. Là où tu es, les morts sont pluie d'orage [7]. » « Le corps » : c'est justement le thème choisi par Bernard Pivot dans son *Apostrophe* du 31 mai 1985. Papesse de l'aérobic, Jane Fonda y est gentiment taquinée sur son dernier livre, *Le Bel Âge de la femme*.

Au box-office des librairies, Régine Deforges caracole en tête avec *Le Diable en rit encore*. En deuxième position, *La Médecine naturelle* de Rika Zaraï, suivi de près par *La Bêtise* d'André Glucksmann. Mais cet été, sur la plage, on lira plutôt Katherine Pancol ou Jean d'Ormesson, prophétise *Le Masque et la Plume* [8]. Alphaville chante « Forever Young », Gilbert Montagné « Les Sunlights des tropiques ». Dernier-né des maillots Livia, le une-pièce à laçage guêpière et volants « accroche-brise » fait un malheur au troisième étage du Bon Marché. Les dîners où l'on s'enflamme pour la cause réunissent les Amis de Jean-Paul Kauffmann au sortir de leurs réunions. Ce compagnonnage réchauffe l'âme. La bande prend ses habitudes à la George Killian's Tavern, carrefour de l'Odéon. Ou au Muniche, 27, rue de Buci.

Les enfants partagent quelquefois leurs agapes, tombant de sommeil sur la banquette à l'heure où les adultes attaquent le plat de résistance. Mais les soirs de comité, c'est dans l'appartement de Cantal, rue des Grands-Augustins, qu'Alex et moi passons le plus clair du temps. Abrutis devant la télé : *Dallas*, *Coricocoboy*, *Étoiles à la Une*, *Le Petit Théâtre de Bouvard*, *Le Jeu de la vérité*, et combien de nanards, et combien de clips, de pubs… Faut mettre du Calgon dans vot' machine, Madame Denis ! Christine, la compagne de Cantal, s'occupe de notre gardiennage. Épuisante servitude, car partout nous mettons le souk.

Pour mon frère et moi, cet appartement brille surtout par la présence moqueuse, aimante, bordélique de Leila Cantal-Dupart. La fille de Christine et du grand manitou. Née la même année que moi, mais dix mois plus tôt (ce qui compte, à onze ans), elle nous regarde comme des petits frères turbulents et mal dégrossis. Elle est d'un autre monde, très loin de la porte Didot. Collégienne à Jacques-Prévert, derrière la place Saint-Germain-des-Prés, elle prétend connaître Gainsbourg. Leila Cantal-Dupart raconte avoir été invitée dans son salon, rue de Verneuil, pour déguster des glaces devant un écran de télévision géant. Nous la soupçonnons de mythonner. Ses copines sont aussi jolies qu'elle. Moins nunuches, plus piquantes que les filles de François-Villon. Moins Bibi que Rita Mitsouko. En plein bourgeon. Toutes fument déjà des blondes.

Ces longs soirs de juin passés rue des Grands-Augustins, nous les employons aussi à faire chauffer le tourne-disque. Vingt fois de suite nous écoutons le 45 tours de Chanteurs sans frontières, repris en chœur. « Les enfants d'Éthiopie/ Embarqués sur un navire/Qui n'a plus ni voiles ni rames/ Attendent le vent. » Paroles de Renaud Séchan. À l'interprétation, neuf chanteuses, vingt-sept chanteurs. Vingt-huit hommes étaient prévus à l'origine. Mais Gainsbourg, qui venait de perdre sa mère, fit faux bond le jour de l'enregistrement. Il va se rattraper le 7 juin au *Jeu de la vérité*. Ce soir-là, en direct face à Patrick Sabatier, Gainsbarre signe un chèque de 100 000 francs à l'ordre de Médecins sans frontières. Sous son plaid, Leila pleure d'émotion.

Les moments d'intimité qui nous réunissent, Alex, ma mère et moi, s'ourdissent à l'écart du grand cirque. Les gros câlins et les larmes se cachent rue Didot, tard le soir, le plus souvent dans la salle de bain. Enfin seuls, ô combien. Son absence qui déjà s'incruste. Ses livres qui traînent. Ses vêtements. Ses CD d'opéra, *Carmen*, *Don Giovanni*. Les trésors interdits que, lui parti, nous violons. À nous les BD de Manara (*Le Déclic*) et de Martin Veyron (*L'amour propre ne le reste jamais très longtemps*), inaccessibles, perchées au sommet de sa bibliothèque. Albums strictement défendus aux moins de quatorze ans, avait décrété mon père. Ou ce grand coffret rouge carmin, *Le Nez du vin*, de manipulation fragile. Il contient des flacons d'arômes classés par familles. Désormais, Alex l'ouvre au tout-venant des copains qui passent à la maison. Résultat, des fioles disparaissent, d'autres se brisent ou se vident. Ainsi maltraité, mutilé, *Le Nez du vin* fait peine à voir.

Joëlle Kauffmann, France Culture, 10 mars 1988 : « Dans les tout premiers jours, j'ai essayé de leur faire supporter leur chagrin en leur disant : mais c'est une aventure, vous verrez, Jean-Paul va revenir dans quelques semaines et il nous racontera. J'essayais d'exploiter le côté, j'allais dire, Tintin, de l'affaire [9]. »

La vigne vierge, le lilas plantés par mon père vivent leur vie sans lui. Claude Bon, le voisin d'en face, passe de temps à autre donner un coup d'arrosoir. Les résidents de la voie pavée où s'élève notre pavillon, au fond à droite, tissent un cocon protecteur – presque une seconde famille. Leur attachement à l'allée, qui confine à l'esprit de clocher, engage une solidarité de tous envers tous. Autant de plans B pour nous faire garder quand ma mère s'absente. Destinées, à l'orée du siècle, aux ouvriers horticoles de la plaine de Montrouge, les bâtisses de la villa Jamot accueillent une population mêlée dont la physionomie, en ces années 1980, traduit la grande métamorphose qui bouscule la sociologie du quartier. À mesure qu'ils disparaissent, et que s'efface avec eux la mémoire ouvrière du vieux Plaisance, les retraités de l'allée sont remplacés par une population de « néo-bourgeois », pour reprendre la terminologie de l'époque. Catégorie dont mes parents, arrivés en 1979, constituent un échantillon parmi d'autres.

Mais, de même que les petites vieilles de la villa Jamot, en un parler fleuri, engueulent les enfants depuis leur perron, de même nombre de figures, lieux, atmosphères témoignent à l'échelle du quartier d'un monde qui résiste encore. Gargotes d'arsouilles, concierges tapineuses, crémeries où on mire les œufs, pépés en marcel postés sur leur chaise à même le trottoir disent une époque qui se meurt lentement. Derrière la boucherie chevaline qui fait face au 105, rue Didot, la végétation a repris ses droits sur l'ancienne cour d'usine où se dresse un quasi-taudis. À 3 mètres du 105, bas résilles et robe fendue, la boulangère semble tout droit sortie d'un claque de l'entre-deux-guerres. Néanmoins, les bétonneuses tournent à plein régime. De grands ensembles s'élèvent. Les îlots insalubres sont remplacés par des tours, des parkings, des centres commerciaux, des crèches. Rue Raymond-Losserand, rue de Gergovie, partout des palissades, des chantiers. En lieu et place du vieux dépôt de tramway, on édifie l'immense Zac Didot. Quartier de la grande promesse où les arrivants profitent des nouvelles opportunités du marché immobilier. Ils réhabilitent les petites maisons sans confort et se lient aux voisins de leur espèce. Ils partagent l'impression de vivre dans un « vrai village » [10].

Dans l'allée, aux beaux jours, on organise raouts et apéros qui s'éternisent. Les enfants de la villa Jamot sont nos meilleurs copains, Rozen en tête. Son père, architecte, ancien communiste, grand consommateur de Gitanes, souffre d'une maladie pulmonaire que les médecins n'arrivent pas à soigner. Rozen vit seul avec lui. Habitué des Braudières, vibrionnant, porté par un irrésistible sens de la blague, inséparable d'Alexandre, il partage la même classe de CM1. Mes parents l'aiment comme un fils.

13

LE PRÉSIDENT

Sinon une faute, du moins une lourde gaffe, à en juger par l'appel courroucé reçu de l'Élysée en ce matin du 7 juin 1985. La veille, au Comptoir de l'Écluse, Joëlle Kauffmann s'était laissée aller à une confidence qui n'entrait pas dans le cadre prédéfini avec les services de François Mitterrand. La presse s'était étonnée de la sous-représentation, dans l'assistance, des personnalités de gauche. Photographes, caméramen n'avaient d'yeux que pour les quatre députés de droite assis au premier rang. Fallait-il en conclure qu'à l'heure du vaste élan de solidarité engagé en faveur de Kauffmann, le camp mitterrandien n'était pas de la partie ? « Si, si, je vois le Président demain ! » avait répliqué ma mère tout à trac. « Histoire de déculpabiliser ma famille politique », confiera-t-elle un an plus tard en revenant sur sa bourde [1].

L'Élysée s'était bien gardé de communiquer sur ce rendez-vous arrangé en catimini par Michel Cantal-Dupart. Mitterrand consentait à recevoir Mme Kauffmann, mais avec discrétion, sans quoi il eût aussi fallu convier les autres familles d'otages, perspective non retenue par le Président en cette veille de week-end. Las ! L'info est éventée, et c'est avec les autres familles, prévenues au débotté, que Joëlle Kauffmann et Cantal-Dupart se présentent à l'Élysée peu après 15 heures.

Autre bévue, commise un an plus tard dans un entretien donné à Liliane Sichler pour *L'Événement du jeudi*. Interrogée sur cette première entrevue avec François Mitterrand, ma mère lâchera sans filtre : « J'étais intimidée, je m'étais acheté une paire de collants Dior [2]. »

Quelles combinaisons, en cet après-midi du vendredi 7 juin 1985, peuvent bien s'échafauder dans l'esprit du Président ? En son for intérieur défilent peut-être les difficultés du moment. La querelle entre Fabius et Jospin. La fringale élyséenne de Michel Rocard. Le voyage de la semaine prochaine à Florence pour le sommet avec Bettino Craxi. Mercredi, François de Grossouvre quittera ses fonctions de chargé de mission. Ses coups tordus, ses jérémiades empoisonnaient la vie du palais. Mazarine : ses derniers jours de CM2 à l'école Saint-Benoît. Sa future entrée en 6e au collège Henri-IV, dans trois mois. Cette Joëlle Kauffmann, ce Michel Cantal-Dupart déjà entrevu aux côtés de Roland Castro, ils appartiennent à la grande famille de la gauche. On donnera le change par un air pénétré, de connivence, une tranquille aménité. Tandis que le Président s'adresse à eux, ma mère observe les objets qui trônent sur son bureau. L'étui à lunettes en cuir rigide. La pendulette en laque marron, cadeau de Pierre Mauroy. L'horloge intime de François Mitterrand, paraît-il, est calée sur plusieurs fuseaux à la fois.

Les familles d'otages se voient prodiguer des paroles consolantes, de vagues promesses. « Il nous a dit qu'il était déjà entré en contact avec différents responsables de pays qui peuvent aider à une négociation », commentera ma mère au micro de France Inter en sortant du palais [3]. « Qu'a dit Mitterrand ? » questionnera Liliane Sichler dans l'entretien précité de *L'Événement du jeudi*. « Oh ! lui, il n'était pas plus au courant que les autres, le pauvre ! Là, j'ai pris la dimension de l'horreur, je me suis dit : que faire si lui, le président de la République, n'en sait pas plus ? Si personne ne sait ? » Le soir même, les comparses du comité de soutien débriefleront l'audience élyséenne autour des saucisses blanches, jarrets, flammekueche et rieslings de L'Alsace à Paris, 9, place Saint-André-des-Arts [4]. Parler à qui vient de parler à François Mitterrand, c'est un moment de l'existence qui ouvre l'appétit.

« Ils attendent la libération de leur père » : sous ce titre, la photo s'étale sur 15 × 15 centimètres dans *Le Journal du Dimanche*, édition du 9 juin 1985. Le cliché a été pris au Comptoir de l'Écluse. Je fixe l'objectif d'un air vide, accoudé à une table. Plus encore que sur les images de TF1, le badge épinglé à mon pull étincelle de tout son jaune canard. Alex, lui aussi, porte la petite main jaune de SOS Racisme, mais on la distingue à peine, perdue qu'elle est au milieu des îles de l'archipel calédonien imprimées sur son tee-shirt – cadeau de mon père au retour d'un récent reportage à Nouméa. Son regard est penché sur *L'Événement du jeudi* de la veille, ouvert sur un reportage consacré aux otages. « Ces deux petits garçons attendent depuis près de vingt jours des nouvelles de leur père », commente le *JDD*. « Joëlle Kauffmann et l'architecte Michel Cantal-Dupart, également membre du comité, partent demain pour Beyrouth, où ils resteront jusqu'à jeudi afin d'établir des contacts avec des responsables politiques et religieux. »

Par dizaines, le comité a fait photocopier l'article, pariant sur la force d'émotion soulevée par l'image de ces deux fils d'otage tristement seuls, tristement sages. Reproductions destinées aux dossiers envoyés aux journalistes, aux députés, aux ministres. Le lundi matin, avant de partir au collège, je glisse l'une d'entre elles dans mon sac US. Tandis que les élèves de la 6e 4, pressés dans le couloir, attendent le début du cours de Mme Lacoste, la professeure de lettres, je brandis gaiement la photocopie à leur attention. Interjections, gloussements, bourrades, chacune et chacun cherche à s'en emparer. Ils n'en reviennent pas de découvrir l'un des leurs sur une photo de presse. Sur le plateau de Vanves, c'est une première. Survient Mme Lacoste, qui aussitôt confisque le papier.

Austère et douce, cette professeure entre deux âges ne parviendra jamais à dompter les bêtes sauvages de la 6e 4. C'est avec d'infinies précautions et une timidité certaine qu'une fois le cours terminé, elle vient à ma rencontre pour éclaircir les motifs du remue-ménage déclenché tout à l'heure par le « document », selon son expression. Elle s'imagine qu'un mauvais plaisant l'a fait circuler parmi les élèves. Elle se dit désolée pour moi. Mme Lacoste me fait part de sa tristesse, de son soutien.

Je lis sur son visage, mêlée de perplexité, une vive affliction, presque une détresse lorsque, de ma bouche, tombe la vérité : cette photocopie, c'est moi qui l'ai apportée aux copains.

14

LE VOILE

Le soir même, ma mère et Cantal-Dupart s'envolent pour Athènes, d'où ils attraperont la correspondance pour Chypre, puis une vedette rapide à destination de Beyrouth. L'idée de ce voyage mûrit depuis une dizaine de jours. Dans l'espoir, même infime, de ramener Kauffmann ? Rêver n'est pas interdit. Un flacon d'Yquem leste ainsi le bagage de ma mère, au cas où. D'abord et surtout, l'objectif est de rencontrer, dans la capitale libanaise, dignitaires politiques, guides religieux, chefs de milice, intermédiaires, en bref toute personne susceptible d'introduire un filet de lumière, si mince soit-il, dans la nuit où semble s'enfoncer mon père.

Le but est aussi de maintenir en éveil l'attention des médias, mis en appétit par l'échappée de Joëlle Kauffmann au pays des voitures piégées et des enlèvements. Enfin, sa présence à Beyrouth pourrait bien filtrer jusqu'aux oreilles de l'absent, message à lui destiné d'amour et de courage, d'invitation à tenir bon. « Je voudrais que tu ne souffres pas. Protège-toi, Jean-Paul. Mets-toi des petits sacs de sable autour du cœur. L'unique solution est de tenir [1]. » Là-bas, au moins, elle se sentira près de lui.

De la guerre civile libanaise, et de la poudrière du Proche-Orient en général, guerre Iran-Irak, OLP, raids israéliens, occupations syriennes, ma mère ne connaissait rien, ou pas grand-chose, avant que son mari ne disparaisse dans la fournaise. « J'étais dans l'ignorance complète, je ne savais même pas distinguer un chiite d'un sunnite [2]. » De manière générale, la géopolitique, trop spéculative, l'assomme. « Du jour au lendemain, je me suis retrouvée plongée dans la politique libanaise, qui, vous en conviendrez, n'est pas d'une limpidité extrême », dira-t-elle dans un entretien à *La Vie*. Et d'évoquer, depuis lors, son « bachotage permanent : tout lire, tout écouter, tout comprendre. Par force, et sans appétit [3] ».

Avant leur départ, Cantal et ma mère ont battu le rappel des journalistes amis qui, longtemps frottés au terrain libanais, pouvaient aider à préparer leur venue à Beyrouth. Le brief de Marc Kravetz s'est avéré précieux, lui qui, depuis dix ans, roulait sa bosse au pays du Cèdre, incollable sur le jeu des factions, les repaires chiites, les bastions druzes, la géographie des check-points. Six mois plus tard, ma mère livrera sa version du conciliabule tenu rue de Savoie la veille de son départ : « Nous avions invité quelques journalistes à l'agence [de Cantal-Dupart] [...]. Chacun nous donnait des conseils : "Ne vous mettez pas aux fenêtres, longez les murs, ne prenez pas le taxi seule." Nous n'avions pas remarqué que Grégoire et Alexandre nous écoutaient, consternés. Je les ai retrouvés recroquevillés sous une table à dessin. Ils pleuraient à chaudes larmes [4]. » En vérité, mon frère était seul sous cette table. Cantal l'avait cherché longtemps avant de découvrir sa cachette. Ce même dimanche, les médias annonceront l'enlèvement, à Beyrouth, de l'Américain Thomas Sutherland, capturé par un commando armé sur la route de l'aéroport.

Séquences télé. Joëlle Kauffmann, voile sur la tête, Cantal-Dupart, costume beige et nœud papillon, sont dans un taxi. Défilent en arrière-plan les rues cabossées de la capitale libanaise. Au milieu des remblais, Joëlle Kauffmann franchit un cheval de frise. Cantal-Dupart et Joëlle Kauffmann surgissent d'un dédale de sacs de sable anti-obus. Joëlle Kauffmann s'entretient avec un personnage qui bedonne, chemise seventies ouverte sur une houppe de poils, l'air d'un play-boy flapi de série italienne. C'est Nabih Berri, le chef du mouvement Amal, porte-voix des chiites « modérés ». Par intervalles, le chant du muezzin couvre ses propos. Nouveau trajet en taxi, direction le quartier du Hezbollah. Au barbu enturbanné qui, tache de graisse sur sa robe, l'accueille dans son fief de Bir el-Abed, Joëlle Kauffmann dit sa reconnaissance : « Je vous remercie de votre soutien. » C'est Mohammad Hussein Fadlallah, guide spirituel du Hezbollah. Les otages français sont peut-être détenus dans sa cave.

Mains croisées derrière le dos, Michel Cantal-Dupart marche seul sur un terrain vague de la banlieue Sud. Encore des rencontres : avec Mohammad Mehdi Chamseddine, vice-président du Conseil supérieur chiite ; avec Hussein Husseini, président du Parlement libanais. Joëlle Kauffmann au micro de Jean-Pierre About, séquence extérieur jour, Beyrouth-Ouest : « Ici, on se rend compte que tout est compliqué [5]. »

Trois jours de marathon, « de rencontres non-stop avec tout ce qui compte dans le gotha chiite libanais », dira Kravetz [6]. Vendredi 14 juin 1985 : par le hublot de l'hélicoptère décollant du *Georges-Leygues*, Beyrouth s'éloigne. « Nous avons le cœur serré. Où est Jean-Paul [7] ? »

Retour en France via Chypre et Athènes. Un bon de caisse siglé « Tax Free Shop » mentionne qu'à l'aéroport international de Larnaka, Joëlle Kauffmann a payé 10 dollars une cartouche de Dunhill – elle crapote à ses heures. « Last call for all passengers ». Mais le changement à Athènes va s'éterniser. À l'arrivée, panique sur le tarmac.

En partance pour Rome, le vol 847 de la compagnie TWA vient d'être dérouté. De l'espace aérien grec, les pirates de l'air ont mis le cap sur Beyrouth. À bord du Boeing, 153 passagers et membres d'équipage. Parmi eux, le chanteur grec Demis Roussos. Détournement imputable aux terroristes pro-iraniens qui exigeront, entre autres revendications, la libération immédiate « de tous les détenus dans les prisons israéliennes et leur acheminement à Saïda [Liban du Sud] [8] ».

Sur le moment, les motifs de la confusion qui règne à l'aéroport d'Athènes échappent en partie au tandem revenant de Beyrouth. Couvert par les télés du monde entier, l'événement va reléguer à l'arrière-plan le dossier Kauffmann, Seurat, Carton, Fontaine. Il rend aussi leur affaire plus épineuse. Comment dissocier désormais leur sort de celui des otages de la TWA ? Ils sont aux mains de la même nébuleuse terroriste.

Interview des deux frères Kauffmann dans *Elle*, 2 décembre 1985 : « Étiez-vous au courant lorsque votre mère est partie à Beyrouth ? – Alexandre : Oui, au retour, on l'attendait. On a eu très peur jusqu'au dernier moment : tout le monde descendait de l'avion et pas elle. Elle est sortie la dernière. J'avais peur qu'ils l'aient gardée. – Grégoire : À son départ, elle avait dit : "ne vous inquiétez pas, il ne m'arrivera rien" et après, elle nous a raconté qu'il lui était arrivé des choses : des bombardements, des feux de mitraillettes. Elle était à l'hôtel Cavalier. Quand elle sortait, il y avait des tirs. Je veux pas qu'elle y retourne [9]. »

Bien des copines féministes ont tiqué, devant leur télévision, à la vue du voile recouvrant les cheveux de Joëlle Kauffmann dans les rues de Beyrouth. De retour à Paris, il fallut affronter leurs remontrances. Exhiber un tchador – comme on disait alors –, n'était-ce pas faire injure à tous les combats menés contre la domination masculine, le patriarcat, l'obscurantisme ? Joëlle avait-elle oublié d'où elle parlait, d'où elle venait, 68, le GIS, les années MLAC (Mouvement pour la liberté de l'avortement et de la contraception) ?

Ma mère laisse couler. Si tel avait été le barème fixé pour récupérer le père de ses enfants, c'est en tenue d'Ève, affirme-t-elle souvent, qu'elle se serait montrée à Beyrouth.

15

LE BADGE

« Touche pas à mon pote » : depuis l'enlèvement de Jean-Paul Kauffmann, la petite main de SOS Racisme invariablement nous décore, Alex et moi, sur les clichés parus dans la presse. Ma mère approuve. Harlem Désir, elle aime aussi. « La France, c'est comme une mobylette : pour avancer, il faut du mélange. » À l'époque, l'industrie du fameux badge est en passe de franchir la barre qui, du stade artisanal, hissera bientôt sa diffusion vers les hauteurs stratosphériques d'un phénomène de pop culture, de dimension nationale, irradiant jusqu'aux plus petits collèges de province. Au magasin des objets plébiscités en 1985 par les jeunes fans de Coluche, Goldman, Renaud, seule la version mini du briquet Bic, née au mois de mai, pourrait rivaliser avec le badge à la paume ouverte. Mais, au printemps 1985, la vogue d'Harlem Désir et des « potes » n'en est qu'à ses prémices. Pour preuve, mon père, à son retour de captivité trois ans plus tard, interrogera sa femme : « Mais qui est cet Harlem Désir ? Un chanteur [1] ? »

Dans la cour de François-Villon, c'est au compte-gouttes qu'est apparu le badge au début de l'année 1985. L'extrême rareté des premiers spécimens en fit un objet de désir immédiat, ô combien jalousé. Effet de convoitise décuplé, au mois de février 1985, par la prestation de Simone Signoret sur le plateau de *7 sur 7*, regardée en famille rue Didot. Anne Sinclair présente le badge en version king size, et Simone Signoret prophétise son succès parmi la jeunesse. L'émission a diffusé un reportage sur des lycéens du Dijonnais arborant l'insigne antiraciste au revers de la veste en jean. « Un lycée où grandit la France multiraciale de demain », a commenté la voix off. « Elle court, elle court, la main ouverte, elle fait la chaîne de ville en ville [2]. »

Un conditionnement familial précoce devait conduire les deux frères Kauffmann à brasser dans les eaux montantes du militantisme souriant animé par les « potes ». L'année 1984 fut celle de la grande initiation, le temps des premiers repères solidement fichés dans la tête des enfants pour leur apprendre à bien distinguer l'adversaire. Dans ce récit édifiant, l'ogre avait pour nom Jean-Marie Le Pen. Le diable était sorti de sa boîte un jour de février 1984, dans la pièce télé, crevant l'écran lors de sa première apparition à *L'Heure de vérité.*

« Le diable » : c'est l'expression qu'avait utilisée mon père, mi-goguenard, mi-sérieux, pour désigner à mon attention le monsieur aux cheveux blonds paillasse qui gesticulait face à François-Henri de Virieu. Il y avait de l'excitation dans l'air, mon père ne tenait pas en place devant le poste, émoustillé, soufflé par la monumentale transgression que constituait la présence de Le Pen sur le plateau de la grande émission politique d'Antenne 2. La succession de crimes racistes commis cette année-là par autant de « Dupont Lajoie », type social alors abondamment sollicité par la presse de gauche, ne manqua pas de nous être montrée en exemple afin que nous sachions départager, sans risque d'erreur, le camp du bien de celui du mal.

À cette éducation antiraciste, le cinéma prit sa part. Dans les premiers mois de 1985, ma mère nous emmena voir *Train d'enfer* et *Le Thé au harem d'Archimède*. À la télé, c'est religieusement qu'avec elle, Alex et moi suivions chacun des épisodes d'*Au nom de tous les miens*. Il en ressortait une vision du monde, un système de valeurs qui pousseront en nous très profondément leurs racines. Dans les cités, d'attachants jeunes Beurs portant cuir et keffieh subissaient l'arbitraire d'une société excluante qui pourrissait leur avenir. Les beaufs, les militaires, les flics passaient sur eux leurs pulsions rances. Cette France moisie avait une histoire, un passif. Elle remontait aux persécutions antisémites, à la guerre. En 1984-1985, la montée du Front national, symétrique de celle, non moins sonore et envahissante, du discours d'opposition à Le Pen, fit escorte au grand retour de la mémoire de Vichy. La bête immonde avait ressurgi ; Le Pen était son légat. À dix ans, j'ai écrit une chanson « engagée », laborieuse imitation du style de Renaud. L'extrême jeunesse de l'auteur n'en absout pas le ridicule : « J'suis pas spécialement pour la crise économique/Mais j'suis pas non plus pour les flics/J'suis pour les droits d'l'homme et d'la femme/J'suis pas pour Le Pen, cet infâme. » Je n'étais pas peu fier de mes rimes, mais ne les fis lire à personne.

À l'âge de neuf ans, aux Braudières, dans notre maison de campagne, j'avais déniché un 33 tours oublié par mes parents au pied d'une étagère qui prenait la poussière. La couverture de l'album avait agi sur moi comme un dévoilement. Elle semblait récapituler tous les codes esthétiques qu'à défaut de cette épiphanie, j'eusse été bien en peine de reconnaître, de faire miens. Tête enfoncée dans les épaules, Renaud jaillit derrière une vitre brisée. Mèches rebelles tombant à mi-nuque, insigne Hells Angels épinglé au revers du Perfecto, il braque un regard fumasse en direction de l'objectif. Pâleur christique, mi-ange, mi-loubard. Le cliché est en noir et blanc, excepté le rouge du bandana qui luit telle une banderille, impeccablement noué autour du cou. De cet album, *Marche à l'ombre*, sorti en 1980, je n'ai pas compris tous les titres, mais le pli était pris, le chanteur énervé serait mon idole, l'objet d'un culte célébré deux heures par jour sous mon casque de walkman.

Renaud proposait une vision du racisme qui épousait les leçons apprises à la table familiale. Il conspuait la France trouillarde des petits Blancs, les mêmes qui, sous l'Occupation, criaient « Vive Pétain ! » et dégommaient aujourd'hui les Beurs à coups de Beretta. Qu'il se nomme « M. Blanc-Cassis », qu'il soit le « beauf imbécile et facho » portant moustaches et rouflaquettes ou l'ancien d'Indochine « qui tire sur tout c'qui bouge, surtout si c'est bronzé », il s'agissait toujours du même salaud. En contrepoint, au fond d'une banlieue minable, derrière les flammes d'une moto qui crame sur le bitume, se détachaient la figure du jeune Beur, sa « vie d'merde », ses combines, la tristesse des cités. « La France est une banlieue merdique/Comme dit mon copain Mohamed/Aux flics, aux flics. »

Quand les baby-boomers du cru de mes parents, dans leur jeunesse, rêvaient de congédier les valeurs de la génération précédente, de briser les chaînes, notre génération, elle, voyait son engagement antiraciste congratulé, coanimé par des quadras en sympathie profonde avec le mouvement à la petite main jaune. Aux vétérans de 68 qui avaient enterré le Grand Soir et porté Mitterrand au pouvoir, SOS Racisme offrait un substitut providentiel aux vieilles antiennes sur la lutte des classes, un nouveau motif de croire et d'espérer pour la gauche. « Le socialisme français troque alors l'ouvrier contre l'immigré dans le rôle de damné de référence », écrira l'historien François Cusset dans son essai au vitriol *La Décennie. Le grand cauchemar des années 1980*[3].

D'une main, Mitterrand donnait des consignes pour faire inviter Jean-Marie Le Pen sur les plateaux télé[4], effet repoussoir garanti pour le « peuple de gauche » en mal de grand frisson – et grenade opportunément dégoupillée dans les pattes d'une droite saisie d'affolement à chaque point volé dans les sondages par le « diable de la République ». De l'autre, il prodiguait appuis, mécènes et marketeurs à l'association de Julien Dray et Harlem Désir. Communicant en chef de François Mitterrand, le « sorcier de l'Élysée[5] », Jacques Pilhan, est l'inventeur du célèbre badge, à mi-chemin entre la main de Fatma et celle de Bouddha[6]. Ennemis jurés, le Front national et SOS Racisme, pour croître et prospérer, n'eussent pu se passer l'un de l'autre. Du calcul faustien de Mitterrand, les deux boutiques surent admirablement tirer profit.

Vibrant à l'unisson des envolées de la gauche de gouvernement sur les bienfaits du métissage culturel, l'ouverture aux apports étrangers, le « droit à la différence »[7], ma mère, ses copains, leurs enfants constituaient un cœur de cible taillé sur mesure, archétypal, des publics visés par l'association antiraciste. Sceptique quant à lui, mon père regarde toute cette agitation avec un certain détachement. « Couscous, pizza, cassoulet, paella, même combat », scandaient alors les militants de SOS. La « multinationale de l'amitié », pour reprendre les termes d'Harlem Désir, se parait de bons sentiments, d'atours festifs, optimistes, consensuels[8]. Rhétorique de l'heureuse diversité mêlée d'indignation morale, reprise en chœur par tous les acteurs, chanteurs, animateurs que nous révérions.

Néanmoins, dans les cités du plateau de Vanves, de même qu'au pied des tours habitées par les gitans du 156, la petite main, au revers des blousons, était rare, sinon inexistante. Dans cet échantillon de la jeunesse issue de l'immigration, l'appellation familière et inclusive de « potes » laissait de marbre. Alors en charge du service « Société » à *Libération*, Laurent Joffrin confessera des années plus tard : « Quand on envoyait des gens faire des enquêtes sur le terrain, en général, ils revenaient en disant "mais ça [SOS Racisme] n'existe pas sur le terrain, c'est de la connerie, etc., c'est un pur phénomène de télévision, d'ailleurs sur le terrain les gens peuvent pas les voir, d'ailleurs il y a des associations qui font un travail formidable et qui vont être gênées parce qu'ils captent toute l'attention, etc.". Et puis il y avait à côté un autre reportage au siège de SOS Racisme où, au contraire, c'était plutôt l'imagerie positive : ce sont des jeunes, formidables, il y a des Beurs, c'est mélangé [9]. »

Une sensibilité partagée, des intérêts convergents, une même communauté de valeurs président dès l'origine aux relations entre « potes » et Amis de Jean-Paul Kauffmann. À l'automne 1984, Michel Cantal-Dupart, qu'une fréquentation boulimique des mondanités socialistes devait naturellement conduire en ces eaux baptismales, avait compté parmi les premiers parrains de l'association antiraciste. Et c'est son compère Roland Castro qui, en avril 1985, lors d'un déjeuner en catimini tenu à l'Élysée, avait joué les entremetteurs entre François Mitterrand et Harlem Désir. Mille autres connivences, amitiés journalistiques, camaraderies soixante-huitardes, accointances de parents d'élèves, de fêtes, de manifs devaient étroitement mêler SOS Racisme à la nébuleuse formée autour des « Amis ».

L'exceptionnelle vitesse de croissance de SOS, sa stratégie d'agit-prop juraient avec le labourage du terrain, l'infusion longue, le travail de maillage patient et ingrat traditionnellement échus au milieu associatif. Les « potes » développaient un sixième sens pour capter l'air du temps, occuper l'espace médiatique, entraîner les stars, les mécènes, les politiques. Autant de recettes qui n'avaient pas six mois mais n'avaient pas de prix, et montraient naturellement l'exemple aux « Amis ». Nombre d'entre eux, de cœur ou de carte, n'étaient-ils pas déjà engagés dans l'association antiraciste ?

Par réflexe, par mimétisme, Cantal et ma mère calqueront leur répertoire d'actions sur ce modèle gagnant. Comme Harlem Désir, ils vont mettre l'accent sur le caractère « apolitique » de leur entreprise militante, tournée vers l'ensemble des sensibilités partisanes à l'exception de l'extrême droite. Cet œcuménisme accompagne un message de bon sens, une morale de l'évidence qu'aucune voix raisonnable ne saurait contester. Comment ne pas être *contre* les prises d'otages, de la même manière qu'on est *contre* le racisme ou la torture, le viol, la guerre, l'injustice, bref, le malheur sous toutes ses coutures ? À l'heure de la « fin des idéologies », cette posture transpartisane également présente, par exemple, dans le mouvement humanitaire, s'imposera comme un nouveau mantra.

Au même titre que les « potes », le comité de soutien des Amis de Jean-Paul Kauffmann fonde l'essentiel de sa stratégie sur la mobilisation des médias. Il fait primer ces relais de visibilité sur le travail de terrain, réduit à peau de chagrin du fait d'effectifs militants clairsemés. Approche d'autant plus justifiée que la mobilisation se rapporte à un journaliste, objet d'une solidarité corporatiste non négociable de la part de confrères naturellement conduits à s'identifier à l'un des leurs.

Enfin, « Amis » et « potes » partagent une même inclination pour les acteurs, chanteurs, comédiens, écrivains appelés en renfort dans les médias. Qui pour un dessin, qui pour un concert, un poème, un texte de soutien, un bout de chronique à la radio voire une simple signature au bas d'une pétition, ma mère enrôlera une part appréciable du Bottin artistique et littéraire, de Guy Béart à Andrée Chedid, d'Agnès Varda à Gabriel Matzneff, en passant par Cabu, Fela Kuti, Tardi, Bertrand Tavernier, Marguerite Duras, Jean-Michel Jarre, Tahar Ben Jelloun, Daniel Balavoine, Yves Montand – sans surprise, leurs noms font souvent doublon avec ceux des listes de soutien à SOS Racisme.

La seule rebuffade notable viendra de Coluche. Lors du concert géant organisée par SOS à la Bastille le 14 juin 1986, ma mère, qui attendait avec Alex et moi en backstage avant de monter sur scène pour la séquence « otages », demandera au comique de porter le badge édité par le comité à l'occasion de la Fête des pères. Un badge tout rond frappé de cette inscription en vert sur fond blanc : « Fête des pères. On te sortira du Liban, papa ». Dérangé en pleine séance de maquillage et de méchante humeur, Coluche l'avait envoyée paître : ce « truc de curé » ressemblait à une « hostie », pas question de l'épingler au revers de la salopette. En réponse, ma mère avait esquissé un geste pour lui mettre le badge dans la bouche. Coluche l'avait engueulée – je l'entends encore. Il décédera cinq jours plus tard.

Mais n'est-ce pas jouer avec le feu que d'appeler l'opinion à se mobiliser pour Kauffmann, quand ses ravisseurs se réclament d'une religion partagée en France par 2,5 millions d'immigrés et enfants d'immigrés ? Ce faisant, ne risque-t-on pas d'étendre l'opprobre à l'ensemble des musulmans, d'apporter de l'eau au moulin lepéniste, bref, d'attiser le racisme ?

Depuis la révolution khomeiniste, l'islam fait peur. De plus belle, il s'invite dans les professions de foi politiques, en Une du *Figaro*, dans les dossiers de *Paris Match* – en

1983, le magazine des stars annonçait la submersion de l'Hexagone sous l'« océan islamique ». Par son antiracisme revendiqué – elle aussi arbore souvent, dans les médias, le badge fétiche –, Joëlle Kauffmann ne saurait prêter le flanc à quelque accusation d'amalgame que ce soit. « Nous avons pu mener campagne sans qu'à aucune minute elle ne glisse vers le racisme », se félicitera ma mère en août 1985. Vigilance également intériorisée par son fils aîné : « Grégoire, interviewé par un journaliste qui lui demandait bêtement ce qu'il pensait de ses petits copains arabes, a répondu très tranquillement : "Mais je ne suis pas raciste, cela n'a rien à voir." [10] »

Harlem Désir glisse parfois une tête aux réunions du comité. Claquage de bises à volonté : ici, tout le monde l'aime. Ma mère et lui se tutoient. Aux premiers jours de l'été 1985, une militante de SOS rencontrée rue de Savoie avait insisté pour que je passe humer l'ambiance au siège de l'association, rue Martel. Périple exigeant, par la ligne 4, rien de moins que seize stations de métro à enquiller entre Alésia et Château-d'Eau, dans le Xe arrondissement. Je n'avais pas douze ans, c'était le bout du monde. Un brin autoritaire, la militante m'avait appâté en arguant du fait que la photo d'Alex et moi dûment badgés dans *Le Journal du Dimanche*, en quelque sorte, nous engageait. De fait, nous étions devenus des ambassadeurs de la marque.

Cette incursion au QG des « potes » fut une déception. Sombre et bordélique, encombré de sacs postaux défraîchis, le local peu chaleureux de la rue Martel dégageait une certaine tristesse. Ambiance d'AG rhumatisée, palabres soporifiques ânonnées par des militants à peine sympas. En plus, les filles n'étaient pas très jolies.

16

LE FESTIVAL DE KAHN

Aéroport international de Beyrouth. Postés à l'entrée du Boeing détourné le 14 juin 1985 depuis Athènes, ils brandissent grenades et kalachnikovs, pointent un revolver sur la nuque du pilote, hurlent des « Allahu akbar ! » et des slogans hostiles à Israël. Face aux caméras installées à distance sur le tarmac, ils menacent de se faire sauter avec leurs otages. Ils ont réparti les passagers en deux catégories : ceux dont le patronyme trahirait une origine juive et les autres. Robert Stethem, vingt-trois ans, faisait partie du second groupe, mais sa qualité de militaire US ne lui a laissé aucune chance. Les pirates de l'air l'ont abattu d'une balle dans la tête et ont jeté son cadavre sur la piste.

Une tragique évidence conduit à associer ces « barbares primitifs », dixit Ronald Reagan, aux mystérieux auteurs du rapt de mon père. Ils se réclament de la même nébuleuse, recourent au même salmigondis idéologico-religieux. Même cagoulés, les pirates du vol 847 de la TWA donnent pour la première fois un visage, celui de la mort et de l'épouvante, aux ravisseurs de Fontaine et Carton, Kauffmann et Seurat. De quoi redoubler l'angoisse des familles, pendues aux chaînes de télévision qui distillent en temps réel les images du Boeing immobilisé sur l'aéroport de la capitale libanaise. Images despotiques, diffusées en boucle sur les cinq continents. Images de la terreur globalisée, qui viennent faire écran, littéralement, au devenir des autres otages occidentaux détenus quelque part dans les souterrains de Beyrouth.

Porte-voix des « chiites modérés », chef du mouvement Amal et ministre de la Justice, Nabih Berri prétend pourtant ne pas les oublier. Fort de ses relations avec le Hezbollah, il a proposé ses bons offices pour aboutir à un règlement d'ensemble. Berri imagine un *package deal* liant le sort des otages de la TWA à celui de Kauffmann et Seurat. Tous seraient libérés en même temps, contre l'engagement d'Israël de relâcher les 735 Libanais détenus dans la prison d'Atlit, au sud de Haïfa. Marché conclu, en apparence, par l'ensemble des parties. Rue de Savoie, une lueur d'espoir apparaît. Elle invite à ne pas relâcher la pression. L'approche des vacances estivales ne menace-t-elle pas d'affaiblir la mobilisation ? Ma mère et Cantal préparent une grande manif à Paris, le 24 juin 1985.

Dans cette atmosphère surchauffée, et alors que l'année scolaire touche à sa fin, décision est prise d'exfiltrer les enfants. Alex proteste : quitter son meilleur copain Rozen et la bande de l'école Pierre-Larousse, se séparer de maman, partir pour la Bretagne en laissant le comité en plan, et avec lui les soirées « Éthiopie » chez Leila, c'est trop exiger de lui. Des flots de larmes coulent rue Didot. Je ne suis pas volontaire non plus pour partir chez Imelda. La baffe de la Pentecôte chauffe encore ma joue.

Ma grand-mère maternelle se partage alors entre Quimperlé, fief de la famille Brunerie, et la demeure du Pouldu conçue trente ans plus tôt par mon grand-père architecte, mort en 1978. Maison des vacances envahie par la marmaille des cousins-cousines, havre pour les adultes. Sous le vieux pommier, assis sur les bancs en bois, les membres du clan aiment à faire durer l'apéritif. La propriété domine l'estuaire de la Laïta, semée de criques sableuses au pied des falaises.

Toute jeune fille, Imelda composait déjà des poèmes, vers de mirliton parfois bien frappés, dussent-ils malmener l'hémistiche. Nous y aurons droit dès notre arrivée en Bretagne. Poèmes adressés à François Mitterrand, Jean-François Kahn, Nabih Berri, pour dénoncer l'injustice faite à son gendre. Imelda m'en fera recopier un titré « Pour papa » dans une lettre adressée à ma mère et datée du 24 juin 1985. Ces vers nouveaux ne comptent pas parmi les meilleurs de son répertoire. « Les petits garçons que nous sommes/Attendant ton retour/Courent vers la mer, la joignent dans le vent/Traquant sous le soleil les crabes rouges et verts/La crevette transparente qui s'enfuit à l'envers/Car il faut bien jouer pour faire passer le temps. » J'écris à ma mère dans cette même lettre : « Je me suis acheté un lance-pierres et deux paquets de pétards. Hier nous avons pêchés [*sic*] des crabes, la pêche était vraiment miraculeuse. J'espère que la manifestation se passera bien et que tu as des nouvelles de papa. »

Ces innocents passe-temps masquent la double vie qu'Alex et moi menons depuis qu'Olivier, notre cousin germain, a débarqué au Pouldu avec sa mère. Âgé de quatorze ans, fan des Sex Pistols, détenteur de précieux renseignements sur les filles et leurs mystères, le petit dernier de ma tante Armelle pratique la chourre dans les magasins de farces et attrapes, affronte les skinheads à coups de barre à mine et nous apprend à rouler des pétards de gros shits paraffineux. Comme moi, Olivier Bonnet voue un culte à Renaud. Sous sa conduite, une fois tout le monde couché, nous faisons le mur, errances nocturnes éclairées à la lampe-torche sur les plages du bas-Pouldu et les aires de camping. C'est durant ce séjour finistérien qu'à son incitation, je prendrai ma première cuite. Le flacon de Johnnie Walker fut chapardé par Olivier dans la réserve d'Imelda.

Les familles de Bretagne, finistérienne du côté Brunerie, installée en pays rennais du côté Kauffmann, se remuent pour peser elles aussi, à leur échelle, sur la mobilisation. À Quimperlé, un petit collectif s'est constitué autour de mon oncle Jean-Pierre Brunerie et du localier de *Ouest-France*, Jean-Luc Le Liboux. Ce même été Jean-Pierre, qui fit 68 aux côtés de ma mère, se fera coffrer par les gendarmes pour avoir arrêté les voitures aux cris de « Libérez Kauffmann ! »[1]. Quant à mon oncle Gérard Kauffmann, chef de produits crémerie chez Unico, il convainc sa direction de faire circuler la pétition du comité dans tous les supermarchés de la chaîne, veillant à l'impression d'une affichette pour informer la clientèle[2]. Dans une lettre à ma mère datée du 21 août 1985, Jean-Michel Cazes, le propriétaire du Château Lynch-Bages, s'amuse d'une scène rapportée par sa femme : « Thereza était au supermarché de Pauillac (Codec ou Unico, je ne sais plus) il y a quelques jours. Le patron l'a abordée en lui demandant de signer une pétition en faveur de Jean-Paul. "Son frère est employé dans notre groupe", a-t-il précisé, en ajoutant : "Les mauvaises langues (textuel !) prétendent que Jean-Paul K. est de gauche, mais croyez-moi, Mme Cazes, ce n'est pas vrai, nous connaissons très bien son frère, etc." !! Tu penses bien qu'étant ainsi rassurée, Thereza n'a pas hésité une seconde à apposer sa signature à la suite des autres[3] ! »

Néanmoins, les familles bretonnes, empêchées par la distance, en sont souvent réduites à trépigner loin de Paris, les nerfs à vif, ruminant leur angoisse et leur frustration devant la télé. Les relations avec ma mère sont parfois tendues, chaque jour qui passe autorisant le doute, les chicanes, les coups d'épingle. Le fait est que Jean-Paul n'a toujours pas été libéré, sa femme dût-elle occuper sans répit le terrain médiatique. « Jojo », comme l'appellent son frère et ses sœurs, affirme une autonomie ombrageuse, manœuvre son monde à la hussarde, mène seule sa barque parisienne sur l'océan déchaîné, émancipée qu'elle est depuis longtemps des pesanteurs familiales et du cadre étroit de sa province.

Est-ce parce qu'Imelda, une fois de plus, sent sa fille lui échapper ? Est-ce parce qu'elle réserve un chien de sa chienne à Jean-Paul Kauffmann, lequel ne fut jamais l'objet, de sa part, d'une affection débordante – c'était réciproque – et vient de mettre toute la famille dans de beaux draps ? Est-ce pour tromper son propre chagrin ou simplement par désœuvrement qu'Imelda, à la volée, m'envoie des baffes ? Et puis, que ne peut-elle se rendre à Paris pour la manif ! Elle se fût habillée en Bretonne, eût arboré la coiffe plate du pays de Clohars-Carnoët. Elle eût récité ses vers. Au lieu de cette échappée belle, on lui a collé Grégoire et Alexandre dans les pattes.

Car les Bretons seront en nombre, le 24 juin 1985, à défiler du métro Saint-Paul à la colonne de la Bastille. Le comité affrète un autocar de cinquante places au départ de Rennes. Dans son édition du 20, *L'Événement du jeudi* avait fait sa Une avec le visage de mon père sous le titre « Sauvons Kauffmann et tous les autres ! Avec nous lundi 24 juin à 18 h 30 métro Saint-Paul. » Appel répété par Jean-François Kahn, le dimanche soir, sur le plateau de *7 sur 7*. En fin d'émission, Anne Sinclair eut la gentillesse de rappeler l'heure et le lieu du rassemblement.

Sur les murs de la capitale, Kahn a fait placarder 20 000 affichettes déclinant le titre et la maquette de l'*EDJ* du 20 juin. Par deux fois, les services de la mairie de Paris les feront arracher. Mauvaises manières de Jacques Chirac ? Kahn veut croire que l'ancien Premier ministre n'y est pour rien, laissant néanmoins planer le doute [4]. Soupçons probablement injustifiés. Jacques Chirac s'apprête à recevoir les familles d'otages à l'Hôtel de Ville. Il enverra Bernard

Pons le représenter à la manifestation du 24 juin. Non, l'arrachage est plus certainement dû au zèle des services de la propreté parisienne, car l'affichage fut sauvage et pouvait s'apparenter à une publicité déguisée pour *L'Événement du jeudi*.

Eu égard à l'ampleur des préparatifs, faut-il se féliciter de la foule qui, sur les images en plan serré, paraît nombreuse, compacte, amassée épaule contre épaule sur toute la largeur de la rue Saint-Antoine ? Ou au contraire s'étonner de ce que cette même foule, sur les plans larges, ne semble guère regrouper plus de 3 000 personnes ? Sont-ils trop ou pas assez ? Quoi qu'il en soit, Jean-François Kahn a réussi à réunir dans le même cortège Simone Veil, Lionel Jospin, Jacques Toubon, Bertrand Delanoë, Bernard Pons, Olivier Stirn. En ces temps où droite et gauche veillent à maintenir entre elles un strict cordon sanitaire, et alors que s'affûtent les dagues à sept mois des législatives, cet œcuménisme est totalement inédit. Toutes les confédérations syndicales – CGT, CFDT, FO, CFTC, CGC – ont appelé à manifester. Guy Bedos est là aussi, cernes sous les yeux. Ma mère est belle dans son tailleur blanc, en tête de cortège, marchant aux côtés d'Odette et Marcel Kauffmann, ses beaux-parents, et de Michel Cantal-Dupart, qui lui tient la main.

C'est le baptême du feu pour Denis Tillinac, l'ami de mon père. De sa vie, le Corrézien n'avait encore jamais marché derrière une banderole. Pour l'écrivain chiraquien, une « manif », quelle que soit la cause défendue, sent toujours un peu son Front populaire, son piquet de grève, les « salopards à casquette ». Il confessera dans le recueil *Quatre lettres à Jean-Paul Kauffmann* : « Tu m'as acculé à un reniement majeur grave : j'ai manifesté pour ta libération, sur la place de la Bastille [...]. Parodions Sheila : c'était ma première manif[5]. » Dans un autre texte de soutien à mon père, l'auteur de *Spleen en Corrèze* avait trouvé cette formule : « Son épouse milite ; la mienne tricote[6]. »

De nombreux journalistes ont répondu à l'appel – Jean Daniel, André Fontaine, Hervé Bourges, Yves Mourousi… L'ami Bernard Frank écrira dans sa chronique du *Monde*, le 3 juillet 1985 : « Il y avait vraiment toute la presse. Les bonnets et les sans-grade. Les politiques et les littéraires. […] Nous étions si nombreux, si dorés sur tranche, qu'un moment j'ai imaginé le pire : un attentat ; une bombe qui aurait décapité la presse et la télévision française, notre personnel politique. La France se serait retrouvée sans voix. Quel événement [7] ! » Au début des années 1980, une commune passion pour le bordeaux et la littérature avait conduit mon père et Bernard Frank à se fréquenter et à s'apprécier.

Aucun journal, aucune télévision ne relève sa présence dans le cortège, mais c'est bien lui, Mouna Aguigui (1911-1999), qui sourit à l'objectif sur une planche photo conservée dans les archives landaises. Lui ! Revenu d'entre les souvenirs les plus reculés de mon enfance, comme une faille ouverte sur l'arrière-monde des *seventies*. Lors des balades qu'avec ma mère, le week-end, nous faisions du quartier Montparnasse au parvis du centre Pompidou, envahi par les poètes ambulants et les cracheurs de feu, au fil de nos déambulations vers la place Saint-Michel, le Drugstore Saint-Germain, les quais, il n'était pas rare de le croiser sur son vélo, tirant sa remorque, le manteau bardé de badges et de calicots, barbe à la Merlin sous sa casquette Gavroche. Impossible, pour un enfant, d'oublier pareille rencontre.

À en juger par l'attitude de ma mère quand nous tombions sur lui, mélange de vieille complicité et d'embarras, il faisait remonter en elle des souvenirs, parlait à sa jeunesse. Et pour cause : Mouna avait été de la fête en 68, haranguant déjà les foules sur son vélo rue Gay-Lussac.

Libertaire, pacifiste, écologiste, ce saltimbanque-imprécateur avait trouvé dans le mouvement de Mai une philosophie selon son cœur, lui qui, depuis les années 1950, vivait une vie de clochard-poète, prêchait la révolution par l'amour, l'humour, le calembour. Plusieurs de ses aphorismes, au temps des barricades, fleurirent sur les murs de Paris. « Aimez-vous les uns sur les autres », « Notre siècle : arnaques, barbaques, matraque », « Caca, pipi, capitalistes ». Aux anciens de 68 qui, nombreux, manifestent comme lui rue Saint-Antoine, cet archaïsme vivant rappelle une époque où le mépris des convenances, l'errance sous les étoiles, la poésie de rue avaient leurs titres de noblesse. J'imagine qu'ils saluent Mouna sans s'éterniser.

Cette manifestation pour Kauffmann, c'est à coup sûr le bout du chemin, le dernier acte d'une mobilisation qui, pour galvanisante qu'elle ait été, n'aura que trop duré, un mois, un insupportable mois à remuer ciel et terre, à imaginer Jean-Paul chaînes aux pieds, seul au monde, transi de peur sous la garde d'intégristes armés jusqu'aux dents. Sa libération n'est plus qu'une question de jours, d'heures peut-être. Ma mère est décidée à le croire, Nabih Berri l'annonce, Roland Dumas se veut optimiste. Un ballet diplomatique s'est engagé entre Paris, Beyrouth, Washington, Damas et Tel-Aviv. De ces pourparlers, il ressort qu'au titre du *package deal* proposé par Nabih Berri, les otages américains de la TWA, et avec eux Kauffmann et Seurat, seraient sur le point d'être relâchés. En échange, Israël s'est engagé à libérer, par étapes, les détenus libanais de la prison d'Atlit.

Le 30 juin 1985, Cantal et ma mère sont à Tunis, reçus par le secrétaire général de la Ligue arabe – tous les contacts sont bons à prendre. Le soir même, après un surréaliste « dîner d'adieu » organisé à l'hôtel Summerland de Beyrouth, les 39 otages américains de la TWA seront convoyés à Damas. De là, pris en charge par leur ambassade, ils s'envoleront pour l'Allemagne de l'Ouest, enfin libres. Quant à Kauffmann et Seurat, une rumeur insistante prétend que leurs ravisseurs s'apprêtent à les conduire au domicile même de Nabih Berri à Beyrouth, afin de compléter le « deal »[8].

Ma mère est contactée à Tunis par les services du Quai d'Orsay. On lui intime de revenir en France par le premier vol. Un Falcon du GLAM s'apprête à décoller de Paris pour récupérer son mari et Michel Seurat. Il serait dommage que l'avion parte sans elle. Joëlle Kauffmann obtempère. Le téléphone sonne au Pouldu : la libération est imminente ! Les vacances en famille sur le canal du Nivernais pourraient finalement faire partie du programme. Ma mère court acheter des fleurs : que la maison soit gaie pour les retrouvailles. Chez mes grands-parents Kauffmann aussi ; à Corps-Nuds, on s'apprête à sabrer le champagne. Et l'on se prend à jeter un regard rétrospectif sur les semaines de folie qui viennent de s'écouler : quelle histoire !

Puis rien.

Nul Kauffmann, nul Seurat réceptionnés au domicile beyrouthin de Nabih Berri. Retour dans le brouillard. Bouteilles de champagne remisées à la cave. En cause, l'attitude du président Ronald Reagan qui, au mépris de la parole donnée, promet désormais des représailles contre le peuple libanais, rendant ainsi caduc le *package deal.* Du moins est-ce l'argument avancé par le chef du mouvement Amal. Le même Nabih Berri annonce que les otages français seront bien libérés, mais une fois seulement le camp d'Atlit vidé de son dernier prisonnier libanais. Peut-être entre l'hégire et l'Achoura ? Inch'Allah. Que faire, sinon se raccrocher à cette énième promesse ?

Sur sa demande, ma mère est reçue le 2 juillet par l'ambassadeur d'Israël en France. Ovadia Soffer l'assure de sa « vive sympathie ». La libération des prisonniers d'Atlit, explique-t-il en substance à Joëlle Kauffmann, « sera réalisée progressivement en fonction de la situation de la sécurité au Sud-Liban [9] ». Ce jargon d'ambassade, cette manière de botter en touche sous une averse de périphrases, d'émettre des conditions, des nuances, ma mère et Cantal commencent à en avoir l'habitude.

Dans l'une des nombreuses lettres qu'au cours de cet été 1985, via des « contacts » plus ou moins fiables, elle adresse à son mari comme autant de bouteilles à la mer – mais celle-ci lui parviendra –, ma mère écrit le 5 juillet : « Tiens le coup, Jean-Paul. Nous vivons des moments très forts et tu sais comme nous apprenons toujours aux enfants que de toute situation on peut tirer des choses positives, aussi violente et folle que celle que nous sommes en train de vivre tous les quatre [10]. »

Il ne sera pas dit que, face aux engagements non tenus de Nabih Berri, à l'incurie de la diplomatie française qui a échoué là où Reagan, en tapant du poing sur la table, réussit, Jean-François Kahn reste les bras croisés. Puisque personne ne parvient à libérer Jean-Paul Kauffmann, il ira le chercher lui-même [11]. Les chefs du Hezbollah n'ont-ils pas solennellement condamné la pratique des enlèvements ? JFK se fait fort de mettre à nu leurs contradictions, de les acculer, si besoin en allant sonner à leur porte, à joindre le geste à la parole. Et de s'envoler pour Beyrouth, le 11 juillet 1985, sans juger utile de mettre ma mère dans la confidence.

Le séjour de Jean-François Kahn au pays du Cèdre manquera de tourner au drame. Alors qu'avec une équipe de TF1 et un reporter du *Journal du Dimanche*, en plein quartier de Basta, il stationne devant un portrait de Khomeini, pris en photo et filmé par les imprudents, le patron de *L'Événement du jeudi* et sa petite équipe sont embarqués sans ménagement par des miliciens du Hezbollah. Transportés en voiture dans un lieu inconnu, les yeux bandés, ils sont soumis à un interrogatoire, avant d'être bouclés dans un local mitoyen où ils patienteront trois heures.

Du dialogue à la Ionesco qui s'engage alors entre leurs gardiens, armés de M-16 et de kalachnikovs, et les journalistes français naturellement conduits à se demander si, en cet instant, c'est le sort de Kauffmann qui les attend, Kahn a tiré matière à de nombreux écrits et interviews [12]. Agissements d'Ariel Sharon au Liban, guerre Iran-Irak, crimes commis par la France en Algérie, Khomeini, Mitterrand, Jean-Paul Belmondo, l'échange roule sur des sujets divers. Enfin autorisés à partir, Kahn et ses camarades journalistes ont eu très chaud.

« Ainsi, le contact avec le camp des ravisseurs avait eu lieu », se réconfortera JFK une fois revenu en France [13]. C'est sans illusion néanmoins qu'il confesse son impuissance, cruellement éprouvée sur le terrain, à faire entendre raison aux dignitaires du Hezbollah – il n'en a d'ailleurs rencontré aucun. Les geôliers de mon père feront bientôt savoir que cette visite à Beyrouth leur avait semblé « inopportune ». Au comité, Cantal décochera le bon mot pour récapituler ce périple libanais : le « festival de Kahn ».

La collaboration est parfois difficile entre ma mère et le patron de *L'Événement du jeudi*, tant ces deux piles électriques émettent de volts. Despotique, impétueux, Jean-François Kahn est aussi un grand timide, réfrigérant et émotif, un sentimental empoté avec le trop-plein des sentiments, souvent gauche avec les femmes. Ce faux Tartarin est en fait un misanthrope contrarié. Fiché bien droit dans ses idées, il les défend avec véhémence, esprit paradoxal, à rebours de tous les prêts-à-penser, dialecticien agile dont l'argumentation peut parfois virer au sophisme.

Jean-François Kahn, se plaint ma mère, voudrait contrôler chacune des initiatives du comité, trouve à redire sur tel ou tel de ses tailleurs quand elle passe à la télé, ergote, fait la gueule, vocifère parfois. Il l'intimide. Son soutien, nonobstant, est d'or. Engagé corps et biens pour faire libérer son journaliste, JFK a fait de *L'Événement du jeudi* le navire amiral de la mobilisation médiatique. Tout l'équipage a été requis sur le pont pour joindre ses forces au combat de Joëlle Kauffmann. D'une fidélité jamais prise en défaut, Kahn ne mégote ni son temps ni l'influence de ses réseaux pour engager le sort de mon père dans le débat national.

L'hebdomadaire de la rue Christine offre aussi au comité un soutien financier : chaque journaliste de *L'Événement* lui reverse 1 % de son salaire. Et il va de soi que celui de mon père, désormais, revient à son épouse qui ne travaille plus : 14 550 francs par mois. JFK y ajoute probablement d'autres chèques, comme le suggère cette lettre à lui adressée par ma mère en août 1985, et qui donne le juste ton de leur relation : « Votre geste de générosité de ce matin, après les multiples aides que vous m'apportez depuis l'enlèvement de Jean-Paul, me touche au-delà de tout. Je me permets de vous écrire parce que je sais très mal exprimer ma gratitude. Il est vrai que, parfois, votre angoisse et la mienne se télescopent et m'amènent à exagérer mes pensées. Au-delà des mots, sachez que moi-même et le comité de soutien, nous vous devons beaucoup, ainsi qu'à votre équipe [14]. »

17

GARDEN-PARTY

14 juillet 1985, dimanche. Sous une pluie battante, Imelda Brunerie joue des coudes pour franchir le cordon de sécurité qui la sépare de la tribune où François Mitterrand, accompagné du Premier ministre japonais, assiste au défilé. Son costume breton est trempé, la fière coiffe plate de Clohars-Carnoët encore plus aplatie. Ma grand-mère transporte une colombe en cage. Les appels à la raison lancés par sa fille se sont avérés inutiles. En ce jour de fête nationale, pour protester contre la détention de son gendre, Imelda Brunerie s'est promis de libérer sa colombe au pied de l'estrade présidentielle. Elle ne passera pas le premier barrage.

Les photographes de presse accrédités, eux, ont déjà installé leurs trépieds face à la tribune officielle. Ils vont exécuter le plan mûri l'avant-veille avec Cantal. À l'issue du défilé, d'un même mouvement, ils déposent leurs appareils photo à terre pour brandir les portraits de Marcel Carton, Marcel Fontaine, Michel Seurat et Jean-Paul Kauffmann. L'initiative aurait-elle fait tiquer François Mitterrand que son bonheur et sa fierté n'auraient pas été moins vifs au passage des unités toutes fraîches de la Force d'action rapide (FAR) – son œuvre –, suivi de l'impeccable parade accomplie par les élèves des écoles militaires préparatoires, conviés pour la première fois de l'histoire sur les Champs-Élysées un 14 juillet.

Accompagnés d'Imelda, Alex et moi sommes revenus à Paris au début de la semaine. Rapatriement motivé par mon rendez-vous chez l'orthodontiste le 12 juillet à 15 heures, le suivi de mes dents appareillées étant tenu pour un sujet sérieux, mais l'approche de la fête nationale y a aussi sa part. Fort de ses contacts au Château, Cantal s'est débrouillé pour faire inviter Joëlle Kauffmann et ses deux fils à la garden-party du 14 juillet, juste après le défilé militaire. Retrouvés dans les archives landaises, les trois cartons nominatifs à en-tête de la Présidence ont bien été envoyés rue Didot. « Tenue de ville – uniforme », est-il précisé au bas de la mention « Invitation strictement personnelle ». Passage obligé sous les ciseaux du coiffeur, repassage de nos chemisettes. Injonctions réitérées à ne pas « foutre la merde » : les moments se répéteront où, promis au regard des caméras, mon frère et moi aurons à affronter ces préparatifs inquiets, pleurnichards, tant nous rebutait la perspective de ces exhibitions dans la fosse aux images. Resserrée à trois membres, la famille Kauffmann va jouer son rôle de tract vivant, qui évolue sous les flashs et indique à la cantonade : regardez, il en manque un.

La pelouse élyséenne est encore humide de l'orage du matin, mais le soleil commence à briller au-dessus des dais-parasols. Au fond du parc, en direct pour TF1, François Mitterrand répond à l'interview rituelle du 14 juillet. « Cohabitation » : le mot sera prononcé cinq fois au cours des treize minutes – seulement – consenties aux questions d'Yves Mourousi. Qu'on se le dise : quelle que soit la couleur de la future Assemblée, en mars prochain, le Président continuera de présider. Oint de la volonté du peuple qui l'a élu pour sept ans, fort des prérogatives que lui confère la Constitution, des devoirs attachés à sa charge, François Mitterrand n'a nullement l'intention de tirer sa révérence.

Mise au point royale, aussi bien destinée à doucher les derniers espoirs de la droite, laquelle s'était prise à rêver tout haut et de Matignon et de l'Élysée, qu'à tempérer l'ardeur des prétendants socialistes à sa succession – la guerre entre Jospin et Fabius fait désordre. Au demeurant, la gauche n'a-t-elle pas déjà fait mentir les sondages ? « Je me place dans la situation psychologique et morale de gagner cette bataille politique », lâche François Mitterrand.

Interrogé sur le sort des quatre otages français au Liban, il livre une réponse emberlificotée : « Il ne se passe pas de jour, de fraction de jour, d'heure, pour le Premier ministre, le ministre des Relations extérieures, les services compétents et moi-même, il n'y pas de moment où nous ne soyons à la disposition pour créer le cas échéant les événements qui permettront leur libération. »

L'interview terminée, Mitterrand lentement fend la foule des invités, majestueux, plus Sphinx que jamais, entraînant dans son sillage cameramen et photographes. S'arrêtera-t-il devant Joëlle Kauffmann et ses deux fils, collés à Michel Cantal-Dupart près du troisième buffet ? Mais oui. Et de prendre un instant ma mère en aparté, et de lui marquer sa sympathie par ce temps d'arrêt appuyé, commenté. La poignée de main pour saluer, c'est un rite d'adultes ; il faut croire qu'Alex et moi sommes considérés comme tels, puisque le Président nous tend la sienne. Mais il est un peu inquiétant, ce Président qui vous broie les doigts en vous fixant droit dans les yeux comme s'il prétendait lire en vous, déchiffrer vos secrets. Son regard rappelle celui d'Imelda, sévère et pénétrant, un de ces regards de vieilles gens qui ne badinent pas avec les petits drôles de mon espèce.

Les présentations terminées, le plus dur est passé, la surveillance de ma mère se relâche. Liberté nous est donnée d'aller à l'aventure entre les grappes d'invités qui ont l'air de bien s'amuser. Maman dit qu'il y a plein de gens connus ! Se promènent sur la pelouse Patrice Chéreau, Juliette Gréco, Alain Peyrefitte, Stéphane Audran, Gonzague Saint Bris, Alain Poher, Alice Sapritch. Mais ces têtes-là, nous ne les connaissons pas (à part peut-être Alice Sapritch dans la pub « Jex four, c'est Jex-traordinaire »). Non, celui qui aimante nos regards et fait le show dans son costume trois-pièces, chemise blanche et cravate à demi-nouée, c'est Gainsbourg. Les chairs de son visage sont toutes molles et blanchâtres. Il plaisante avec des légionnaires, fait des gestes obscènes, titube. Notre promenade se poursuit avec Cantal dans les allées du parc. Au pied du palais, un petit gros en complet vert musarde lui aussi. Il ne nous a pas vus approcher. « Grenouille ! » hurle Cantal à ses oreilles. C'est Roland Castro. Il sursaute, pas content du tout de s'être laissé surprendre. Les deux compères de Banlieues 89 entretiennent une relation étrange.

Caresse de l'été. « Sur la pelouse, au fond du parc, des jeunes gens font la sieste ou s'embrassent sous les ombrages, à côté d'assiettes et de verres vides. Woodstock ? Non, l'Élysée, un jour de 14 juillet », grincera Claude Jacquemart dans *Le Figaro* du lendemain. « Une mise en scène digne de Fellini », ajoutera-t-il [1].

Jean-Louis Bianco, le secrétaire général de la Présidence de la République, prend les enfants Kauffmann sous son aile. On le trouve sympa. Avec lui, nous visitons le palais, désert. Concours d'autographes : Alex en récoltera six, moi trois. En témoignent nos cartons d'invitation au dos desquels figurent lesdites signatures, pas toutes lisibles. Sur la mienne, on déchiffre deux noms : Danielle Mitterrand, Harlem Désir.

18

SOUVENIRS DU LIBAN

Plus s'éloigne dans le temps le jour où Seurat et Kauffmann étaient encore libres, plus le comité s'attache à brandir des dates symboles. 22 juillet 1985 : deuxième mois de captivité. 8 août : quarante et unième anniversaire de Jean-Paul Kauffmann. 22 août : troisième mois de captivité. 29 août : centième jour… Pour imposer ce calendrier aux médias, marquer chacune de ces dates par une initiative différente de la précédente, Cantal et ma mère se dépensent tout au long de l'été. La mobilisation exige d'être réinventée en permanence, d'autant que les Français sont à la plage. L'endormissement des consciences sous la crème solaire, voilà l'ennemi.

Les copains livrés au farniente n'en mènent pas large. Dominique Grange, épouse de Jacques Tardi, résume le sentiment de culpabilité qui les taraude : « Voilà, l'autre jour on est partis en vacances dans le Cotentin en se disant qu'on était vraiment des privilégiés quand Jean-Paul est dans son cachot, et toi et tes enfants si inquiets, si tristes… On en avait presque honte, nous, de ce bien-être vers lequel on allait pour tout un mois [1]. »

Aucun faux plat, nul effritement de la mobilisation, pourtant, au cours de ces semaines marathoniennes. Au contraire, la cause de Kauffmann et Seurat suscite une débauche d'initiatives, un élan médiatique qui jamais ne faiblit et galvanise les conjurés du 5, rue de Savoie. La puissance de feu est telle, les solidarités si nombreuses que le dénouement ne saurait plus se faire attendre. Question de jours, de semaines tout au plus. Haut les cœurs, Kauffmann sera de retour avant la rentrée des classes ! « J'en suis presque à regretter cette période. Tout bougeait, on avait l'impression d'aller de l'avant, il y avait un appui formidable », dira plus tard ma mère [2].

France Inter, 22 juillet 1985, 8 h 40. Sur le plateau de Philippe Caloni, Joëlle Kauffmann annonce qu'à compter de ce jour, à cette même heure, un texte de soutien aux otages français du Liban sera lu à l'antenne par un comédien ou une comédienne. Une minute quotidienne du lundi au vendredi, supervisée par l'amie Paula Jacques, de *L'Oreille en coin*, qui a joué les go-between. Une quarantaine d'écrivains se prêteront à l'exercice. « Textes d'humeur, d'amitié, d'espoir ou de colère », promet le communiqué de presse des « Amis ». Jean-Noël Jeanneney, le jeune et fringant président de Radio France, appuie chaudement l'initiative [3].

Florilège. « Évade-toi ! Oui, Jean-Paul, évade-toi et fonce à la maison ! » (Jacques Lanzmann lu par Annie Duperey). « Ainsi renaît, dans les champs de bataille du Liban, le vieux concept de culpabilité collective dont le Troisième Reich fit l'usage que l'on sait » (Pascal Bruckner, par Dominique Labourier). « Les ondes, par nature, c'est comme l'éther, c'est volatile, ça ne se met pas en cage » (Patrick Poivre d'Arvor, par Pierre Arditti). « Ici, le temps se creuse d'amertume » (Jean Vautrin, par Marie Dubois). « Il est une douleur aveugle qui habite notre pensée ; elle laisse des lésions sur son passage et nous tient éveillés » (Tahar Ben Jelloun, par Anne Doat). « Jean-Paul Kauffmann est une habitude qui me manque » (Bernard Frank, par Annie Duperey).

Certains préfèrent lire leur texte eux-mêmes. Ainsi Gabriel Matzneff : « Les premières larmes de l'histoire sont des larmes arabes : celles d'Agar, chassée du désert par la jalousie et la méchanceté de Sara. » La minute de France Inter sera programmée jusqu'au 6 septembre 1985, les textes reproduits tour à tour dans *Le Monde*, *Le Figaro*, *Le Quotidien de Paris*, *Le Matin*, *Libération*. « Allo Raconte » ouvre une ligne téléphonique : en composant le 570 73 00, il est permis d'écouter les lectures diffusées chaque matin sur les ondes. « Le répondeur donne à la fin de la lettre du jour des nouvelles des otages par Joëlle Kauffmann ou une autre personne du comité », précise *Libé*[4].

« Bon anniversaire, Jean-Paul Kauffmann » : l'encart paraît le 8 août 1985 en page 5 du *Monde*, façon pub. France Inter, Europe 1 s'en font l'écho. « Aujourd'hui, pour l'anniversaire des quarante et un ans de Jean-Paul, on aurait dû être en vacances sur une péniche avec les enfants », soupire sa femme sur le plateau d'Antenne 2 Midi[5]. Surtout, ne pas oublier la province : pour marquer l'entrée de Kauffmann et Seurat dans leur quatrième mois de détention, le 22 août, une grande soirée-spectacle se tient dans la ville de Rennes.

Au menu du récital : Dan Ar Braz, Gilles Servat, Alan Stivell, Jacques Bertin, Catherine Ribeiro. La salle de la Cité est « pleine à craquer », indique *Ouest-France*. « Les petites imperfections et quelques longueurs paraissaient bien secondaires au regard de la finalité de ce grand rendez-vous d'amitié et de solidarité. [...] Tous les interprètes ont dit, chanté, crié, sur scène, leur amour de la liberté, sur un fond de dessins projetés sur l'écran. » Dans le public, autour de Joëlle Kauffmann et de ses beaux-parents, le même article note la présence d'Edmond Hervé, maire de Rennes, Pierre Méhaignerie, président du conseil général,

Charles Gosselin, préfet de région, Clément Théaudin, député. À l'occasion de cette soirée organisée dans la ville où mon père fit une partie de ses études secondaires, ma mère découvre, de ce côté-ci de la famille, une kyrielle de cousins, cousines, enfants de cousines. Depuis longtemps, mon père les avait presque tous perdus de vue.

Avec les cent jours, place à la stratégie du pilonnage multi-cibles et simultané. Ce 29 août 1985, à 20 h 30, les trois chaînes de télévision interrompent leurs programmes. Jacques Chancel sur Antenne 2, Pierre Bellemare sur FR3, Alain Denvers sur TF1 – en remplacement de Stéphane Collaro qui, au dernier moment, avait exprimé ses « réticences » – lisent le même texte en soutien aux quatre otages. Dans l'histoire de l'audiovisuel, c'est une première. Extrait : « Jean-Paul, Michel et les autres, nous vous attendons, nous voudrions guider la main de ceux qui vous gardent, et nous croyons qu'ils vont bientôt ouvrir la porte de vos prisons. Seule une force généreuse encore plus grande peut vaincre la force brutale. » Au total, 22 millions de téléspectateurs seront touchés par le message[6]. Juste après, Antenne 2 diffusera *L'Aveu* de Costa-Gavras…

Le centième jour marque aussi le coup d'envoi d'une campagne d'affichage nationale conçue à titre gracieux par l'agence Roux-Séguéla. L'utilisation des « sucettes » JCDecaux, elle non plus, ne sera pas facturée aux Amis de Jean-Paul Kauffmann. C'est le visage souriant de mon père, surmonté des mots « Souvenirs du Liban », qui figure en 1,20 × 1,80 m sur cette affiche conçue comme une carte postale géante. En haut à droite, un timbre tamponné « Beyrouth » : il représente un poing tendu qui brise sa chaîne et brandit un cèdre du Liban entouré d'une couronne de la paix. De quoi donner mauvaise conscience aux Français de retour de vacances ? C'est en tout cas le but recherché. Le message est moins subliminal sur les pages de publicité achetées dans la plupart des grands hebdos et quotidiens. Cette fois, la carte postale « Souvenirs du Liban » est accompagnée d'un texte : « Entre la partie de pétanque et le pastis, la bronzette sur la plage et les bains de mer, la planche à voile et le ski nautique, les promenades en forêt et le tennis, c'est vrai qu'on vous avait un peu oubliés. Maintenant, on est tous rentrés. Pas vous. On est un peu étonnés. On s'attendait tellement à vous revoir… Pourquoi restez-vous là-bas ? Qu'est-ce qui vous y retient ? On a envie de vous revoir tous les quatre. On va vous faire rentrer. Parce que les vacances au Liban, c'est pas vraiment des vacances. À très bientôt donc. » Cette formalité accomplie, les créatifs de Roux-Séguéla vont pouvoir attaquer sérieusement la rentrée.

L'effort porté sur la communication, les médias, l'image ne constitue qu'un des versants, le plus visible, des actions menées à bride abattue par les « Amis » durant ces semaines de fièvre.

Il est un autre domaine qui, à coups de stylo rageur, post-it, mémos, ratures, noms soulignés, stabilotés, souvent écorchés, colonise les pages du cahier-agenda de couverture en cuir marron clair conservé par ma mère depuis l'année 1985. Sur ce terrain, glissant, l'ombre est préférée à la lumière. « Diplomatie parallèle » : ainsi ma mère résume-t-elle cette part de son activité [7]. Il ne saurait évidemment être question d'empiéter sur le pré carré de la diplomatie officielle – comment le pourrait-elle ? –, mais d'identifier les bons contacts, les interlocuteurs réputés influents, de faire valoir auprès de tel État, de telle faction, la légitime douleur des familles et leurs non moins légitimes demandes d'éclaircissements quant à la réalité des négociations sur les otages. « Diplomatie humanitaire », dira aussi Joëlle Kauffmann [8] comme pour souligner, par antithèse, le froid réalisme et les hypocrisies de la diplomatie « classique ».

La clé de l'équation, alors, semble se trouver à Damas. Hafez el-Assad n'a-t-il pas mis tout son poids dans la balance pour faciliter la libération des otages de la TWA ? N'est-ce pas dans la capitale syrienne que fut organisé leur transit ? L'élargissement des derniers prisonniers d'Atlit n'étant plus qu'une question de jours, tous les espoirs se tournent vers Damas pour que soit honorée la promesse de Nabih Berri : la liberté de Kauffmann et Seurat contre celle des Libanais détenus en Israël. La Syrie, protectrice du mouvement Amal, passe également pour avoir ses entrées au sein du Hezbollah. La force de persuasion de Hafez el-Assad, l'influence de Nabih Berri sont-ils néanmoins des gages suffisants ? Sans l'Iran, ont-ils effectivement les moyens de faire pression sur les milices du Hezbollah ? Le veulent-ils vraiment ? Cantal et ma mère multiplient en tout cas les contacts avec la Syrie et les représentants du mouvement Amal.

À au moins deux reprises au cours de l'été, Son Excellence le général Youssef Chakour, ambassadeur de Syrie en France, les reçoit. Ma mère envisage alors de se rendre à Damas. C'est dans cette ville, a promis le général Moustapha Tlass, vice-Premier ministre et ministre de la Défense syrien, que les otages français seront remis sous peu aux autorités de leur pays [9].

Ma mère s'adresse à qui de droit, Hafez el-Assad en personne. Une lettre le 14 août 1985, suivie d'un télégramme dix jours plus tard pour la fête de l'Aïd el-Kébir – il est signé « Mme Joëlle Kauffmann et ses enfants ». « L'ensemble des efforts que votre pays développe pour obtenir la libération des otages et particulièrement de mon mari, Jean-Paul, me touche profondément. [...] J'ose m'adresser au père que vous êtes pour tenter de réunir une famille qui est, aujourd'hui, brisée. En 1971, année où vous avez pris en charge le destin de la Syrie, le hasard a voulu que la ville de Damas fût le but de notre voyage de noces. Comme j'aimerais que cette ville soit celle de nos retrouvailles. Sachez, Monsieur le Président, que je reste à votre disposition ici à Paris, à Beyrouth ou dans votre capitale pour soutenir la mission humanitaire que vous vous êtes assignée. J'aimerais tant que vous m'accordiez une audience pour vous dire tout cela de vive voix. Aidez-moi, ne serait-ce qu'à rencontrer mon mari [10]. »

Pieux mensonge que l'histoire de ce voyage de noces. En 1971, Joëlle Brunerie et Jean-Paul Kauffmann n'étaient pas mariés et n'y pensaient même pas. Ils ne franchiront le Rubicon que deux ans plus tard, une fois ma mère enceinte. Grossesse désirée mais à l'origine d'un petit drame du côté des parents Brunerie. Ils exigèrent et obtinrent de leur fille qu'elle se marie avant de me mettre au monde.

Bouteilles jetées à la mer que ces suppliques au « Bismarck du Proche-Orient » ? Il sera en tout cas signifié à ma mère qu'elle n'est pas la bienvenue à Damas.

Non sans irénisme, elle affirmera que ses contacts avec les Syriens ont alors permis l'ouverture de pourparlers entre Paris et Damas. « Nous avons engagé des démarches que la France ne pouvait pas se permettre de faire. Les relations étaient tendues. Les Syriens, on les a rencontrés bien avant Mitterrand [11]. » Et sur France Culture, le 29 janvier 1986 : « On a été reçus par l'ambassadeur de Syrie qui nous a dit que le gouvernement français ne demandait rien à Assad. On a passé tout le mois de juillet à convaincre le gouvernement français de faire une démarche vers Assad. J'ai demandé à être reçue par Mitterrand pour lui parler de ça. J'ai vu surtout Bianco [Jean-Louis Bianco, secrétaire général de la Présidence de la République]. Quand on a dit :

“On part à Damas”, huit jours après, Mitterrand a envoyé quelqu'un et là, on a eu vraiment l'impression qu'on avait déclenché le truc. Et là ça s'est très bien passé, cette personne a vu Assad, et depuis les choses se sont enclenchées avec les Syriens [12]. »

Comme on le devine, cette « personne », en l'espèce Hubert Védrine, le conseiller diplomatique de François Mitterrand, n'a pas attendu Joëlle Kauffmann ni pour communiquer avec Damas ni pour se faire une religion sur l'épineux dossier des relations franco-syriennes. Ma mère et Cantal-Dupart se débattent au milieu de fils invisibles, bercés de bonnes paroles, peut-être manipulés, privés qu'ils sont des codes d'accès au monde souterrain de la raison d'État et des tractations entre puissances. Annie Kriegel l'a bien compris, qui écrit alors dans *Le Figaro* : « Il est [...] incohérent que le gouvernement français enveloppe de mystère ses propres démarches et qu'il encourage la famille et les amis des victimes à alerter l'opinion et à prendre des contacts publics avec des intermédiaires choisis selon des critères aléatoires : il accepte ainsi de conférer les couleurs d'un malheur privé à des affaires qui relèvent de la souveraineté de l'État. En outre [...], laisser s'aventurer des pères et des épouses sur un terrain aussi miné, cela ressort à la limite de la non-assistance à personne en danger [13]. »

Les visites se succèdent et se ressemblent dans le bureau de François Mitterrand. « Je l'ai vu dix fois cet été-là », comptera ma mère. « Il me disait toujours : “Je sais bien que vous ne vous entendez pas avec Roland.” Je lui disais : “Roland Dumas vous ment, il ne fait rien.” [14] » Les petits et grands arrangements du ministre avec la vérité, ma mère les surprend dans les plus infimes détails. Ainsi de ce rendez-vous accordé aux familles d'otages et interrompu toutes affaires cessantes pour cause de dossier brûlant à traiter sur le front diplomatique. Aussi sec, Dumas demande aux huissiers de raccompagner ses visiteurs et disparaît au fond d'un couloir. Cinq minutes plus tard, par une fenêtre du palais, ma mère l'aperçoit au bras d'une femme en robe de soirée, quittant le Quai d'un pas léger. Les bonnes paroles de Dumas sur les otages sont à l'avenant. Comme à dessein, il formule à chaque fois des promesses qu'il sait ne pouvoir tenir, brouille les pistes, se dérobe, cabotine.

La morgue onctueuse du ministre, sa désinvolture, ses colères, ses subterfuges grossiers auront parfois raison du sang-froid de Joëlle Kauffmann. Plusieurs fois, dans son bureau, elle craque. Et c'est en pleurs qu'Alex et moi la verrons souvent revenir de ses rendez-vous au 37, quai d'Orsay. Ma mère se dit par ailleurs persuadée que l'ancien avocat a partie liée avec les intérêts iraniens. Accusation évidemment improuvable, mais qui expliquerait, selon elle, autant de légèreté et de mauvaise foi. On prête à Mitterrand cette formule : « J'ai deux avocats : Robert Badinter pour le droit et Roland Dumas pour le tordu. »

Du cabinet de la Présidence au ministère des Relations extérieures, de tel haut fonctionnaire à telle éminence grise, conseiller ès Proche-Orient, négociateur officiel ou officieux, c'est un langage lisse, technique, pincé, protocolaire, que l'on sert à une Joëlle Kauffmann quelque peu déroutée par toutes ces circonlocutions. Seul Hubert Védrine, à l'Élysée, fait preuve d'humanité, ainsi que Jean-Claude Cousseran au Quai d'Orsay.

Dans ce magasin de porcelaine, l'ancienne militante du MLAC détonne. Quitte à heurter, l'« emmerdeuse qui sort de sa boîte » se fait fort d'appeler un chat un chat. « Les diplomates étaient stupéfaits de voir une femme oser venir discuter directement du sort de son mari. Ils s'attendaient sans doute à ce que je reste à sangloter chez moi. Ils se trompaient : j'ai besoin d'agir, de croire que j'agis », dira-t-elle [15]. Ma mère apprend à connaître la duplicité, les passions molles, le conformisme qui gouvernent le tout-venant diplomatique. « J'ai découvert les rivalités de bureaux, les petites bagarres et des mesquineries que je ne soupçonnais pas [16]. »

19

POURQUOI ? COMMENT ?

Et lui ? Le silence prolongé de Jean-Paul Kauffmann, ce mutisme du fond des ténèbres suscitent un tel effet de dissonance avec les grandes orgues déchaînées par son affaire, un contraste si radical entre son propre monde, insondable, interdit aux regards, et le nôtre que mon père semble comme absent à sa propre cause, enjeu d'une tragédie dont il serait à la fois le personnage principal et la pièce manquante. Est-il au moins en vie ? L'hypothèse contraire s'invite parfois, le soir, avant de s'endormir. Étant donné la facilité avec laquelle le Hezbollah expédie ses victimes *ad patres*, il n'échappe à personne que le chantage des ravisseurs peut à chaque instant basculer vers le pire.

Joëlle Kauffmann, obstinément, réclame une preuve de vie. Un mot de son mari, une photo, un enregistrement, peu lui chaut, mais une preuve. Pendant sa visite à Beyrouth, Nabih Berri la lui avait promise. « Quand je lui ai dit que j'étais terriblement inquiète de ne pas avoir même une photo prouvant que mon mari était vivant, il y a eu une scène presque surréaliste. Il s'est tourné vers un assistant, soudain mondain, très ministre à qui un raseur demande de faire sauter une contravention, et il lui a dit devant moi : “Comment, le docteur Kauffmann n'a pas de photo ? Arrangez cela..." [1]. » Sitôt dit ? Las, ma mère rentrera en France sans la preuve qu'elle était venue chercher.

Six semaines plus tard, le député socialiste et président du groupe d'amitié France-Liban, Gérard Bapt, est envoyé en mission à Beyrouth pour tenter de démêler, à son tour, le dossier des otages. Il en repart claironnant qu'un conseiller de Nabih Berri s'apprête à remettre aux familles des lettres de Kauffmann et Seurat. De pied ferme, ma mère l'attend sur le tarmac de Roissy. Une caméra d'Antenne 2 immortalisera leur échange, à couteaux tirés. Joëlle Kauffmann : « Ce sont des déclarations qui ne sont encore que des promesses. » Gérard Bapt : « Ce sont des déclarations qui ont été faites comme étant des faits, mais ces déclarations demandent à être concrétisées. » Joëlle Kauffmann : « On m'a déjà dit [...] ce que vous me dites là. Je ne voudrais pas que l'on fasse des déclarations intempestives quand on n'est pas sûr, absolument sûr. Maintenant, c'est fini, ma famille est dans un état lamentable, et quand on n'est pas sûr de ce qui va se passer, je crois qu'il vaut mieux... se taire [2]. » Un ange passe.

Une fois n'est pas coutume, Nabih Berri va pourtant tenir parole. Une semaine plus tard, c'est par le canal de son organisation, Amal, qu'une photo Polaroïd de Jean-Paul Kauffmann, acheminée par les services du Quai d'Orsay, parvient enfin à ma mère. Tee-shirt bleu échancré, barbe de trois jours, menton levé, amaigri, mon père fixe l'objectif avec raideur, *L'Orient-Le Jour* calé entre les deux paumes pour identifier la date du cliché. Le journal dissimule une large partie du buste ; l'image s'arrête à la ceinture. Ses lunettes ont survécu ; il porte les mêmes, photographié par Michel Guillard, sur l'affiche « Souvenirs du Liban ». En arrière-fond, un mur beige. Ma mère choisira de nous cacher l'existence de cette « image terrible de détention[3] », selon ses termes, plaçant le document sous embargo de peur qu'Alex et moi ne tombions dessus.

C'est dans le bureau de l'ambassadeur de France à Beyrouth que Mary Seurat, quant à elle, s'était vu remettre la photo de Michel, manifestement prise à la même date – il brandit le même numéro de *L'Orient-Le Jour*. Son regard est plus dur, plus noir, sa barbe plus épaisse. De rage, Mary tentera de déchirer le Polaroïd à la face de l'ambassadeur. Mais la matière synthétique du support, coriace, résistera. Et Mary finira par emporter sa photo.

C'est aussi une première lettre qui bientôt arrive par la même filière d'Amal. Datée du 19 juillet 1985, elle ne comporte que quelques lignes, sept courtes phrases, de cette belle graphie déliée reconnaissable entre toutes. « Ma chérie, Je viens à l'instant de lire ta lettre qui m'a bouleversé. Depuis dix jours, nous pouvons lire les journaux et nos ravisseurs nous ont auparavant donné par bribes des informations sur ce mouvement créé en France après notre enlèvement. Cela évidemment nous a remonté le moral. Je ne dispose que de quelques minutes pour te dire que nous ne perdons pas courage. Toi et les enfants me manquez beaucoup, et je m'aperçois combien je tiens à vous plus que tout. Je vous aime. Et merci à tous ceux qui nous soutiennent. Jean-Paul[4]. » La lettre de ma mère à laquelle il est fait allusion avait été envoyée un mois auparavant. Elle racontait l'action du comité, la solidarité des médias, les voyages à Beyrouth, à Tunis, les rendez-vous avec Mitterrand, la manif du métro Saint-Paul et les espoirs douchés de la fin juin. Elle précisait qu'Odette et Marcel Kauffmann, à Corps-Nuds, avaient cessé de cultiver leur potager. Elle donnait des nouvelles d'Alexandre et Grégoire. « Les enfants sont merveilleux. Ils ont fait le meilleur trimestre de leur vie malgré les événements. Grégoire a eu les félicitations[5]. » Ce seront les premières et les dernières de toute ma scolarité.

Beaucoup plus longue, une deuxième lettre sera remise à ma mère le 12 août 1985. À nouveau, les chiites d'Amal ont joué les intermédiaires. Cette fois, l'écriture est ramassée, les paragraphes denses, compendieux, comme trop à l'étroit dans les deux pages, deux pages seulement, consenties au prisonnier. Résumer cette lettre serait risquer de la trahir. Faute d'espace suffisant, Jean-Paul Kauffmann ne s'oblige-t-il pas lui-même à condenser son propos, pesant chaque mot, économisant chaque blanc du papier ? En voici le texte :

Le 25 juillet

Ma chérie,

Tu ne peux imaginer combien ta lettre m'a fait du bien. Je la relis 2, 3, 4 fois par jour. « Tiens le coup, Jean-Paul », dis-tu. J'essaie, j'essaie… […] Je n'ai pas oublié que tu me disais que tu savais faire front dans les circonstances graves. Il faut que tu saches que ton énergie et ta détermination – celles que déploient aussi Cantal et tous les amis – me permettent de garder courage et espoir. Il paraît que ton intervention à la radio ou à la T.V., lors de ton séjour ici, a été merveilleuse. En revanche, je crois savoir que nos ravisseurs ont jugé inopportune la visite de J.F. Kahn à la mi-juillet. Je n'en sais pas plus ; il n'est pas nécessaire qu'il le sache puisqu'il a cru bien faire. À ce sujet, je crois qu'il vaut mieux être discret sur cette lettre qui te parviendra peut-être par l'intermédiaire de Mary, la femme de Michel.

Les premières semaines ont été difficiles psychologiquement. Mais jamais nous n'avons été maltraités. La présence de Michel – envers lequel je me sens débiteur à jamais – m'a permis sans doute de ne pas sombrer. Dans une telle situation, c'est la solitude qui est la pire des choses. Nous parlons beaucoup – même s'il est moins bavard que moi. Quelques livres aussi ont eu sur moi un effet bénéfique. Tu vois, la littérature permet de survivre. J'ai appris à lire lentement, à relire deux fois le même livre car la peur de manquer oblige à ne pas gaspiller de si précieuses réserves.

Cette situation prévalait les 6 premières semaines. Depuis lors, les choses ont quelque peu changé. Nous sommes maintenant dans une cellule plus vaste. Et les nouvelles de l'extérieur nous parviennent plus facilement grâce à la lecture de « L'Orient-Le Jour », que nous épluchons littéralement du début à la fin. J'ai ainsi appris que France Inter nous consacrait une minute quotidienne : voir les noms de Vautrin, Fajardie, Chalandon, Tillinac, Frank, etc... est une chose bouleversante [* en bas de page : que ceux que j'oublie me pardonnent... Je pense notamment à mes confrères journalistes de tous les horizons qui se dépensent pour nous. Et aussi à toutes les personnes inconnues]. J'entends d'ici Denis [Tillinac] parler de moi en disant « le pauvre diable », son expression favorite. Cela fait du bien de savoir, par exemple, que les enfants de Quimperlé ont envoyé des dessins à Beyrouth, que Cabu y soit allé de son dessin (très, très ressemblant, mais ma cellule n'a pas de barreaux !) ou que Michel Guillard ait sonné le rappel dans le Bordelais. Il me manque sans doute de ne pas boire un verre de Lynch-Bages 78 (depuis 64 jours, je n'ai pas bu, tu l'imagines, une goutte d'alcool), mais me manquent encore plus ta présence et celle de Grégoire et Alexandre. Ce n'est pas sans tristesse que je pense à eux, mes deux fils chéris, que j'ai sans doute négligés, mais il est un peu tard pour s'en repentir. Comme tu le vois, mon bon vieux réflexe de culpabilité fonctionne à merveille. Mais je suis sûr que les enfants font eux aussi face à cette épreuve. Je les imagine fidèles à leur légende : Grégoire doit dire « pourquoi » et Alexandre « comment ». Pourquoi ? C'est la fatalité, « l'accident de voiture ». Comment ? C'est sans doute affaire de volonté, la difficulté est de colmater tous les souvenirs heureux, ce qui n'est pas chose aisée, tu connais ma propension à la nostalgie. Mais là, il n'est plus question de nostalgie mais de survie : ne pas perdre pied, maîtriser ses sentiments et ses réminiscences. Je commence à y parvenir, il faut dire que ta lettre m'y a beaucoup aidé.

Pour le reste, je comble le temps en alternant les lectures sérieuses et les romans. Je lis les ouvrages de socio-politique que Michel a pu récupérer depuis que nous avons changé de cellule – en prenant des notes. Je fais un quart d'heure à vingt minutes de gym par jour. Auparavant nous étions assez démunis, maintenant nous disposons d'une montre, de cigarettes (j'en fume 2 par jour), et nos geôliers sont corrects, même pour certains sympas. Depuis le 8 juillet, il y a eu incontestablement amélioration de nos conditions de détention.

Nous disposons de peu d'informations quant à notre sort. Nous avons cru, nous aussi, le 27 juin, que notre libération était proche, mais il paraît que les Américains ont refusé de lier notre sort à celui des otages de la TWA. Nous ne savons pas, à l'heure actuelle, si notre libération est liée aux prisonniers d'Atlit. Il y a une dizaine de jours, nous avons cru que la fin de notre détention était imminente, mais il semble que des difficultés ont surgi, nous ignorons lesquelles. Le gouvernement a dû certainement vous tenir au courant des derniers développements, j'espère qu'il vous tient informés de la situation et des véritables enjeux qui nous concernent...

D'un point de vue pratique, j'espère que tu as fait virer mon salaire sur ton compte. Il faut bien parler des choses matérielles, si tu t'es arrêtée de travailler depuis ma « disposition » [* en bas de page : d'avoir ainsi sacrifié ton travail pour moi m'a touché au-delà du possible]. Il reste, caché dans un chéquier placé dans le tiroir droit de mon bureau, un chèque de 3 000 F. Pourrais-tu le virer sur mon compte de la Société Générale – à cause des traites de la chaîne stéréo. Récupère aussi pour toi mes émoluments de « L'Amateur [de Bordeaux] ». J'espère que tu n'es pas « gênée » du point de vue financier ; de toute façon, tu ne dois pas hésiter à faire appel à « L'Événement », mon employeur. Tu ne m'en voudras pas (une fois n'est pas coutume) de parler de ces choses-là.

[…] Dis à tous nos amis combien cet élan de solidarité nous aide à tenir bon. C'est extraordinaire de mobiliser ainsi l'opinion pendant la période de vacances ; presque chaque jour, « L'Orient-Le Jour » nous signale une de vos initiatives. Demande cependant à mes parents de cultiver leur jardin et à Maman de ne pas s'affoler. J'embrasse Michel Guillard et l'autre Michel (Cantal), mais à tous je ne peux m'empêcher d'exprimer ma gratitude et mon émotion. […] Aux deux garçons, je dis : « Les situations sont moins désespérées qu'il n'y paraît. » Bravo pour le dernier trimestre scolaire, ils montrent qu'ils sont à la hauteur de la situation. J'ai une femme admirable et des enfants merveilleux ! Joëlle, je t'aime et t'embrasse avec beaucoup de tendresse. Tu me manques cruellement, ma chérie.

Jean-Paul

Entre les deux lettres de son mari, ma mère en aura aussi reçu une de son fils aîné. Enveloppe postée du Cap d'Agde, où je suis en vacances chez les Toledano. « Ici, il y a une piscine, un terrain de ping-pong et du tennis. Je suis allé en boite [*sic*]. Il y a une super salle de jeux. Depuis 3 jours nous allons à Aqualand (là où il y a les plus grands toboggand [*sic*] d'Europe). […] Nous avons la télé et nous regardons tous les jours les infos (nous t'avons vu [*sic*] !). » Frédéric Toledano : mon « âme damnée », disait mon père avant son enlèvement. Mon grand copain de CM2 à Pierre-Larousse – avec Christophe Darchis, le fils de notre gardienne. Le plus « populaire » (comme on ne disait pas encore à l'école primaire) de la classe.

À l'heure du choix, pour l'inscription en 6e, ses parents avaient préféré pour lui les bancs de l'École Maïmonide à ceux, défavorablement connus des voisins, du collège François-Villon. Une semaine après la rentrée, Frédéric Toledano avait congédié l'ancien monde : adieu aux sweats à motif Minnie, Nastase, cassettes de Renaud, potins sur le 15.6 ; place aux Weston, pantalons Naf Naf, CD de Gilbert Montagné, place aux histoires extraordinaires de cuirs Chevignon revendus sous le manteau et autres récits non moins édifiants de filles qui, le dimanche après-midi, se laisseraient embrasser sous les stroboscopes de La Scala, rue de Rivoli.

« J'ai reçu ta lettre avec la photocopie de celle de papa, ce qui m'a fait grand plaisir », est-il aussi écrit dans ce mot envoyé à ma mère depuis le Cap d'Agde ce 9 août 1985.

20

MARY SEURAT

À défaut de libération, Joëlle Kauffmann bataille auprès des chefs du mouvement Amal et des représentants syriens pour obtenir, écrit-elle non sans naïveté, un « droit de visite » auprès de son mari. Sans grand espoir de réussite. Les terroristes du Hezbollah n'ont pas vocation à faire respecter quelque « droit » que ce soit. Leur droit à eux se nomme bombes, enlèvements, assassinats de sang-froid. L'Occident et ses principes humanitaires, son juridisme, sa bonne conscience, c'est tout ce qu'ils exècrent. Pas de parloir pour Jean-Paul Kauffmann ; il n'en existe pas dans les souterrains de Beyrouth. Mais un coup de fil ? Les gardiens autoriseraient-ils au moins un coup de fil ? Lettre de Joëlle à Jean-Paul Kauffmann, 13 août 1985 : « Essaie d'obtenir de tes ravisseurs de pouvoir me téléphoner, bagarre-toi. Ils n'ont pas le droit de te l'interdire [1]. » Facile à dire. La chose, cependant, paraît moins irréaliste pour qui réside à Beyrouth, parle arabe, dispose dans la ville de contacts, de filières. La capitale libanaise reste un petit monde où tout le monde se connaît.

Ainsi Mary Seurat se met-elle en relation avec un certain Ali Hamdan, connaissance d'un cousin journaliste lui aussi installé à Beyrouth. « Crapule pour les uns, cœur d'or pour les autres [2] », ledit personnage possède une boutique de prêt-à-porter féminin près de l'hôtel Cavalier. Chargé des relations du mouvement Amal avec la presse étrangère, il est aussi réputé proche du Hezbollah, auquel appartiendraient plusieurs de ses frères. Grâce à lui, durant l'été, Mary s'était fait remettre deux lettres de son mari. Ali a aussi promis qu'il s'arrangerait pour que Michel lui parle au téléphone. Où et dans quelles conditions ? Elle en serait avisée le moment venu. En attendant, patience.

Le 29 août 1985, alors qu'elle fait ses longueurs dans la piscine du Golf Club, enclave pour riches Beyrouthins plantée au cœur de la banlieue Sud – parcours dix-huit trous, salle de squash, terrains de tennis, restaurant –, Mary est demandée à la réception pour un appel de son cousin. Ali cherche à la joindre. Elle finira par convenir d'un rendez-vous avec lui quelques heures plus tard, sous les bougainvillées du Beirut University College. Mieux qu'une conversation au téléphone avec l'absent, Ali lui annonce alors l'extraordinaire. C'est à une vraie rencontre avec son mari qu'elle aura droit le lendemain, vendredi 30 août, jour du premier anniversaire de leur fille Laetitia. En quel lieu, à quelle heure, patience encore, Ali sait où la trouver. « Je ne ferme pas l'œil de la nuit. Baignée de sueur, je me tourne et me retourne dans mon lit. [...] Dans quel état vais-je le retrouver ? Je pose les questions et imagine les réponses. Plus encore que la joie, c'est la peur qui me submerge. Je frissonne comme si la mort me guettait », racontera Mary Seurat en 1988 dans *Les Corbeaux d'Alep* [3].

Mary avec un « y ». Elle y tient. Le « Marie Seurat » usuel des journalistes, dit-elle, la rabougrit, rapetisse son identité au pré carré d'une France qu'elle connaît à peine, où elle étouffe. Son Orient à elle, mâtiné de culture britannique, se joue tranquillement des frontières, invite au nomadisme, brouille les chemins. Si deux êtres, deux histoires, deux manières de sentir et de respirer pouvaient camper chacun aux antipodes, si deux tempéraments étaient le moins faits pour se comprendre, s'aimer, partager ne fût-ce qu'une virée shopping entre adultes consentantes, alors ma mère et Mary Seurat tiendraient de part et d'autre les deux bouts de la corde, en tirant.

Quand Joëlle Kauffmann réunissait chez elle, le 27 mai 1985, ses vieux copains soixante-huitards pour mettre le feu aux médias, Mary Seurat était à Beyrouth en cure de sommeil. Quand la première vint dans la capitale libanaise, escortée par les journalistes, prendre sa chambre à l'hôtel Cavalier, la deuxième l'attendait princièrement sur le perron. Elles se connaissaient, mais ma mère l'avait oublié. Dix ans plus tôt, le hasard avait conduit Mary vers Joëlle Brunerie et son réseau de gynécos.

Ma mère milite, méthodique, concrète, lancée droit sur sa cible. Mary Seurat joue au poker, monte à cheval, s'enivre de rock'n'roll et consulte des voyantes. L'une est une boule d'énergie, brune, indifférente à la mode et au luxe. L'autre flamboie de toute sa rousseur, sculpturale, magnétique, chic jusqu'au bout des ongles. Son accent arabe, théâtral, qui roule exquisement les « r », n'est pas le moindre de ses charmes.

Son enfance, Mary Mamarbachi l'a vécue à Alep, issue d'une famille de la grande bourgeoisie chrétienne possédant champs de coton au bord de l'Euphrate, manufactures de textile, usines de ciment et limousines pour emmener les enfants à l'école. Vacances à Cannes ou à Genève, éducation primaire chez les franciscaines, études secondaires dans les meilleurs collèges britanniques, Mary n'avait pas quinze ans quand le parti Baas, en Syrie, s'empara du pouvoir. Le terres de sa famille furent nationalisées ; les Mamarbachi s'exilèrent au Liban.

Après des études de graphisme à Oxford, Mary vint retrouver les siens à Beyrouth, travailla pour une agence de pub, s'éprit d'un ethnologue palestinien qu'elle suivit à New York, l'épousa, pour revenir au pays du Cèdre où son chemin croisa celui d'un jeune chercheur français nommé Michel Seurat. Elle vécut séparée de son mari, qui allait trouver la mort dans un accident de voiture survenu en plein désert d'Arabie. En 1975, Michel Seurat fut nommé à l'Institut français d'études arabes de Damas (aujourd'hui Ifpo) ; elle partit le rejoindre. Ils se marièrent en 1979. L'année précédente, le couple était retourné vivre à Beyrouth où Michel, bientôt nommé au CNRS, fut accueilli au Centre d'études et de recherches du Moyen-Orient contemporain (Cermoc). Un amour placé sous le signe de la guerre. « Ailleurs, les plates réalités d'une vie normale auraient pesé sur notre couple jusqu'à l'étouffer. À Beyrouth, les névroses individuelles se perdent avec soulagement dans l'immense folie collective. [...] Pour nous la guerre, avec son immense incertitude, était à la fois atroce et grisante [4]. »

Les Seurat et leurs deux petites filles vivent à l'ouest, à la lisière de la ligne de démarcation, au cinquième étage d'un immeuble dont les murs ont souvent tremblé. « Michel était froid, peu communicatif, et moi, très envahissante. Le pauvre... il s'enfermait dans son bureau pour avoir la paix [5]. » Une passion dévorante pour l'histoire et la civilisation proche-orientales anime le jeune chercheur arabisant, par ailleurs amateur de *road-trips* à moto, de Mozart et de Jean-Patrick Capdevielle. Il consacra sa thèse de 3e cycle aux origines du nationalisme syrien, traduisit les nouvelles de l'écrivain palestinien Ghassan Kanafani, se fondit dans les quartiers sunnites de Tripoli pour décoder l'articulation entre fractures urbaines et luttes confessionnelles. Au plus près du terrain, mais jamais loin des œuvres de Marx, Frantz Fanon, Gramsci, Ibn Khaldoun, placés haut dans son panthéon personnel, Michel Seurat appartient à cette génération de sociologues et d'historiens arrivés à maturité politique dans la queue de comète des luttes anticoloniales et tiers-mondistes, 68 étant aussi passé par là.

À sa femme, Michel paraissait parfois « austère comme s'il portait la misère des damnés de la Terre sur ses épaules ». Il était, dit-elle aussi, « assoiffé de pureté »[6]. Dans sa bibliothèque, entre deux traités d'islamologie, les quarante volumes de la correspondance complète de Lénine (Éditions sociales, Paris/Éditions du Progrès, Moscou). Fervent soutien de la cause arabe, voulant croire en l'existence d'un « Islam fraternel et humain[7] », Michel Seurat se disait l'ami des masses « déshéritées ». Il s'apprêtait, raconte Gilles Kepel[8], à mener une étude importante sur les ressorts du chiisme populaire dans ces quartiers abandonnés au pouvoir des milices, où flottait le drapeau du Hezbollah et où trônait à chaque carrefour un portrait de Rouhollah Khomeini. « Il disait ne pas craindre l'enlèvement, et balayait d'une plaisanterie les conseils de prudence prodigués par ses amis[9]. »

Depuis sa disparition, le 22 mai 1985, Mary Seurat n'a suivi que d'un œil la mobilisation des Amis de Jean-Paul Kauffmann. De même, elle ne s'intéressera guère aux initiatives du Comité international des scientifiques pour la libération de Michel Seurat et des otages emprisonnés au Liban, animé par les chercheurs du CNRS – main dans la main avec le comité de soutien et *L'Événement du jeudi*. Depuis Beyrouth et sa guerre civile, toutes ces démarches lui semblent au mieux relever d'une agitation inutile, au pire d'un dangereux aventurisme susceptible d'augmenter le prix des otages et de compliquer la tâche des négociateurs, si tant est que négociateurs il y ait. Pour elle, c'est aussi une question de décence : pourquoi ne pas aussi parler des centaines de Libanais victimes d'enlèvement ? Quand elle aussi, au mois de juin, est allée rencontrer le guide spirituel du Hezbollah, Fadlallah, dans son repaire de Bir el-Abed, c'était sans la présence des journalistes et pour un échange avec lui en arabe. « Fadlallah était très agressif avec moi car je ne suis pas venue le voir avec une équipe de télé, je ne faisais pas son jeu », dira-t-elle [10].

Faire le vide en faisant des longueurs au Golf Club, négocier l'achat de tapis, retrouver les écuries de Khaldé et son petit cheval manipulateur, Bouraq, distraire en somme le temps par des futilités, s'occuper des filles, aussi : Mary Seurat lutte à sa façon contre la terrible attente. Discrètement, elle lance en même temps des sondes, mobilise ses amis beyrouthins. Jusqu'à rencontrer Ali, le « messager des bonnes nouvelles [11] », celui qui, par des voies mystérieuses, lui a donné les preuves que Michel était en vie, lettres à l'appui, et promet désormais de le lui faire rencontrer.

La matinée de ce 30 août 1985 s'écoule sans nouvelles dudit Ali. Mary attend seule chez elle avec ses deux filles, revêtues pour l'occasion de leurs robes à smocks roses. La veille, elle avait confié son incroyable secret à l'ambassade de France. À supposer que Michel vienne jusqu'à elle, ou qu'elle soit conduite jusqu'à lui, pourquoi ne pas tirer parti des circonstances, monter un dispositif ? Organiser un « contre-enlèvement » ? L'ambassadeur, Christian Graeff, lui aurait ri au nez [12].

16 heures, coup de fil d'Ali. Les ravisseurs font des difficultés. Vive insistance de Mary. Elle a promis dur comme fer à sa fille aînée, trois ans, qu'elle verrait son père aujourd'hui. Nouvel appel à 20 heures. Mary est-elle toujours seule ? Oui. Et les filles ? Elles dorment. Une demi-heure plus tard, Ali est dans son salon, revolver à la ceinture, inspectant l'appartement. À Mary qui s'impatiente, il annonce alors l'impensable, manquant voir

défaillir l'épouse mise au supplice par tant de mystères et d'expectations. La rencontre aura lieu ici même. Ce soir. Les minutes s'égrènent. On sonne à la porte. C'est lui !

Michel Seurat est escorté par deux geôliers, jeunes, sans armes. En bas, devant l'immeuble, deux hommes attendent dans une voiture. Pieds nus dans ses chaussures, barbu, le compagnon de chaînes de mon père porte un tee-shirt orange et un « pantalon un peu sale [13] ». Sa femme remarque qu'il n'a plus sa Rolex au poignet. « Il était jaune, il suait [14] », raconte Mary. « Il me serre contre lui. Fort, très fort. Puis il fond en larmes. Jamais je ne l'avais vu pleurer [15]. » La plus jeune de ses filles, Laetitia, un an, aura droit à un baiser, mais on la laisse dormir. Quant à l'aînée, Alexandra, tirée de son sommeil, « elle a eu un peu peur parce qu'elle l'a vu avec une barbe [16] ». On la recouche. Mary sert aux hommes du café glacé.

Durant les soixante-quinze minutes concédées par les ravisseurs à ces retrouvailles sous haute surveillance, elle aura le temps d'apprendre que son mari n'a pas été maltraité, que Kauffmann et lui, du quartier de Basta, à deux pas, ont été transférés dans une autre zone, proche de l'aéroport, qu'ils manquent de livres, que c'est à Beyrouth que Michel souhaite impérativement continuer à vivre une fois ce cauchemar terminé. « Fais tout ton possible pour qu'on ne m'oblige pas, après ma libération, à quitter ce pays. J'ai encore beaucoup de choses à faire ici. Mes gardiens et le responsable du groupe sont d'accord pour me faciliter, plus tard, un déplacement dans le Sud. Je pourrai finir mon étude sur les intégristes chiites [17]. »

Michel annonce aussi – avec une solennité appuyée, dira sa femme – que la principale exigence des ravisseurs porte sur la libération d'Anis Naccache et des membres de son commando. En 1980, cette cellule clandestine au service de Khomeini avait tenté d'assassiner l'ancien Premier ministre du shah d'Iran, Chapour Bakhtiar, réfugié en France. Bilan : un policier et une voisine abattus par les terroristes. En 1982, avec quatre de ses complices, Anis Naccache avait écopé d'une peine de réclusion à perpétuité. Depuis lors, Téhéran exige leur remise en liberté comme préalable à toute discussion constructive avec Paris. C'est pour mettre en scène cette revendication, estime aujourd'hui Mary Seurat, que fut organisée la visite de Michel. Le prétendu « mouvement du cœur » d'Ali Hamdan, organisateur de la rencontre, n'était selon elle qu'un double jeu mené dans le seul intérêt du Hezbollah.

Survient ce moment de quasi-dissonance cognitive : Michel, en expert du sujet, lancé dans une discussion à bâtons rompus avec Ali et les deux geôliers sur les subtilités d'interprétation du texte coranique. Mary : « Je me suis dit : tu viens à la maison pour encore parler de l'islam ? L'islam, ça suffit, j'en ai par-dessus la tête de l'islam [18]. » Plus que cinq minutes. Michel se précipite dans son bureau, charge ses bras d'une douzaine de livres. Parmi eux, dira sa femme, « l'ouvrage d'un sociologue du XVIIe ou XVIIIe siècle, le machin parfaitement illisible [19] ». Elle voulait parler d'Ibn Khaldoun (1332-1406) [20]. Michel emporte aussi avec lui deux « Pléiade » : les œuvres romanesques de Jean-Paul Sartre et les écrits politiques de Jean-Jacques Rousseau. Puis Mary l'accompagne au pied de l'immeuble. Michel monte avec ses gardiens dans une voiture de couleur claire.

« Debout au milieu de la rue, je le suis des yeux jusqu'au bout. La voiture disparaît dans les ténèbres. Je rentre. Jamais la maison ne m'a paru aussi sombre et aussi silencieuse [21]. » Elle ne reverra plus son mari.

21

CHRISTO

Cet été, Chantal Nobel est sortie de l'hôpital. Les millions de fans de *Châteauvallon* ont repris des couleurs. Sacha Distel aussi. Pour l'automobiliste qui, sur la route du retour des vacances, écoute les infos coincé dans les embouteillages, le fleuve Zaïre, c'est loin. Imaginer Philippe de Dieuleveult et ses compagnons, à bord de leurs catarafts, pagayer sur les rapides des chutes d'Inga, à l'assaut des vagues qui écument et des tourbillons qui creusent leur vrille, se figurer le présentateur vedette de *La Chasse aux trésors* peut-être entraîné par le fond, noyé, recraché par le fleuve et dévoré par les poissons mbenga... c'est difficile. Au 31 août 1985, les recherches menées sur site par les hommes du 2e régiment étranger de parachutistes n'ont toujours rien donné.

Été d'incendies en Corse et dans le Midi. Qui sont les pyromanes ? Réponse au journal de 13 heures, par le chef du service psychiatrique de l'hôpital Pasteur de Nice. Le projet d'installation d'un « Disneyland » à Marne-la-Vallée suit son cours ; Laurent Fabius s'est penché sur le dossier. Au Cap d'Agde, les jeunes giscardiens tiennent leur université d'été. L'homme de 1986 sera esthétique, viril, fragile. La mode masculine, cet automne, veut faire rimer ces trois qualités. On n'accompagne plus une dame à dîner avec la mine d'un soixante-huitard attardé. Si les vieux se contentent de porter une veste sur leur polo, les jeunes y ajoutent cravate ou nœud papillon. Ce sont Pacha Bensimon et Françoise Aron, de l'agence Eldorado, qui le disent. Affaire du *Rainbow Warrior* : la DGSE prépare sa défense. « Les dieux du fleuve avalent ceux qui ont osé les défier », prophétise un proverbe zaïrois.

Sur l'autoroute du Sud, Bruno Frappat, du *Monde*, processionne lui aussi dans les embouteillages aux abords de la capitale. L'été est derrière lui. Surprise, porte d'Orléans, le petit panneau noirci, vieillot, qui indiquait « Paris » a disparu. On l'a remplacé par un collègue tout neuf, frappé du sous-titre « périphérique intérieur », note Bruno Frappat. Et toute cette pub, invasive, qui agresse l'automobiliste. « Carlton, pas exactement démocratique ». « Quick : quarante et un restaurants dans toute la France ». Comble de laideur, certains panneaux utilisent désormais la coupe et le relief. Encore une importation américaine. Ce procédé, Jacques Chirac songerait à l'utiliser pour la campagne des législatives. La mairie de Paris aurait déjà fait retenir plusieurs emplacements le long du périph.

Voici une autre affiche qui sonne la rentrée : le visage de Jean-Paul Kauffmann et ces mots, « Souvenirs du Liban ». Bruno Frappat : « On n'arrête pas la communication. L'affaire des otages détenus au Liban [...] a montré que le militantisme aussi s'adaptait à ces temps nouveaux du message-choc, ramassé, du slogan chic, du coup de poing médiatique. Fini le temps des pleurnicheries pétitionnaires, des cortèges étiques à banderoles mal ficelées, des stations débout-assis-couché devant les ambassades. L'affaire Kauffmann aura montré que des voies nouvelles s'ouvraient dans le créneau "comité de soutien". [...] Bon ou mauvais goût ? Efficace, en tout cas [1]. »

Pour les Amis de Jean-Paul Kauffmann, une époque s'achève. Le 31 août 1985, ils déménagent du 5, rue de Savoie pour s'installer 150 mètres plus loin, à bord d'une péniche amarrée au pied du Pont-Neuf. 49, quai des Grands-Augustins. Quand, à la fin du printemps, le comité avait établi son QG dans l'agence de Cantal, on pensait à un simple bivouac. La détention de Kauffmann engageant l'existence des « Amis », personne ou presque n'imaginait alors que celle-ci pût se prolonger au-delà de l'été. Hélas, le temporaire s'est installé dans la durée, et Cantal n'est pas seul dans ses bureaux d'urbaniste. Néanmoins, ma mère veut croire qu'en déménageant le comité sur cette péniche, elle continue de parier sur le provisoire, le transitoire. Manière de dédramatiser la raison d'être du petit collectif qui l'entoure : « C'était bien de s'y installer, car, d'un jour à l'autre, ça pouvait s'arrêter, ce n'était pas comme un loyer. Le côté éphémère de la péniche nous avait séduits [2]. » De fait, le comité ne paie aucun loyer aux propriétaires du chaland, le couple Dumontier, vieux copains de l'époque nantaise et fidèles d'entre les fidèles aux réunions des « Amis ».

Le moteur de la péniche ayant rendu l'âme depuis longtemps, il fallut la faire remorquer de Neuilly-sur-Seine au Pont-Neuf. *La Vie* du 27 décembre 1985 raconte la scène : « Joëlle ne fait ni une ni deux et se rend à la Bourse des mariniers près du pont d'Austerlitz. Là, elle se dresse au milieu de l'assemblée d'hommes. "Écoutez, je suis la femme de Jean-Paul Kauffmann, le journaliste prisonnier au Liban. Nous avons besoin d'amarrer notre péniche au Pont-Neuf. Quelqu'un accepterait-il de nous remorquer ?" Plusieurs mains se lèvent. Joëlle sourit. Elle a encore gagné [3]. »

Mais Bruno Grange, le directeur du port autonome de Paris, ne l'entend pas ainsi. Sitôt la péniche amarrée quai des Grands-Augustins, il dégaine le règlement. Cet emplacement, en amont du Pont-Neuf, est strictement interdit. Il est un fait que ma mère et Cantal se sont passés d'autorisation, plaçant l'autorité fluviale devant le fait accompli. Partir ? Oui, une fois seulement Kauffmann rendu à la liberté, réplique le duo. Des noms d'oiseaux volent. L'affaire sera réglée par un coup de fil de Cantal au cabinet de Paul Quilès, ministre de l'Urbanisme, du Logement et des Transports. Le directeur du port autonome de Paris n'aura qu'à bien se tenir.

Joëlle à Jean-Paul Kauffmann, 31 août 1985 : « Je t'écris sans savoir, une fois de plus, si tu recevras mon message [...]. Les enfants sont très dignes. Ils ont passé cet été un peu dispersés chez les uns et les autres, ils sont super bronzés et blonds. Alexandre couvert de taches de rousseur. Tu sais, ils sont incroyables. Nous parlons énormément de toi. Ils essaient de comprendre. [...] Tu ne peux imaginer ce que nous sommes en train de faire aujourd'hui : je t'écris d'une énorme péniche qu'un marinier super sympa nous ramène de Neuilly au Pont-Neuf. C'est le nouveau siège du comité de soutien ! [...] Les enfants sont ravis, et cela me rappellera que tu rêvais du canal du Nivernais [4]. » « Ravis » : il faut toute la force d'optimisme de ma mère pour trouver des raisons de l'être.

On nomme ces embarcations des « péniches Freycinet », gabarit imposé à la fin du XIXe siècle par le ministre des Travaux publics éponyme : 38,50 m de long sur 5,05 de large, cabine de pilotage à l'arrière en surplomb d'une cuisine et d'un minuscule séjour. De là, par un court escalier qui s'enfonce vers la cale, on accède à la chambre du marinier – deux lits pour « faire la sieste » ou « faire l'amour », dira Cantal en ne plaisantant qu'à demi. Toilettes accessibles par l'extérieur. C'est dans cette partie arrière de la péniche, d'espace assez chiche, que le comité de soutien des Amis de

Jean-Paul Kauffmann installe ses classeurs, ses planches photo et ses deux gros téléphones. L'affiche de Roux-Séguéla, « Souvenirs du Liban », est hissée sur le pont principal, pavillon visible à tout piéton et automobiliste arrivant de l'île de la Cité ou longeant les quais depuis la gare d'Austerlitz. Les députés qui filent vers le Palais-Bourbon, 1 600 mètres en aval, ne voient qu'elle. François Mitterrand aussi, qui aime à contempler la berge en cheminant de la rue de Bièvre au quai Branly.

Glauque, l'ambiance de la péniche. Autant la rue de Savoie était associée aux teintes vives et chaudes du printemps, de l'été, éclat des robes légères, or des peaux hâlées, atours de la confiance en la victoire, du mouvement qui porte à l'optimisme et même à la joie, autant le chaland rubigineux du quai des Grands-Augustins ouvre une période froide, statique, boueuse. La captivité de Jean-Paul Kauffmann va s'enfoncer dans l'hiver. Les eaux mornes et plates de la Seine, l'humidité, les relents de renfermé, l'odeur d'urine et de putride qui flotte sur la berge accusent un peu plus le contraste entre les premiers temps du comité et l'impitoyable aujourd'hui.

Si une sèche remontrance du ministère avait suffi à mater le directeur du port autonome, un adversaire autrement plus coriace montre déjà les dents pour faire déplacer, à son tour, la « péniche Kauffmann ». Il a pour nom Christo Vladimiroff Javacheff, dit Christo, l'artiste de la démesure rendu célèbre par ses installations éphémères. Après avoir, dans sa jeunesse, dressé une barrière de barils peints rue Visconti pour protester contre la construction du mur de Berlin, Christo s'était fait connaître aux États-Unis par d'encore plus audacieuses réalisations in situ. Entre deux comtés californiens, sur près de 40 kilomètres, il fit serpenter un ruban de 200 000 mètres carrés en clin d'œil à la muraille de Chine. Les îles de la baie de Biscayne, à Miami, furent ceintes de tissu rose fuchsia en allusion à la couleur de la crème glacée. D'un rideau de nylon safran retenu par des câbles, Christo fit aussi barrer une vallée entière du Colorado.

Depuis 1975, la star du land art bataille avec la mairie de Paris, la préfecture de police, les Monuments historiques et autres services mandatés pour réaliser un projet non moins déraisonnable, mais sans cesse ajourné par les mille chicanes dont l'administration française a le secret. Christo envisage de faire emballer le Pont-Neuf, rien de moins. À cet effet, il a prévu 40 000 mètres carrés de toile de polyamide ignifugé, couleur « pierre de Paris » – son grès doré se reflète idéalement dans le fleuve. Dix ans plus tard, l'artiste mondialisé décroche enfin son autorisation, le renfort d'un Jack Lang enthousiaste ayant triomphé des servitudes bureaucratiques. Le 26 août 1985, une armada d'hommes-grenouilles, cordistes, charpentiers, alpinistes se met ainsi à l'ouvrage. Ils déroulent leurs câbles d'acier, hissent les pans de toile ou les fixent sous l'eau, accrochent leurs filins aux arches, aux piliers. Seule sera épargnée la statue d'Henri IV.

Et voilà qu'en plein chantier, sans crier gare, s'installent au pied du pont Joëlle Kauffmann et son chaland. C'est peu dire qu'ils viennent gâcher la fête. Ne pourriez-vous pas amarrer votre comité un peu plus en aval, du côté de la passerelle des Arts, par exemple ? L'empaquetage du Pont-Neuf, c'est un hymne à la joie, à la beauté. Avec son affiche « Souvenirs du Liban », votre péniche rabougrit le projet, le défigure. Elle brouille l'intention de l'artiste, parasite l'« interactivité verbale » qu'il aime à entretenir avec ses publics. Tel est à peu près le langage tenu par Christo Vladimiroff Javacheff à Michel Cantal-Dupart lors d'un rendez-vous qui ressemblait fort à une mise en demeure.

Des pressions sont exercées ; des émissaires du monde de la culture, de la mairie intercèdent afin que déguerpisse la péniche avant l'inauguration du pont empaqueté, prévue le 22 septembre 1985. Pierre Desproges se fera raconter l'épisode par ma mère. Il en tirera matière à l'une de ses *Chroniques de la haine ordinaire.* « Quand Christo a eu emballé l'ouvrage, il s'est montré un peu ennuyé de la promiscuité forcée de son œuvre avec cette péniche placardée de photos d'otages. [...] C'est parfaitement authentique, et je signale que tous les médias étaient au courant de cette anecdote et qu'aucun n'en a jamais soufflé mot parce que, en France, terre des couards et des faux-culs, les mêmes qui se pâment devant *Guernica* vous feront remarquer qu'on ne mélange par l'art et la douleur dans la même rubrique. Aux cris de "Libérez Kauffmann et le Pont-Neuf", les amis de Joëlle ont fait revenir Christo sur ses aspirations séparatistes [5]. »

La péniche ne bougera pas d'un pouce.

22

LE COLLÈGE HENRI-IV

Nous sommes une espèce rare. En 1985, dix filles et fils d'otages seulement pour toute la France – enfants Seurat, Carton, Fontaine et Kauffmann réunis. Sur le papier, c'est un statut qui n'existe pas. Rien n'a jamais été prévu pour nous, un peu comme les incurables atteints de maladie orpheline. Quota trop faible pour prétendre à l'obtention d'un traitement idoine, nul protocole envisagé. Le fils d'otage est une anomalie.

Pour autant, la collectivité, *sponte sua*, improvise à son intention des réponses, ajustements informels dérivés d'une logique du bon sens et des bons sentiments qui opère à son avantage. L'injustice qui frappe l'enfant d'otage n'engage-t-elle pas la communauté nationale tout entière ? « Que chacun sache que les otages sont un petit bout de la France en prison », martèle Joëlle Kauffmann sur les plateaux de télé [1]. Dans le regard porté sur le fils d'otage, il entre une larme d'empathie, une note de compassion, un fond de culpabilité, quelque lâche soulagement aussi d'avoir à considérer que ce genre de catastrophe n'arrive qu'aux autres.

À défaut de droits, le fils d'otage pourra profiter de passe-droits. Étant lui-même une faille dans le système, il autorise les entorses à la règle, exceptions, dispenses, menus avantages consentis en gage de réparation. Les opportunités ainsi ouvertes n'ont pas échappé à ma mère. Le lourd dossier qui l'occupait avant le 22 mai 1985, mon exfiltration de François-Villon, pourrait connaître une nouvelle vie. Auprès du rectorat, Joëlle Kauffmann fait valoir que son fils, racketté par les voyous du plateau de Vanves, inquiété pour les avoir dénoncés, fils d'otage par surcroît, doublement victime en somme des gitans du 15.6 et du Hezbollah, que son fils, donc, élève irréprochable, bien noté, est en droit de mener une scolarité apaisée dans un environnement de saine émulation.

Au vu du contexte, l'entrée en 5e dans un établissement d'excellence ne serait que justice. Une dérogation pour le collège Henri-IV n'est pas trop demander. Les places néanmoins y sont beaucoup plus chères que n'importe où ailleurs. En attendant d'étudier cette possibilité, le rectorat fait savoir à ma mère qu'en cas d'insuccès, un lot de consolation, le collège Montaigne, me serait proposé sans risque d'objection. Insistance de la quémandeuse, décidée à ne rien lâcher si près du but. Arrive rue Didot, le 16 juillet 1985, adressée à « Monsieur et Madame Kauffmann », la lettre du rectorat de Paris. « J'ai l'honneur de vous faire connaître que votre enfant peut être admis en classe de 5e dans l'établissement ci-après : Lycée Henri-IV, 23, rue Clovis, 75005 Paris. » C'est loin : depuis la villa Jamot, pas moins de quarante minutes de trajet en bus, ligne 58 jusqu'à la station Musée du Luxembourg, puis 84 ou 89 jusqu'à la place du Panthéon.

Le lundi 9 septembre 1985, jour de la rentrée, Mathilde Casteran – la fille du vieil ami de JPK qui, le 23 mai, apprit à ma mère sa disparition – n'avait pas prévu de jouer les chaperons. Ses parents m'ont collé dans ses pattes : la tannée. Elle connaît à peine le fils Kauffmann, et le peu qu'elle en sait ne lui donne pas envie de creuser leur relation. Pas question de s'afficher avec lui à l'heure de la récré ou à la cantine. De toute façon, j'ai été admis dans une autre 5e. Ma mère a bien essayé de nous faire inscrire dans la même classe, Mathilde et moi. Mais il était déjà heureux que je sois admis à Henri-IV. M. Escamilla, le censeur, n'allait pas remanier ses listes pour faire plaisir à Joëlle Kauffmann. Ma place, sur la grille, est en 5e 1, point final. Les élèves qui la composent partageaient déjà presque tous la même classe de 6e. De fait, leur complicité retrouvée m'exclut. Nouveau, je le suis doublement : au collège ; parmi les filles et les garçons de la 5e 1 que soude l'année scolaire écoulée. Mes codes vestimentaires, c'est sûr, jurent avec les tendances qui dominent la cour de récré. Les jeans serrés, les baskets montantes à l'allemande, la petite queue tombant sur la nuque sont ici ramages inconnus. En revanche, les badges « Touche pas à mon pote » fleurissent, plus nombreux qu'à François-Villon.

L'un des premiers élèves à m'adresser la parole le fait pour blaguer l'inscription siglée sur mon pantalon : « Bonjour la rigueur ». Cadeau offert par Imelda, sur ma demande, au rayon textile du centre Leclerc de Quimperlé. Grotesque, cette devise, rigole le gros rouquin mordu de Van Halen qui n'apprécie pas les nouveaux et commence à me chercher. C'est le fils d'un des plus grands trombonistes du monde, entré de son vivant dans l'*Encyclopædia Universalis*. La 5e 1 compte aussi sur ses bancs la petite-fille d'une star de TF1, la fille d'un éditorialiste de *France-Soir* et une actrice de douze ans, Rebecca Hampton. C'est elle qui apparaît étendue dans une baignoire, épaules nues, sur l'affiche du film de Godard *Je vous salue Marie*. Sortie au début de l'année 1985, cette réécriture du récit de la Nativité a suscité l'ire de Jean-Paul II. Des catholiques susceptibles ont mis le feu à un cinéma de Tours.

Étendu à l'ensemble du collège, le jeu du *name dropping* fait fureur à la maison, le soir, quand les parents interrogent leur progéniture sur les patronymes rencontrés dans la cour. Enfants Chevènement, jumeaux Kouchner, petit-fils Pompidou, fils Tapie, et même la fille de François Mitterrand, Mazarine, qui fait cette année-là son entrée en classe de 6e – incognito. Les journalistes du petit écran, eux aussi, aiment à faire profiter leurs enfants de la prestigieuse institution parisienne, fussent-ils domiciliés en banlieue. Entre Vitry-sur-Seine et le Ve arrondissement de Paris, les deux garçons de Pierre-Luc Séguillon, vedette avec Anne Sinclair de *Questions à domicile*, font ainsi chaque jour le trajet dans les deux sens. Qu'ils soient filles ou fils de journalistes, de ministres, d'artistes célèbres, leurs parents appartiennent à ce même monde que ma mère, depuis trois mois, cherche à mobiliser pour la cause des otages.

Au collège Henri-IV, la part des enfants du quartier représente à peine plus de 60 % des effectifs. D'année en année, leur proportion diminue. En cette rentrée 1985, les parents d'élèves du Ve arrondissement sont très remontés. Alors que leurs propres têtes blondes, conformément au principe de la sectorisation, seraient en droit de prétendre au Saint des Saints, la réponse qui tombe, près d'une fois sur deux, est négative, obligeant à un repli honteux sur les collèges Raymond-Queneau ou Pierre-Alviset. Autant dire l'enfer eu égard aux statues d'amours, au cloître, à l'ancienne abbaye royale et au taux exceptionnel de réussite au bac exhibés par l'auguste institution et obscur objet du désir. Marre de se voir griller la politesse par la tribu des pistonnés.

L'affaire prend les proportions d'un « mini-scandale », révélera *Le Monde* en février 1986. « M. Jean Tiberi, bras droit de M. Jacques Chirac et maire (RPR) du cinquième arrondissement, l'a révélé dans son journal la *Lettre du cinquième*. Il se fait un devoir (et un plaisir) de transmettre au rectorat les protestations de son conseil d'arrondissement. » L'article du *Monde* cite Hélène Ahrweiler, rectrice de l'académie de Paris, interpellée par les familles discriminées : « C'est vrai, il y a des dérogations, mais comment dire non à un ministre ou à un ambassadeur [2] ? » Comment dire non, pareillement, à l'épouse du plus célèbre otage de France ?

Bien que surreprésentés, les filles et fils de célébrités se fondent dans la majorité silencieuse surtout formée d'enfants d'enseignants, de cadres, de médecins, d'avocats, de salariés de l'édition et autres professionnels du monde de la culture. Le Vᵉ arrondissement, alors, n'est pas encore le bastion de la bourgeoisie d'argent qui finira par homogénéiser le quartier deux décennies plus tard. Sa population hésite entre la bohème et le portefeuille d'actions, l'Ardèche et la Côte d'Azur, la lecture de Gilles Deleuze et les éditos de Claude Imbert. Il y a même, au collège, des filles et fils d'artisans, de peintres en bâtiment, sans oublier le quota d'élèves d'origine portugaise dont les parents officient comme gardiens d'immeuble. La plupart ne passeront pas le barrage de l'entrée en seconde au lycée Henri-IV, envoyés se faire voir ailleurs pour cause de moyenne générale insuffisante.

Dans le sud de l'arrondissement, entre Censier-Daubenton et gare d'Austerlitz, les Gobelins et La Pitié-Salpêtrière, la note est plus populaire, les ensembles récents plus nombreux, l'ambiance moins bon genre qu'aux abords du Luxembourg et du Panthéon. Tous ces quartiers du Vᵉ envoient leurs lots de collégiens à « H-IV », comme on l'appelle. Ce syncrétisme invite à nuancer la réputation d'entre-soi pour happy few attachée à l'établissement. Le nouveau que je suis n'en mesure pas moins le gouffre entre cet univers et l'architecture bétonnée, collée au périph, triste comme un filtre à air, de la cité scolaire François-Villon.

Curieusement, ma mère n'a conservé dans ses papiers que la documentation envoyée par la PEEP, elle qui, pendant mon année de 6e à Villon, était pourtant déléguée de la FCPE. PEEP : fédération prétendument apolitique des parents d'élèves de l'enseignement public. En l'espèce, la grande méchante droite sortie du bois un an et demi plus tôt lors des manifs contre la loi Savary. FCPE : la famille politique de Joëlle Kauffmann, repaire de socialistes et occasion pour elle de renouer avec moult relations pré- et post-soixante-huitardes.

Les parents de la PEEP habitent plutôt la partie nord de l'arrondissement, près du Panthéon. Dans ma classe, leurs enfants s'appellent Guillaume, Ludivine, les jumeaux Hubert et Frédéric – sages comme les plis de leurs pantalons à carreaux. De ces élèves, on ne voit jamais les pères, quand l'engeance des mères, omniprésente, semble toujours rôder dans les couloirs ou à la sortie des classes. Patriciennes formalistes et enquiquineuses, fort attachées à leur petit coin de quartier, à la bonne marche du collège, au sapin de Noël organisé par Xavière et Jean Tiberi, moment il est vrai toujours sympathique, elles forment le clan des rombières en camaïeu qui se félicitent de voir leur progéniture partager les mêmes bancs que tel ou tel fils de ministre, tout en maugréant contre la part faite aux pistonnés. Leur philosophie se trouve résumée dans une brochure conservée dans les archives landaises : « Parents, [...] si vous considérez comme fondamental le rôle de la famille, si vous refusez toute politisation de l'école, si vous voulez un service public d'enseignement qui soit performant, votre place est à la PEEP. Pour un enseignement de qualité qui donne le sens de l'effort. »

Pour les nouveaux, le cours de M. Corbiot, professeur de musique, figure l'un des principaux rites de passage. Dans la chaleur du collectif et la joie mauvaise qui préside au grand défouloir des élèves. D'un côté, un maître qui tonitrue et frappe comme à coups de marteau les touches de son piano. Râblé, d'encolure puissante, vêtu d'un inusable complet noir couvert de pellicules, de salissures, il postillonne, écume, bajoues tremblantes, lèvres spumeuses. Le regard éteint semble tourné vers quelque drame intérieur, quelque blessure privée dont tous les élèves se moquent comme de leurs dernières Burlington. En face de lui, les aboiements de trente voix au seuil de la mue, lancées à chaque exercice de chant dans un concours à qui beuglera le plus fort. Quand il va et vient entre les travées, le dos de son costume essuie crachats, jets d'encre, giclées de Tipp-Ex et autres liquides volants. Même à François-Villon, qui avait de quoi en remontrer aux autres collèges sur ce chapitre, jamais pareil souk, jamais pareil déchaînement de folie furieuse ne m'avait été donné à voir et à entendre. Surtout à entendre, car on sort toujours de cette salle de classe les tympans sifflants.

Ce pauvre dos, déjà courbé par l'âge alors qu'il n'a que cinquante-cinq ans, ce vieux veston souillé, le naufrage de ce corps qui gronde et pantèle sont offerts comme au zoo à l'assemblée des collégiens rigolards. M. Corbiot ne reste pas sans réagir. Naseaux en avant tel un bœuf à l'attaque, il charge les lanceurs de salive, traque les élèves qui se cachent sous les tables ou derrière le placard, leur colle des observations (trois observations = un avertissement ; trois avertissements = deux jours d'exclusion). J'ai retrouvé l'une d'entre elles, rédigée à mon nom : « Dérange le cours en faisant du bruit pendant un exercice, interrompant continuellement le professeur sur Beethoven. » Mais que représentaient une simple observation, et même plusieurs, en comparaison du grand frisson de plaisir et de transgression un peu lâche éprouvé durant le cours de M. Corbiot ? J'y prenais ma part avec euphorie.

Bien des légendes couraient sur son compte. On brodait sur un prétendu séjour du professeur dans un hôpital psychiatrique ; on le disait veuf, à jamais traumatisé par la disparition des siens dans un accident de la route. On racontait aussi que chaque année, lors du concert de chant choral réunissant sous sa direction les élèves du lycée, il pleurait d'émotion. Sa page Wikipédia m'apprend qu'Olivier Corbiot, décédé en 2016 à l'âge de quatre-vingt-six ans, était un mélomane passionné, élève du grand musicologue Jacques Chailley, proche dans sa jeunesse des compositeurs Olivier Messiaen et Henri Dutilleux. Auteur de nombreux articles érudits publiés dans *L'Éducation musicale*, il manifestait une curiosité et un éclectisme qui le portaient à explorer autant la musique grégorienne que l'œuvre d'un Béla Bartók ou d'un Pierre Boulez. Olivier Corbiot fut aussi un organiste accompli, participant à des concerts de musique de chambre.

Que l'Éducation nationale ait pu le laisser sombrer au milieu de jeunes squales qui, d'année en année, depuis les mêmes bancs de la classe de musique, répétaient encore et encore leurs assauts, que ce monsieur ergotant et fragile, replié sur son for intérieur, ses partitions secrètes, fût ainsi esquinté sans réaction venue d'en haut constitue à la fois une énigme et un scandale. Olivier Corbiot avait eu une autre vie. Datée de 1961, une photo de classe nous le montre dans la cour du lycée Henri-IV, déjà. Posant au milieu d'élèves de 3e, il éclate de jeunesse triomphante, l'œil malicieux, portant beau sous sa haute tignasse brune. Un brin dandy, tel qu'on pourrait alors imaginer les habitués du Tabou et autres clubs jazzy de Saint-Germain-des-Prés.

Le collège est tenu en main par trois Corses au caractère chatouilleux. MM. Escamilla, censeur-directeur, Filiberti, conseiller principal d'éducation, Carlotti, un rang au-dessous du précédent. Ils me mettent la pression ; je les déteste. Pour un rien, Carlotti m'envoie des coups de pied au derrière, sale bête. Il ne quitte jamais son sac Prisunic jaune canari qui détiendrait, aux dires des 3e, les manuscrits de romans lestes publiés sous pseudonyme. Aucun professeur n'est sympa, excepté la jeune Valérie Deheuvels, traits de porcelaine, brune, diaphane, qui enseigne le français, et Joëlle Gallois pour l'histoire-géo – elle appartient à la génération de mes parents, ressemble à leurs amis de gauche, me materne.

Le collège est situé côté piscine, en surplomb du terrain de sport et de la cour du Méridien. Nous sommes en hauteur ; le lycée se trouve ainsi à nos pieds, tout en voûtes romanes, jardins d'agrément, escaliers Renaissance gardés par les statues des prophètes de l'Ancien Testament. Concrètement, la frontière entre les deux est poreuse. Nos cours de physique, de sciences naturelles, les séances de gymnastique ont tous lieu dans le périmètre du lycée. De la 6e à la terminale, tous les élèves partagent le même réfectoire, verrue moderne plantée entre la cour Clovis et la rue Descartes. À toute heure, disséminés en meutes jappantes dans les couloirs, les petits du collège se mêlent ainsi aux grands du lycée.

Un autre rite de passage consiste à traiter de tous les noms ceux que nous appelons les « cyrards », en l'espèce les candidats au titre de saint-cyriens venus faire leur prépa à Henri-IV. Ils portent cheveux ras et uniforme, arborent des mollets puissants en cours de sport. Autant de « fachos » houspillés par les collégiens quand ils font leur footing dans la cour du Méridien.

Les apprentis officiers apprécient peu les badges « Touche pas à mon pote ».

23

LE DIAMANT

Entre l'hégire et l'Achoura. Soit, selon le calendrier islamique, entre le 15 et le 25 septembre 1985. À supposer qu'Israël ait préalablement vidé la prison d'Atlit de son dernier détenu libanais, c'est entre ces deux dates qu'en vertu du deal conclu entre Amal et le Hezbollah, Jean-Paul Kauffmann et Michel Seurat devraient logiquement reparaître à l'air libre. Les familles se raccrochent à cette petite lueur. « Comment leur en vouloir d'espérer, même si l'analyse et la froide raison leur donnaient, par avance, tort », résumera Marc Kravetz au terme du compte à rebours [1]. Vieux copain de mon père et animateur de *Résistances*, l'émission d'Antenne 2 dédiée aux droits de l'homme, Bernard Langlois avait ouvert son numéro de rentrée par un constat pessimiste. « Qui peut les libérer ? Moi, moi, dit Nabih Berri [...], comptez sur moi, et buvez de l'eau fraîche. Moi, moi, dit je ne sais quel ayatollah confit de dévotion, comptez sur moi, et invoquez Allah tout-puissant. Moi, moi, dit le maître de la Syrie, le grand Hafez el-Assad qui, dit-on, fait au Liban la pluie et le beau temps, comptez sur moi. Et nous, nous comptons les jours. [...] Difficile d'imaginer situation plus pourrie [2]. »

Le 10 septembre 1985, toutes les chaînes de télé avaient diffusé les images des derniers convois en partance de la prison israélienne d'Atlit, direction la frontière libanaise. Les chiites libérés pourraient commémorer l'Achoura en famille. 26 septembre : l'Achoura, c'était hier. Les otages français au Liban n'ont toujours pas été libérés. À compter de cette date, dans la chronologie tenue par les Amis de Jean-Paul Kauffmann à destination des médias, une mention figure dans la marge : « Le trou noir. »

Qu'en est-il des tractations diplomatiques sur l'affaire des otages ? Qui parle avec qui ? Où, quand ? De la réalité des enchères en cours, ma mère ne sait rien ou presque. Le froid calcul, la compétition pour la puissance qui commande les relations entre États, a fortiori lorsque des acteurs non étatiques, comme les groupes terroristes, s'invitent dans la partie, exigent leur part de secret et de leurre. Les rares infos qui filtrent ne sont peut-être que des écrans de fumée. Derrière la scène, comment soupeser le rôle tenu par les différents « services », DGSE, DST, officines plus ou moins barbouzardes, intermédiaires peu ou prou mandatés, faux kamikazes, vrais fusibles, agents infiltrés, grillés, retournés et autre menu fretin des guerres de l'ombre ? Tout ce petit monde qui grouille sous la surface composera la toile de fond du roman de Henri Lœvenbruck *J'irai tuer pour vous*[3]. Véritable *page turner*, documenté à de bonnes sources, ce thriller d'espionnage sur l'affaire des otages donne un aperçu des mondes parallèles qui actionnent leurs ficelles invisibles de Paris à Damas, de Beyrouth à Téhéran. Arcanes que ni ma mère ni la plupart des journalistes ne sauraient pénétrer.

Ainsi, qui est au juste l'obligeant Dr Razah Raad, cardiologue d'origine libanaise établi en France où il possède, dans l'Orne, château et écuries, à la fois proche des réseaux de Roland Dumas et du RPR ? Il tourbillonne d'hôtels internationaux en antichambres d'ambassade, court plateaux de télé et dîners d'affaires, saute d'un avion à l'autre pour rencontrer, un jour, de mystérieux intermédiaires dans la plaine de la Bekaa, fief de sa famille, et honorer le lendemain une réunion à l'hôtel de ville d'Argentan. Il faut préciser que le bon docteur y est adjoint au maire. D'un voyage « purement humanitaire et privé » à Beyrouth [4], Razah Raad avait rapporté, début septembre, deux lettres de Marcel Carton et Marcel Fontaine.

Suivront d'autres missions plus ou moins chaperonnées par le gouvernement français, sans autre résultat cette fois-ci que de vagues promesses de contact et de non moins incertaines « "palabres" à l'orientale », pour reprendre les termes d'Edwy Plenel dans *Le Monde* [5]. Ses rendez-vous avec ma mère et Cantal, Razah Raad les fixe au bar de l'hôtel Lutetia [6]. Quelle partition joue-t-il exactement ? Lui-même le sait-il ? Est-il manipulé ? Explication plus prosaïque, le Dr Raad chercherait-il à faire parler de lui alors que débutera bientôt la campagne des législatives ? Ne s'apprête-t-il pas à conduire une liste divers droite dans la troisième circonscription de l'Orne ? Quelles que soient ses motivations, la cellule antiterroriste de l'Élysée a jugé bon de placer le personnage sur écoute [7].

Entre intox et rumeurs, miroir aux alouettes, faux-fuyants, demi-confidences et autres bonnes paroles servies aux familles par le Quai d'Orsay, une vérité néanmoins commence à se faire jour. Il faut attendre l'automne 1985 pour que Cantal-Dupart et ma mère finissent par intérioriser cette donnée liminaire de géopolitique, à la fois simple et compliquée, susceptible d'ajustements mais dont les grandes lignes, jusqu'au dénouement de la crise des otages en 1988, resteront inchangées : bien davantage qu'entre les mains du mouvement Amal ou de la Syrie, la solution du problème se trouve à Téhéran, comme le répète d'ailleurs Razah Raad à chacun de ses retours de mission, et comme l'avait suggéré Michel Seurat lors de sa visite à Mary en août 1985. Derrière le Jihad islamique, le Hezbollah, derrière le Hezbollah, le pouvoir des mollahs iraniens, qui financent et pourvoient ces milices en armes, instructeurs, prédicateurs et supports de propagande.

Il est vrai que Téhéran nourrit de nombreux griefs envers Paris. Guerre Iran-Irak, d'abord. La France est l'alliée du régime de Saddam Hussein. Missiles Exocet, Super-Étendard, Mirage F1, les livraisons à destination de l'Irak font le bonheur des industriels de l'armement, Marcel Dassault en tête. Dette Eurodif, ensuite. Avant la révolution khomeiniste en 1979, le shah d'Iran avait consenti un prêt d'un milliard de dollars à la France pour financer la construction d'une usine d'enrichissement de l'uranium. Téhéran exige aujourd'hui d'être remboursé, en comptant le paiement des intérêts qui s'élèvent à quelque 300 millions de dollars. Membres du commando Naccache, enfin, condamnés en France pour les meurtres commis lors de l'attentat manqué contre Chapour Bakhtiar, l'ancien Premier ministre du shah d'Iran.

Dans ce bras de fer qui l'oppose à la France, la République islamique dispose désormais d'un atout maître : le sort des quatre otages français détenus à Beyrouth par le Hezbollah, quand bien même Téhéran prétend ne pas connaître les ravisseurs.

Lapidaire, le président de la Ligue libanaise des droits de l'homme avait indiscutablement résumé la situation dans un télex envoyé à Joëlle Kauffmann le 9 septembre 1985 : « VOTRE MARI N'EST PAS DÉTENU PAR LE LIBAN NI PAR DES LIBANAIS AUTHENTIQUES CEUX QUI LE DÉTIENNENT DÉPENDENT DIRECTEMENT D'UN CONSORTIUM RÉVOLUTIONNAIRE À LA TÊTE DUQUEL SE TROUVE L'IRAN SI VOUS VOULEZ LIBÉRER VOTRE MARI ESSAYEZ DE CONTACTER L'IRAN QUI DÉTIENT

LA CLÉ DU PROBLÈME ET PLUS SPÉCIALEMENT MONSIEUR RAFSANDJANI QUI GOUVERNE CE PAYS ET QUI DÉTIENT LA DÉCISION DE SA LIBÉRATION TOUTES AUTRES DÉMARCHES RESTE INUTILE [*SIC*] ET UNE PERTE DE TEMPS [8]. »

À la fin du mois de septembre 1985, le groupe Dassault annonce la vente de vingt-quatre nouveaux Mirage F1 à l'Irak. Vingt-quatre modèles tout neufs du chasseur supersonique, armé de missiles air-air Magic ou Super 530 produits par la société Matra, autre fleuron de l'aéronautique tricolore. L'Iran appréciera. *Le Canard enchaîné*, 2 octobre 1985 : « Après un aussi beau marché, ce n'est pas dans quelques jours, incessamment, que les otages reviendront. Les chances de retour sont renvoyées à perpète. [...] Le réalisme économique vient de se montrer pour ce qu'il est : un franchement salaud qui n'hésite pas [9]. »

Depuis qu'ils sont en âge de reconnaître, sur une affiche électorale, le sourire prédateur de la vieille droite, du gros argent, ma mère et ses copains vouent une franche détestation à Marcel Dassault et à ses semblables, industriels à rosette, huiles de Rotary Club. Selon une confidence – peut-être douteuse – de Joëlle Kauffmann à *L'Humanité*, Dassault se serait « déjà trouvé sur son chemin » à l'époque de la lutte pour la contraception et le droit à l'avortement. « Marcel Dassault qui, elle en est persuadée, porte une lourde responsabilité dans la non-libération des otages français de Beyrouth [...]. La logique des marchands de canons. La même logique qui lui faisait, il y a dix ans, acheter des pages entières de journaux pour combattre l'avortement. Tout se tient [10]. »

Alors, puisque l'Iran détiendrait la clé du problème, ma mère s'adresse à l'Iran. Remplit une demande de visa pour rencontrer, à Téhéran, l'ayatollah Montazeri, dauphin présumé de Khomeini. Dévore les ouvrages sur le régime des mollahs. Arrache un rendez-vous avec Ali Reza Moayeri, le chargé d'affaires iranien à Paris. Écrit enfin, via l'ambassade, au Guide suprême de la République islamique, qui ne lui accusera pas réception : « Au nom de Dieu, bonjour à l'ayatollah Khomeini. Vous priant de prendre en considération cette lettre d'une mère et d'une épouse désemparée, je vous implore de tenter tout ce qui est en votre pouvoir pour aider à la libération de mon époux et père de mes deux fils. [...] Je sais que là-bas, au Liban, vous êtes respecté. Je sais aussi que vous avez souffert l'exil et les prisons. Je sais que vous êtes juste et qu'au-delà de tout ce qui sépare nos deux cultures et nos deux pays, vous saurez aider ma famille, car j'ai besoin de la présence de mon mari, moralement. Coupable en rien, il est innocent et doit donc être libre. »

Plus loin dans la lettre, Joëlle Kauffmann prétend avoir participé avec mon père, durant l'exil de Khomeini en France, à une manifestation « réclamant le départ du Shah pour le bonheur du peuple iranien ». Ce qui est pure invention. Jean-Paul Kauffmann, précise enfin ma mère, est « un journaliste qui a toujours défendu la cause arabe, ses écrits en témoignent, aidez-le. Espérant que vous ramènerez la paix dans ma famille, veuillez, Excellence, recevoir l'expression de mon profond respect [11]. »

C'est à l'ambassade d'Iran, de la bouche d'un diplomate de vingt-cinq ans nommé Wahid Gordji [12], que Joëlle Kauffmann se serait à peu près entendu dire, un jour d'octobre 1985 : « Vous avez eu tort. Votre mari, c'était personne, on pouvait l'échanger contre un plat de lentilles. Maintenant, vous en avez fait un diamant et c'est plus cher [13]. » Cette petite musique, ma mère en saisit aussi les arpèges lors de ses échanges acides avec Roland Dumas, voire au sein même du comité, où certains soldats de la première heure, gagnés par le scepticisme face à la stratégie du pilonnage médiatique, se retirent sur la pointe des pieds. Même notre voisine de la villa Jamot, Mme Falcimagne, ennemie des « néo-bourgeois » qui peuplent notre allée, estime que ma mère en fait trop.

À mesure que s'enlise le dossier des otages, la question, lancinante, finit par semer le doute dans les salles de rédaction. En définitive, la discrétion n'eût-elle pas été meilleure conseillère ? Parler, n'est-ce pas faire le jeu des ravisseurs ? Élever les enchères ? Prendre le risque d'obstruer les voies éprouvées de la diplomatie ? Si les négociations patinent, la faute n'en revient-elle pas au raffut des pétitions, interviews, suppliques, manifs, soirées-spectacles et autres meetings mis en branle par Joëlle Kauffmann et son comité ?

La critique peut s'entendre, convient l'intéressée. « Des doutes ? Joëlle Kauffmann en a, bien sûr, depuis l'enlèvement de son mari. Fallait-il parler ou se taire, faire du tapage ou se montrer discret ? » interroge le journaliste de *La Vie* qui signe son portrait en novembre 1985 [14]. Mais comment dévier, sans se déjuger, de la ligne fixée avec Cantal au soir du 27 mai ? Lutter pied à pied contre l'oubli, maintenir l'opinion en alerte, battre encore et encore le rappel des médias, c'est toute la raison d'être du comité de soutien, le combustible qui pousse Joëlle Kauffmann en avant, fédère autour d'elle les dévouements, donne aujourd'hui un sens à sa vie. « Plus rien ne m'intéresse à part cette affaire, c'est comme une névrose obsessionnelle. Je ne suis bien qu'avec les gens du comité de soutien, noyau de copains qui ne parlent que de ça [15]. » Elle confesse aussi dans une lettre à mon père : « Je ne suis bien qu'ici dans le cocon du comité [16]. »

Et toute cette énergie dépensée n'aurait servi à rien ? Pire, même, le comité aurait contribué au blocage des négociations ? Céder d'un pouce aux partisans de la retenue, du silence, serait engager une remise en cause telle que s'écroulerait tout l'édifice élevé cahin-caha par Cantal et ma mère depuis six mois. Rentrer dans la pénombre, se taire, serait renvoyer Joëlle Kauffmann à un tête-à-tête insupportable avec la résignation, avec le vide. « Je suis une battante dans la vie et en général une gagnante. [...] À ce stade, ce n'est plus du courage, c'est de la rage. Ça vient de là. C'est violent [17]... » Médiatiser le sort des otages, elle en convient, c'est en effet prendre le risque d'en faire monter le prix. En battant la grosse caisse, ne retarde-t-on pas le jour de leur libération ? Mais plus le prix est élevé, plus la marchandise est précieuse. Parler des otages, faire parler d'eux, c'est d'abord et surtout protéger leur vie. « Un diamant, ça ne se jette pas à la poubelle », répète ma mère [18].

Elle a renoncé aux consultations de son cabinet médical. « Ses anciennes patientes ont bien du mal à lui exposer leurs problèmes : "Ça doit vous paraître bien dérisoire ce que je vous raconte", lui disent-elles. Et celles qui prennent par hasard rendez-vous avec Joëlle Brunerie ont à chaque fois un choc lorsqu'elle ouvre la porte de sa salle de consultation. » Vue à la télé, l'épouse Kauffmann a éclipsé le Dr Brunerie. « Ça change complètement la relation médecin-patient. Certaines se mettent à pleurer en me regardant. Je craque. De toute façon, je n'arrive pas à me concentrer, et c'est un métier qui demande beaucoup d'attention. Il faut être tout le temps à l'écoute, et maintenant j'en suis totalement incapable [19]. » Encouragée par l'ami René Frydman, elle conserve néanmoins son activité de gynéco à l'hôpital Antoine-Béclère, deux matinées par semaine, les mercredi et vendredi. « C'était plus facile, car j'avais une blouse et qu'il y avait écrit dessus "Joëlle Brunerie" [20]. »

Dans son cabinet de l'avenue Félix-Faure (XVe arrondissement), les amies gynécos ont pris la relève. Pour compléter la paie de mon père, les journalistes de *L'Événement du jeudi* reversent 1 % de leur salaire. Il y a aussi les dons. L'immense majorité d'entre eux, libellés à l'ordre du comité, financent l'action militante. Mais les amis sont nombreux qui apportent une aide discrète à notre famille. Parmi eux, René Frydman, le peintre Alfred Manessier, camarade de jeunesse de mon grand-père Brunerie, le dessinateur Jean-Jacques Sempé, un ami de mon père.

De même les propriétaires viticoles du Bordelais, Jean-Michel Cazes, André Lurton, Alexandre de Lur Saluces... Le 22 septembre 1985, sous la présidence de Chaban-Delmas, une soirée de soutien est organisée à l'hôtel de ville de Bordeaux pour offrir à son retour une cave à l'ancien rédacteur en chef de *L'Amateur de Bordeaux*. *Libération* raconte : « Oubliant le temps d'une soirée les querelles de parcelles et les rivalités d'appellations, ils sont arrivés du Médoc, de Sauternes, de Saint-Émilion, de Pomerol, de Margaux, de Saint-Julien, propriétaires de châteaux réputés et syndicats de viticulteurs mélangés, pour déposer chacun une bouteille sur la table dressée sur une estrade. [...] À son retour de Beyrouth, Jean-Paul Kauffmann pourra ainsi déguster un Château Chasse-Spleen 1978, un Léoville Las Cases 1977, un Château Lalande 1979 et une foule d'autres crus souvent du millésime 1982 qui, comme chacun sait, ne fut pas une mauvaise année [21]. »

À la maison, au quotidien, l'enlèvement de mon père n'entraîne aucune privation matérielle. Dans son rythme lent, la vie d'avant semblait presque moins dispendieuse. L'habitude s'installe ainsi de prendre les repas dehors. Dans les brasseries du VIe arrondissement avec le comité, ou tous les trois, à la pizzeria tristounette qui fait l'angle de la rue Didot et de la villa Duthy. Ma mère, qui n'a jamais été un cordon-bleu, n'a plus le cœur à fricoter.

Idem pour le petit déjeuner. Finis les pamplemousses pressés et les bols de Cruesli en famille. Un crédit est ouvert à la boulangerie du coin. J'y attrape mon pain au chocolat et ma canette d'Oasis avant de sauter dans le 58. Au mépris des recommandations alimentaires de la PEEP d'Henri-IV, qui avertit en 1985 dans sa brochure de rentrée : « Trois aliments essentiels : laitage, pain ou céréales, protéines. Un petit déjeuner complet permet de passer une bonne journée sans fatigue ni "creux" de 11 heures, de prendre un repas moins lourd et copieux à midi et évite la prise de poids, en assurant une répartition équilibrée des aliments [22]. » Ventre creux, tête vide !

De son côté, Michel Cantal-Dupart joue d'ubiquité entre les réunions sur la péniche, l'agence de la rue de Savoie et l'annexe de Matignon qui héberge Banlieues 89. Le président des Amis de Jean-Paul Kauffmann a connu une rentrée mouvementée, aux prises avec les « TUC » préposés à la rénovation du fort de Champigny. TUC, pour travaux d'utilité collective, ancêtre des emplois jeunes et autres contrats de travail précaires inventés par le gouvernement socialiste. Acronyme emblématique des années 1980, comme le vocable de « nouveaux pauvres », le terme s'est imposé dans le langage courant sur fond d'explosion du chômage, de rigueur salariale et d'allègement de la fiscalité pour les patrons. Deux heures durant, Cantal sera retenu dans son bureau de Champigny par les TUC en grève appuyés par la CGT du Val-de-Marne. L'intervention des CRS sera évitée de justesse.

« Cantal-Dupart otage des TUC », ironisera *Libération* le 7 septembre 1985.

24

GAGNER

« Avec Mitterrand, la France qui gagne » : le slogan s'étale en lettres indigo sur les banderoles hissées par les militants socialistes. Il fait accueil au convoi présidentiel qui va bon train sur les routes du Trégor. Rétrospectivement, le rapprochement s'impose avec le titre du premier livre de Bernard Tapie, *Gagner*. Best-seller du printemps 1986, il s'écoulera à plus de 150 000 exemplaires. La métaphore sportive, l'extase de vaincre disent un air du temps. En l'espèce, les communicants de l'Élysée ont utilisé un vieux pot. « La France qui gagne », c'était déjà le slogan, soufflé par Jean-Michel Goudard, de Jacques Chirac aux législatives de 1978. Longtemps propriété de la droite, le culte des premiers de cordée a conquis la gauche. La France n'est plus cette « société solidaire » dressée contre « l'exploitation de l'homme par l'homme », mantra du candidat socialiste au temps du Programme commun, mais un corps qui performe, une équipe qui se bat pour marquer des buts. Avant les élections législatives de mars 1986, pour son dernier grand déplacement « en région », comme il était déjà d'usage de le dire, François Mitterrand a donc choisi la Bretagne. Il pleut.

Au menu, ce 7 octobre 1985, la visite des installations ultramodernes de la coopérative de Lamballe, première unité française d'abattage et de conditionnement de porc. Une entreprise qui s'offre le luxe de vendre des jambons de Parme à l'Italie et du bacon à l'Angleterre. « Excellente occasion, pour le chef de l'État, de rendre hommage au dynamisme de la France qui gagne », surligne France Inter [1]. Accueilli à Saint-Brieuc au son du « Liberty Bells » exécuté par la fanfare municipale, le Président improvise un aparté avec les journalistes. « Oui, il faut gagner. Oui, il faut être du côté de ceux qui gagnent. Si on ne fait pas cet effort, que deviendra la France, que deviendrons-nous ? » Cap sur Retiers, fief des établissements Bridel. L'usine débite chaque jour quelque 250 000 camemberts. Guidé par le président-directeur général du groupe, Émile Bridel, François Mitterrand s'enquiert du fonctionnement des plateaux d'égouttage. Arrivé au bout de la chaîne automatique, il soupèse un fromage tout frais.

À chacune de ses étapes en Bretagne, tenus à bonne distance par les CRS, des militants du Parti communiste et de la CGT l'accueillent aux cris de « Mitterrand trahison », « Pas de promesses, du boulot ». Leurs troupes sont « maigrelettes », indique *Le Figaro*. « On voudrait presque leur prêter du monde », provoque le Président. « Cela m'ennuie d'entendre des braves gens s'égosiller pour rien du tout. » Aux nostalgiques de Maurice Thorez qui récitent leur catéchisme anti-patronal en agitant des drapeaux rouges, François Mitterrand livre une leçon de réalisme et un avertissement : « On ne peut pas s'accrocher simplement aux forces désuètes du travail et de la production. C'est notre capacité de développement et d'adaptation qui fera la grandeur de la France. Ceux qui ne veulent pas le comprendre seront écartés par la rigueur des temps [2]. »

Quittant l'usine Bridel peu avant 17 heures, le Président doit rejoindre Rennes en hélicoptère. La soirée s'annonce chargée : entretien avec les journalistes de FR3 Bretagne, réception à l'hôtel de ville, dîner officiel. Entre les deux étapes, le crochet par Corps-Nuds n'était pas inscrit au programme. C'est dans cette commune de 2 000 âmes que vivent mes grands-parents, Odette et Marcel Kauffmann, anciens boulangers-pâtissiers. Paisibles retraités abonnés à *La Vie*, cultivant laitues et carottes dans le jardin qui surplombe leur maison, boulevard de la Gare, pépé et mémé, surtout mémé, vouent une adoration à leurs petits-enfants. As des mots croisés et du bricolage, Marcel Kauffmann joue à la belote, bourre sa pipe de Scaferlati Caporal et ne louperait sous aucun prétexte *Des chiffres et des lettres.* « Il a les joues impeccablement rasées et cette odeur de savon à barbe des hommes des anciennes générations », dira de mon grand-père Frédéric H. Fajardie. Odette est douce et plaintive, caustique, secrète. Ses bisous-ventouses sentent la crème hydratante. L'un de ses plus grands plaisirs consiste à m'entendre dire du mal d'Imelda.

Depuis qu'un certain 22 mai 1985, le malheur est venu frapper à leur porte, mes grands-parents sont complètement perdus. Marcel « colle des coupures de journaux et les photos de Jean-Paul sur de grands panneaux et ajoute des commentaires ! » relève, un brin moqueuse, Imelda de passage à Corps-Nuds [3]. Ils débarquent quelquefois rue Didot, hagards, la boule au ventre. Ces visites sont souvent synonymes de crise – communiqués de l'Organisation du Jihad islamique, menaces de mort sur les otages, réunions d'urgence au Quai d'Orsay… Ils étalent leurs effets dans le salon et repartent aussi vite qu'ils sont arrivés. Il y a parfois des clashs avec ma mère. Tout le monde est sur les nerfs.

À 17 h 15, l'hélicoptère présidentiel se pose sur le terrain de foot du complexe sportif de Corps-Nuds. L'y attend une voiture à bord de laquelle monte aussi Gérard Kauffmann, ce même oncle qui avait, durant l'été, convaincu la direction d'Unico d'organiser une pétition en faveur des otages. « Assis à l'arrière avec le Président, je l'ai emmené au domicile familial », dira-t-il [4]. « Bouleversant le programme établi », François Mitterrand est « arrivé pratiquement seul, sans sa suite », soulignera l'Élysée [5].

Prévenus la veille par le préfet de région, mes grands-parents se sont engagés à tenir leur langue. Après coup, la petite entorse à l'agenda officiel fera tout de même l'objet d'un communiqué de la Présidence. François Mitterrand, mentionne ce document, « a indiqué d'entrée qu'il connaissait personnellement Jean-Paul, qu'il avait eu l'occasion de le rencontrer en 1981 à Château-Chinon au moment de l'élection présidentielle [6] ». Difficile de faire la part, sur ce point, entre la réalité des souvenirs présidentiels et le travail de préparation mené par son cabinet. En amont de l'étape cornusienne, quelque conseiller s'est peut-être avisé que Jean-Paul Kauffmann était présent, en effet, le 10 mai 1981 à l'hôtel du Vieux-Morvan, missionné par *Le Matin de Paris* pour couvrir, au plus près du candidat socialiste, le résultat du second tour. Mon père et le presque Président avaient alors échangé sur les caprices de la météo [7].

François Mitterrand assure avoir cru, lui aussi, que Jean-Paul Kauffmann et ses compagnons d'infortune seraient libérés en même temps que le dernier prisonnier d'Atlit. Dans ce dossier ô combien épineux, douloureux, les contacts avec la Syrie sont précieux, de même que les relations avec Téhéran, moins difficiles qu'on veut bien le dire. La France agit sur le plan diplomatique. Ne croyez pas que nous restons à ne rien faire. Tels seront en substance les propos servis à mes grands-parents par le président de la République. Comme en témoignent les photos, il s'est installé dans le gros fauteuil au creux duquel Alex et moi passons le plus clair du temps lors de nos vacances à Corps-Nuds, avachis devant *Zora la rousse* et *Les Mystérieuses Cités d'or*.

Marcel Kauffmann ose une question sur la vente des avions Mirage à Saddam Hussein. Aux yeux des ravisseurs, ce nouveau marché ne risque-t-il pas d'être interprété comme une provocation ? En réponse, « le Président a fait l'historique des contrats de ventes d'armes à l'Irak, contrats anciens conclus en 1976 et qu'il se contentait d'honorer avec une certaine discrétion. Il a reconnu "la maladresse" commise par M. Dassault auquel il a reproché son "insensibilité" dans une telle situation, expliquant qu'il aurait pu attendre quelques jours avant de rendre publique la nouvelle de la vente de nouveaux avions ». Pour finir, le communiqué de l'Élysée résume les leçons à retenir de la visite présidentielle : « pas de révélation mais geste symbolique important ; confiance raisonnée ; mais patience, prudence même ». La présence du grand homme dans le salon de mes grands-parents aura duré quinze minutes. *Ouest-France* : « Les yeux rougis, Mme Kauffmann insiste : "Il a été très cordial, très compréhensif." [8] »

Le lendemain, à Lorient, pour la dernière étape de sa tournée bretonne, les élus communistes boycotteront la réception organisée par le député-maire de la ville, Jean-Yves Le Drian. Pendant ce temps, cours de Chazelle, les sapeurs-pompiers de la CGT manifestent au son du biniou. Ils réclament la revalorisation de leurs primes de feu, la hausse des salaires, des effectifs... Des barrières volent ; les CRS chargent. Bilan, cinquante-cinq blessés. En représailles, Jean-Yves Le Drian obtiendra du ministre de l'Intérieur, Pierre Joxe, un arrêté de dissolution du corps des soldats du feu lorientais.

Volant au secours des pompiers cégétistes, *L'Humanité* du 13 octobre s'en prend vivement au Président socialiste. François Mitterrand, fulmine le quotidien communiste, « a traité avec un mépris monarchique les salariés qui osaient manifester sur son passage [9] ».

25

CRI D'UNE FEMME, IL FUT POIGNANT

« C'est la chierie. » Si elle semble en effet adaptée au dossier des otages, la formule, tombée de la bouche de Valéry Giscard d'Estaing, surprend. Michel Cantal-Dupart et ma mère ont-ils bien entendu ? Reçus par l'ancien Président dans son hôtel particulier du XVIe arrondissement, rue Benouville, les deux amis ont été invités à s'asseoir sur des fauteuils Empire tendus de housses. De sa voix grave, lente, leur hôte disserte en un français qui brille comme un diamant, soigne ses liaisons, cisèle avec amour ses subjonctifs, jusqu'à céder soudain à cet idiome de corps de garde, « c'est la chierie », répété une fois, deux fois, trois fois. Le tandem finit par comprendre. Le chuintement giscardien a prêté à confusion. Il fallait entendre : « C'est la Syrie. » Sur la péniche, l'anecdote suscitera une franche hilarité, les occasions n'étant pas rares, pour la petite confrérie, de s'en payer une bonne, au diapason de la jovialité cantalienne et du tempérament de ma mère, qui n'aime rien moins que larmoyer.

Commencé durant l'été 1985, le marathon des rendez-vous avec les représentants politiques de tout bord se poursuit au cours de l'automne. Que chacun, au-delà des clivages partisans, s'engage pour la libération des otages. Que tous usent de leur influence pour que soit mis fin au scandale de l'innocence bafouée, celle de citoyens français dont le martyre oblige la communauté nationale tout entière. Que la foire d'empoigne entre partis et son lot d'intrigues, de coups bas, s'arrêtent là où commence l'affaire de Jean-Paul Kauffmann et des autres, le temps d'une trêve, le temps d'un sursaut, le temps de faire, pour eux, l'union sacrée – à ce terme, ma mère préfère sans surprise celui de « consensus politique ».

À la veille d'une campagne électorale qui s'annonce féroce – les législatives auront lieu en mars 1986 –, c'est à faire passer ce message que Joëlle Kauffmann et Cantal-Dupart s'emploient au fil de ces rencontres au sommet. Avec VGE, donc ; avec Jacques Chirac, qui bat nerveusement la mesure avec son pied gauche, grillant Winston sur Winston ; avec Lionel Jospin, qu'ils tutoient, ou Georges Marchais qui leur donne l'accolade au siège du PCF place du Colonel-Fabien.

Le patron du Parti radical et maire de Nancy, André Rossinot, promet lui aussi un appui sans réserve, de même que Pierre Pflimlin, Dominique Baudis et Nicole Péry, qui les reçoivent au Parlement européen le 24 octobre 1985. Simone Veil, qui connaît ma mère depuis le combat pour la dépénalisation de l'IVG, est une alliée fidèle. Elle lui écrira en mars 1986 : « Je pense souvent à vous, hors des manifestations, des prises de position, parce que j'imagine votre angoisse et votre chagrin pour Jean-Paul et vos difficultés de vivre avec vous-même et vos enfants. Si je peux vous aider, si un jour vous avez envie de parler avec quelqu'un, qui paraît moins impliqué mais qui se sent proche de vous, n'hésitez pas à m'appeler [1]. »

Reste Le Pen. Ma mère se flatte d'avoir sollicité avec succès tous les chefs de parti « à l'exception du Front national [2] ». Repoussoir absolu, le « diable de la République » se félicite en retour d'échapper au « consensus » qui prédomine, à ses yeux, sur l'affaire des otages. Sur ce chapitre, la position lepéniste ne variera pas d'un iota au cours des trois années que durera la détention de mon père. Pour l'ancien para, il n'est pas question de négocier avec les terroristes, de « baisser notre culotte » face aux maîtres-chanteurs [3]. Cinquante-cinq millions de Français ne sauraient se mettre à genoux pour sauver la vie d'un Jean-Paul Kauffmann. « Ce qui est essentiel, ce n'est pas le sort des otages, c'est le sort de la France [4]. » Et puis, dans ce dossier, « il ne faut jamais perdre de vue que la mentalité orientale n'a que peu de rapport avec la nôtre [5] ». Comme l'atteste une partie de la correspondance reçue par ma mère, cette manière de voir chatouille dans le sens du poil bien des Français qu'affligent à la fois l'impuissance des gouvernants face aux preneurs d'otage et la médiatisation de leur malheur par une corporation journalistique toujours soupçonnée d'en faire trop.

Joëlle Kauffmann profite des micros qui lui sont tendus pour donner la réplique au chef de l'extrême droite. « Ce que dit Jean-Marie Le Pen est complètement inhumain par rapport aux familles. Je voudrais savoir comme il réagirait s'il s'agissait de sa propre fille [6]. » Elle usera d'un langage moins fleuri en tombant sur lui, un soir, au sortir d'une réunion sur la péniche avec Cantal et quelques autres. Le patron du FN venait de dîner entre amis à La Pérouse, situé juste en face, et s'apprêtait à monter dans sa voiture stationnée aux abords du restaurant. Ni une ni deux, Joëlle Kauffmann se jette sur le capot, plante son regard dans celui de Jean-Marie Le Pen et lui lance un « je vous crache à la gueule », heureusement ou malheureusement non suivi d'effet. Sourire moqueur de Le Pen qu'emporte sa berline vers l'Ouest parisien, laissant là Joëlle Kauffmann et sa petite bande. Ma mère en sera quitte pour une réprimande de Cantal : « On ne plaisante pas avec ces types-là. »

Durant le printemps et l'été, la mobilisation pour les otages avait semblé atteindre une telle puissance de feu qu'à l'heure de la rentrée, le comité eût pu donner le sentiment d'avoir déjà porté son action aussi loin qu'il était possible, essoré tous les moyens à sa disposition, grillé d'un seul coup toutes ses cartouches, lui qui avait tablé sur le temps court, la bataille tôt engagée et tôt victorieuse. Néanmoins, l'automne ne sera pas moins intense. Les espoirs déçus, l'installation dans le temps long, l'apparent pourrissement du dossier invitent Cantal et ma mère à inventer sans cesse de nouveaux canevas pour maintenir à flot l'élan de solidarité et d'abord l'intérêt des médias. Et ces derniers suivent.

Au soir du 4 octobre, numéros de music-hall, sketches, claquettes, rock et flûte de Pan pour le gala de la presse tenu à Nancy et dédié à Jean-Paul Kauffmann – les bénéfices de la soirée seront reversés au comité. 23 octobre : Nantes chante pour Jean-Paul Kauffmann. Défilent entre autres, sur les planches dressées près du château des ducs de Bretagne, les groupes Tri Yann, Djiboudjep, Gilles Servat, le duo chantant Hélène et Jean-François.

Le 14 novembre, à Paris, la salle de la Mutualité est pleine à craquer pour la soirée de soutien organisée par *L'Événement du jeudi*, diffusée en direct sur Antenne 2. Dans le public ou sur la scène, des politiques – Jean Tiberi, Bertrand Delanoë, Jean-Jack Queyranne, Jacques Toubon, Jacques Baumel, Gisèle Moreau ; des journalistes – Christine Ockrent, Bernard Pivot, Jean-Pierre Elkabbach, Michel Polac, Noël Mamère ; des écrivains – Bertrand Poirot-Delpech, Gabriel Matzneff, Bernard Frank. Pour le spectacle et la chanson, Guy Béart, Pierre Desproges, Manu Dibango,

Daniel Balavoine, Alan Stivell… On lit un message de soutien envoyé par Jean-Paul Belmondo, un autre signé Guy Bedos. Harlem Désir est là aussi – « il veut bien parler mais il est pressé », griffonne Cantal sur le bout de papier qu'il fait passer à ma mère durant la soirée[7]. Du discours de Joëlle Kauffmann, la presse du lendemain retiendra ce passage : « J'en ai assez de la raison d'État. Maintenant, c'est la raison d'amour ! »

Pour la cause, même les jurés du prix Goncourt osent un pas de côté. Le 18 novembre 1985, en direct du restaurant Drouant, François Nourissier annonce qu'au huitième tour de scrutin, Yann Queffélec l'a emporté pour *Les Noces barbares* – par six voix contre quatre à Michel Braudeau pour *Naissance d'une passion*. « Maintenant, Hervé Bazin a un mot à dire qui est un petit peu extérieur au prix Goncourt. » Et de céder la place, dans une certaine bousculade, à l'auteur de *Vipère au poing* pour lecture du libellé concocté durant le déjeuner : « Soucieux de contribuer au soutien apporté de toutes parts à leur confrère de la presse écrite Jean-Paul Kauffmann, les dix membres de l'Académie Goncourt lancent un appel pour sa libération et celle des otages détenus au Liban. »

Les invitations à la télévision s'enchaînent, de même que les émissions spéciales consacrées aux otages. Sur FR3, *Le Nouveau Vendredi* du 13 décembre, présenté par Christine Ockrent en direct du siège de l'AFP, réunit autour de ma mère et de Cantal-Dupart une assistance mêlant patrons de presse, grands reporters et sommités politiques. Jamais sans doute Georges Marchais, Gérard Longuet et Lionel Jospin, assis côte à côte, n'avaient jusqu'alors figuré sur un même plan de caméra.

Le 17, sur la même chaîne, le magazine *Effraction* propose un portrait intime de Jean-Paul Kauffmann par sa femme, son fils Alexandre, ses amis Vautrin, Sempé, Fajardie, Cantal, Guillard, ses complices de *L'Événement* Liliane Sichler et Marie-Dominique Lelièvre. Sont aussi diffusés en cours d'émission des bouts de films amateurs tournés en Super 8 au début des années 1970 : le mariage de mes parents, mes parents en maillot dans une piscine, moi bébé, Jean-Paul Kauffmann lisant *Le Monde* sur une terrasse aux sports d'hiver et pestant contre la caméra. Une famille comme les autres, comme la vôtre. À vous aussi, cette tuile aurait pu vous tomber sur la tête. C'est le message, appuyé, qui préside à la diffusion de ces images offertes à l'empathie – à l'embarras ? au voyeurisme ? – du téléspectateur. Pour finir, Michel Berger interprète au synthé « Chanter pour ceux qui sont loin de chez eux ».

Le contraste est parfois cruel entre l'occupation tous azimuts du champ médiatique, l'effet de consensus imposé par les journalistes, les politiques, les artistes, et la réalité des mobilisations quand vient l'occasion, pour le comité, de prendre la température sur le terrain – loin de Paris et de son entre-soi.

Autant quelque 2 000 personnes, à Nantes, ancien fief étudiant de Cantal et de ma mère, avaient rempli le Palais du Champ-de-Mars (aujourd'hui détruit) pour le concert de soutien du 23 octobre, autant la salle des fêtes réservée trois semaines plus tard à La Roche-sur-Yon sera aux deux tiers vide pour accueillir Joëlle Kauffmann. « Entrée gratuite », indique en caractères géants l'affiche, réalisée avec les moyens du bord, qui orne les abords de la place Napoléon. Elle adopte cette même police d'écriture manuscrite habituellement dédiée aux panneaux municipaux pour l'annonce des bals et des brocantes. Outre l'invitée principale, deux formations musicales du cru, Philar Jazz Band et Frédéric Serres, sont attendues pour ce « gala de soutien » [8].

Radio FM-Océan organise la soirée, soutenue par la mairie socialiste et la fédération de Vendée du Parti communiste français. Moyens chiches, événement local parmi d'autres en cette veille de week-end. *Presse Océan* note le 19 novembre 1985 : « Malheureusement, une centaine de personnes seulement s'étaient déplacées. Il faut dire que bon nombre de manifestations avaient lieu ce même soir. Mais ceci n'excuse pas cela. Cent personnes, c'est 0,2 % de la population yonnaise… »

Président du comité de soutien quimperlois, Jean-Luc Le Liboux improvise un mot d'introduction sur le contexte politique proche-oriental. Vient enfin le clou du gala, l'intervention de ma mère. « Soutenue par ses amis et ses enfants de dix et douze ans, elle parcourt la France, rencontre des personnalités, "bat le terrain". C'est tout cela que vendredi, Joëlle Kauffmann expliquait avec le sourire et la plus grande gentillesse aux quelques dizaines de Yonnais présents dans la salle. Cri d'une femme, il fut poignant [9]. » La photo qui illustre l'article la représente seule sur scène, micro à la main, perdue entre un ampli et une boîte à rythmes. En arrière-plan, le sourire de Jean-Paul Kauffmann sur l'affiche « Souvenirs du Liban ».

Pendant ce temps, à 3 000 kilomètres de là, Gérard Kauffmann bat un autre terrain, miné, entre chevaux de frise et barrages antichars. Le frère cadet de mon père, trente-sept ans, a obtenu un congé de son employeur, Unico, pour trois semaines d'immersion au pays du Cèdre. À son tour, il prend langue avec les dignitaires religieux, les chefs d'Amal, le grand et menu fretin du chiisme beyrouthin, Fadlallah compris ; à son tour, il est servi de vagues promesses, d'invitations à la patience, de rumeurs plus ou moins cryptées.

Au fil de ses tribulations, « Achille » – ainsi l'a toujours surnommé mon père – décroche néanmoins une info certes connue de tous les services de renseignements occidentaux, mais qu'ignoraient le comité et les journalistes habitués de la péniche. La pépite de Gérard Kauffmann tient en un nom : celui du geôlier en chef des otages français. Fanatiquement dévoué à la théocratie khomeiniste, l'homme est aussi le cerveau des attentats à la voiture piégée revendiqués par l'Organisation du Jihad islamique. Son nom, « Imad Maghnie », écrit-il pour « Imad Mughniyeh » dans une lettre à ma mère. Ce « ravisseur », précise Gérard, « pourrait même être responsable du Jihad islamique ». Il complète : « Ce qui est plus surprenant encore, c'est qu'actuellement il se trouve à Paris, et paraît-il protégé par des policiers français. Nous nageons en plein roman noir. Il est bien sûr hors de question que cet homme soit arrêté en France, car les réactions seraient graves de conséquences pour Jean-Paul et les autres [10]. » Ces rumeurs – invérifiables – concernant la présence à Paris d'Imad Mughniyeh, qui aurait profité d'une sorte d'immunité conférée par son pouvoir de représailles, seront reprises trois mois plus tard dans la presse française [11].

Mary Seurat se prend de sympathie pour l'oncle Gérard. Comme elle, il ne partage ni les codes parisiens du comité ni la complicité avec un Michel Cantal-Dupart volontiers critiqué pour sa conviction d'avoir toujours raison. Gérard creusera seul son sillon. Ma mère ne l'a pas encouragé à partir. Attelage improbable que celui formé, dans les rues de Beyrouth, par la grande bourgeoise syrienne et le frère cadet de mon père. Le solide bon sens de mon oncle, sa circonspection, son tempérament méticuleux composent un mélange original avec la théâtralité, le bon plaisir, l'humour à double détente propres à l'épouse tout feu tout flamme de Michel Seurat.

Le 23 novembre 1985, c'est ensemble qu'ils apparaissent sur TF1, en ouverture du journal télévisé de 20 heures, dans une séquence intitulée « Beyrouth : interview sous les balles ». Autour de l'hôtel Commodore où ils ont trouvé refuge, les combats font rage entre les miliciens d'Amal et les Druzes du Parti socialiste progressiste (PSP). Mary Seurat et Gérard Kauffmann sont filmés dans une chambre. L'interview commence, interrompue par des détonations de plus en plus rapprochées. L'air soudain très soucieux, Gérard désigne la fenêtre : « Attention, ça pète bien, là. » Nouvelle détonation, fracas de vitre brisée, d'objet qui tombe, chambre plongée dans le noir, cri de Mary Seurat. Des miliciens viennent d'investir la pièce. D'un bond, Gérard et Mary se rabattent à l'autre extrémité du lit. Le caméraman : « Attention au micro ! » Retour en plateau, commentaire du présentateur Bruno Mazure : « La vie quotidienne à Beyrouth… »

De retour en France, Gérard Kauffmann livre à chaud ses impressions aux journalistes. Il accuse Paris de « laxisme », déclare que « tout n'a pas été fait » pour libérer les otages, constate enfin le « cloisonnement entre les actions que mènent d'un côté l'Élysée et d'un autre le ministère des Relations extérieures ». « Le frère de J.-P. Kauffmann s'insurge », titre *Le Matin de Paris*[12]. En la circonstance, il dit tout haut ce que le comité déplore lui aussi, mais hors micro, tant ma mère et Cantal, dans leurs relations avec le Quai et les services de la Présidence, marchent sur des œufs.

Joëlle Kauffmann en sera quitte, le 28 novembre 1985, pour une nouvelle volée de bois vert administrée par un Roland Dumas particulièrement colérique et méprisant.

26

DEUXIÈME GÉNÉRATION

Je suis né le jour de Noël. Depuis mon tout premier anniversaire, c'est à Corps-Nuds que réveillonne la famille Kauffmann. Odette, Marcel, leurs cinq enfants et cinq petits-enfants, assortis de trois brus et un gendre. Gérard fournit toujours le fromage. L'unique sœur de la fratrie, Marie-Geneviève, secrétaire à la fac de Rennes, partage sa vie avec un inspecteur des impôts. Entre la bûche pralinée et le sauternes apporté par mon père, quand l'ambiance monte, Jean-Paul Daguin – c'est son nom – pousse parfois la chansonnette. Depuis la sortie en 1983 du sixième album de Renaud, *Morgane de toi*, j'y vais moi aussi de mon couplet, toujours le même, interprété debout sur une chaise, sous les chauds encouragements de l'assemblée. Les paroles de « Deuxième génération » racontent l'histoire de Slimane, quinze ans, fils de Kabyles domicilié à La Courneuve, sniffeur de trichlo et voleur de BMW. « J'ai rien à gagner, rien à perdre, même pas la vie. » Sur le 33 tours de Renaud, le morceau vient en deuxième, après « Dès que le vent soufflera ».

Rituellement, je souffle mes bougies le lendemain midi. Les odeurs du banquet de la veille flottent encore dans la salle à manger. Dehors, il fait toujours froid et gris sur les haies de thuyas entourant le jardin. Bien que ma grand-mère, ancienne pâtissière professionnelle, soit un véritable cordon-bleu, les adultes sont aux prises avec les aigreurs d'estomac héritées du trop-plein de la soirée, les choux caramélisés, une fois ingurgités, se mariant mal avec le chapon farci, surtout avec la farce. Ils trompent leur mal de tête en rallumant la chaudière avec de nouvelles bouteilles de Château Bonnet, blanc, rouge. Depuis toujours, mon père en fait livrer à Odette et Marcel par caisses entières. Mais on ne s'arsouille pas comme chez les Brunerie. D'un cycle digestif, l'autre. Joyeux anniversaire, mon petit poussinot.

La tradition s'interrompt en 1985. Cette année, le réveillon aura lieu à Beyrouth. Voyageront ensemble ma mère, mon frère et moi, Odette et Marcel, mes oncles Gérard et Daniel Kauffmann, Michel Cantal-Dupart et Jean-Francis Held, pilier de *L'Événement du jeudi*. Le 23 décembre, veille de notre départ, ma mère s'exprime sur le plateau d'Antenne 2 Midi. « Grégoire et Alexandre sont très contents de venir à Beyrouth. Je crois que ça va leur faire beaucoup de bien et que ça va concrétiser un peu pour eux toute cette histoire. » L'initiative, insiste-t-elle, revêt un caractère « strictement familial », loin de tout « geste politique », « sans aucune provocation ». Quoi de plus légitime, pour les Kauffmann, que de vouloir « passer Noël au plus près de Jean-Paul » [1].

L'arrivée à l'aéroport international de Beyrouth nous projette sur une scène confuse assaillie de perches de micro, de projecteurs, d'appareils photo qui couinent entre deux recharges de flash. Fusils d'assaut en bandoulière, gestes nerveux, des malabars à grosses moustaches noires nous poussent en vociférant des ordres en arabe. Ils portent des treillis et des bottes de combat façon *Rambo II*. « Chiites modérés », ces gros bras appartiennent à la milice du mouvement Amal. Préposés à notre sécurité, ils improvisent une sorte de cordon entre nous et la nuée des journalistes. Dehors, ce sont eux encore qui, d'autorité, distribuent les places dans le convoi démarrant toutes sirènes hurlantes à destination de l'hôtel Cavalier. François Luizet, du *Figaro*, raconte : « La voiture se fraie difficilement un passage sur une route défoncée et gorgée d'eau. Les enfants commentent ou interrogent. "C'est chouette. Alors papa se trouve ici, dans une cave, une maison ? Entendrons-nous des explosions et des rafales de mitraillettes, cette nuit ?" Joëlle Kauffmann, l'épouse de notre confrère, tempère l'excitation bien compréhensible des gamins [2]. »

Défilent des balcons déchiquetés, des façades éventrées découvrant fils électriques, armatures métalliques et linge qui pend, des murs grêlés d'impacts de balles, des terrains vagues, des chars de combat qui vont et viennent au milieu des carrefours gadoueux. Arrivés à l'hôtel Cavalier, Alex et moi repérons, juste en face, une salle de jeux vidéo qui scintille de tous ses Super Mario Bros. Elle deviendra notre idée fixe, mais Cantal et ma mère ont strictement défendu que nous mettions seuls le pied dehors. Plan sur la famille Kauffmann réunie dans la même chambre pour l'interview de TF1. « Ils vous manque, votre papa ? » Moi : « Bah oui, quand même ça commence à devenir long. » « Vous voudriez qu'il sorte ? » « Bah oui. » Odette : « J'ai envie de frapper à toutes les portes pour essayer de le trouver [3]. »

Le banquet de réveillon a été dressé dans la salle de réception du Cavalier. D'un côté, attablés sous les guirlandes, tournant le dos à un immense aquarium encastré dans le mur, les sept Kauffmann, Jean-Francis Held, Cantal-Dupart. Mary Seurat est là aussi. Non sans mal, Gérard, assis à sa gauche, l'a convaincue de venir glisser une tête. Champagne, saumon, dinde, bûche, vin rouge.

De l'autre côté, à deux mètres de nous, un mur de photographes qui nous hèlent et finissent par prendre leurs aises. Mary Seurat : « Ceux des reporters dont le matériel n'est pas trop encombrant montent sur les tables proches ou s'agenouillent sur des chaises afin de bénéficier d'un meilleur angle pour leurs prises de vue. Certains porte-micros sont presque assis dans nos assiettes [4]. »

Le lendemain, nous allons déjeuner dans un restaurant de la corniche. Des Libanais nous offrent deux petits Pères Noël en peluche. « Mes deux fils [...] ont été submergés de cadeaux aussi bien des chiites que des autres. C'était à la fois touchant et déroutant [5]. » Pendant que les adultes mangent leurs crevettes grillées, Alex et moi torturons nos Pères Noël, que nous éventrons à coups de fourchette et de couteau. Ils finiront leur vie gisant sur la nappe du restaurant.

Sur un trottoir du quartier de Hamra, d'un bond, Cantal se précipite sur mon frère, le soulève, le secoue, l'engueule de sa grosse voix. Malgré les consignes, Alex marchait trop près de la route, une Mercedes roulait au pas à notre hauteur, c'était louche.

Le plus clair de cette journée, nous le passons barricadés dans notre chambre d'hôtel à sauter sur les lits, à nous bagarrer, à nous ennuyer. La fenêtre donne sur un balconnet côté cour ; à perte de vue se dressent les toits de Beyrouth. En arrière-plan, les crêtes enneigées du Mont Sannine.

C'est le soir. Accoudé à la rambarde, Alex me fait signe d'approcher. Au loin, des jets de lumière strient le ciel. Et la présence de ce martèlement sourd, régulier... la guerre. Dans les faubourgs de Beyrouth, les miliciens s'affrontent à l'artillerie lourde.

27

VIVEMENT DEMAIN

Mercredi 26 février 1986, 20 h 35. Depuis la création de l'émission en 1982, c'est la quatrième invitation de Jacques Chirac à *L'Heure de vérité*. Dans dix-huit jours, les Français voteront. Nouveauté dans l'histoire de la Vᵉ République, le scrutin se jouera en un tour. Ainsi en dispose la nouvelle loi électorale imaginée par François Mitterrand. Cette réforme de la proportionnelle, le candidat socialiste l'avait promise avant 1981, puis enterrée une fois élu, puis déterrée afin d'amortir la défaite annoncée de sa majorité aux législatives. Quitte à laisser le Front national entrer dans l'hémicycle. Quel meilleur moyen d'embrouiller la droite ?

Par l'effet de suspense qu'elle suggère, la musique du générique de *L'Heure de vérité* s'accorde idéalement à la marche conquérante, concentrée, de Jacques Chirac vers le siège qui l'attend au milieu de l'arène. Elle reprend la partie instrumentale du tube du Paul McCartney « Live and Let Die » – bande originale du James Bond éponyme (1973). « Vivre et laisser mourir ». Avec d'autres mots, le slogan de campagne du RPR dit à peu près la même chose, la ferveur en plus : « Vivement demain ! » Un demain repeint aux couleurs de la liberté d'entreprendre, de la « flexibilité », un demain de refondation, de mâle revanche sur le grand corps malade de la gauche. Le jour du ressaisissement contre la sinistrose mitterrandienne.

Depuis l'automne, jamais autant d'affiches électorales n'avaient couvert les murs de France. Ni encadré ni plafonné, le financement des campagnes autorise une publicité toujours plus invasive. C'est l'âge d'or du marketing politique sans freins ni fard.

Cofondateur de l'agence RSCG, Jean-Michel Goudard coordonne en free-lance la communication du RPR. Son « Vivement demain ! » a frappé les esprits, étalé en lettres capitales au-dessus du portrait de groupe censé représenter la relève du parti gaulliste [1]. Bras dessus, bras dessous, cravates au vent, bronzés, ses membres entourent un Jacques Chirac rayonnant d'enthousiasme, enjambant l'avenir avec décontraction. En arrière-plan, le bleu du ciel. Les hommes ont tombé la veste, retroussé leurs manches de chemise et risqué leurs chaussures de ville sur l'herbe grasse de ce que l'on imagine être une prairie. Ils sont dix pour deux femmes. Moyenne d'âge, quarante ans et trois mois. Michel Noir ferme le ban à gauche, Guy Drut à droite. Alain Carignon tient Michèle Alliot-Marie par le bras. Jacques Toubon et Alain Juppé encadrent Chirac. Jacques Godfrain surplombe d'une tête un François Fillon à peine plus grand que Michèle Barzach. La plupart des Français ne connaissent pas la moitié d'entre eux [2].

« Nous avons cherché à rendre un côté Jeux olympiques de Los Angeles. Nous avons travaillé autour des idées : se battre sans coups bas, joie de vivre », confie Jean-Michel Goudard au *Monde* le 3 février 1986. Dans cette campagne, continue le publicitaire, il y a « quelque chose qui tourne autour de la gagne [3] ».

En novembre, invité sur le plateau du 13 heures d'Yves Mourousi, le Premier ministre Laurent Fabius avait confessé : « La difficulté, j'imagine, quand on fait des affiches, c'est que, maintenant, il y en a tellement qu'il faut faire de plus en plus fort, parce que, sinon, on n'arrive pas à attirer l'œil[4]. » De son côté aussi, le Parti socialiste innove, avec deux salves d'affiches conçues par le communicant Daniel Robert – père du personnage de Bison futé et inventeur, entre autres slogans, de « Tu t'es vu quand t'as bu ? ». La première affiche met en scène, convulsés d'épouvante, une ménagère, un étudiant, un ouvrier, une femme cadre qui s'écrient : « Au secours ! La droite revient ! » La seconde représente un loup à la Tex Avery, costume-cravate et crocs acérés, sous la question : « Dis-moi, jolie droite, pourquoi as-tu de si grandes dents ? »

Dans l'histoire de la communication politique, qu'un parti de gouvernement fasse ainsi appel au second degré est une première. En infantilisant l'électeur, littéralement placé en position de Petit Chaperon rouge, en empruntant aux codes, tour à tour, du théâtre de boulevard et du dessin animé, en donnant surtout l'impression de reconnaître sa défaite dès avant le vote – la droite « revient » –, les concepteurs de la campagne ratent lourdement leur cible. « Je ne comprends pas du tout ce qui a pu conduire les publicitaires et le Parti socialiste réunis à cette erreur de communication », critiquera Jacques Séguéla[5].

Ce 26 février 1986, c'est à un quasi-Premier ministre que semblent s'adresser les journalistes de *L'Heure de vérité*, tant la victoire de l'alliance RPR-UDF paraît acquise. De sondage en sondage, affirme François-Henri de Virieu pour introduire son invité, Jacques Chirac apparaît comme « l'homme le plus en situation en ce moment ». Le maire de Paris va réussir sa prestation, très maître de soi durant cette heure et demie d'émission passée trop vite, dira-t-il. Fair-play, concision, rondeur, esquives bien senties pour éluder les questions trop directes, il fait briller le regard noisette de Michèle Barzach assise au premier rang. Vivement demain pour en finir avec les réglementations tatillonnes, le contrôle des prix, des changes, l'autorisation administrative de licenciement. « Il faut sortir d'une situation un peu soixante-huitarde attardée dans laquelle se complaisent ceux qui nous gouvernent aujourd'hui », prévient Jacques Chirac. En développant l'actionnariat, en privatisant, en diminuant les charges sur les entreprises, on rendra l'organisation du travail plus souple, on fera reculer le chômage.

Christine Ockrent l'interroge sur les grands travaux engagés par François Mitterrand. Quid de l'Opéra Bastille alors en construction ? Preuve de la « mégalomanie » du Président socialiste, ce chantier « n'était certainement pas une priorité », affirme le patron du RPR. Le lancement des Restos du Cœur par Coluche ? « Le côté un peu tapageur de cette affaire, le fait qu'il ait fallu attendre un gouvernement socialiste pour voir à nouveau ouvrir les soupes populaires [...], tout cela me semble demander un peu plus de discrétion. » Christine Ockrent, encore, sur les otages français au Liban. Comment obtenir enfin leur libération ? Réponse de Chirac : « Parfois, on a tendance à trop en parler, ce qui a pour résultat de bloquer un peu les choses, et je crois qu'il vaut mieux agir dans la discrétion. » Pierre jetée dans le jardin des journalistes ainsi invités à un examen de conscience. La solidarité des médias avec le comité Kauffmann n'a-t-elle pas suffisamment démontré son insuccès ? Et le gouvernement, sa légèreté, en laissant les familles ameuter l'opinion, au risque d'augmenter le prix des otages pour un résultat nul, voire contre-productif ?

Jacques Chirac annonce un changement de paradigme. Le bruit de fond sur ce dossier, les soirées de soutien et les lâchers de ballons, c'était l'ancien monde, de même que les vibrions à la Razah Raad envoyés négocier à Beyrouth sous les caméras de télévision. Avec la droite, foin des bons sentiments, place à l'efficacité, au tir ajusté à la cible, quitte à jouer des muscles face aux terroristes. En pareilles affaires, l'angélisme de la gauche, son laissez-faire, le débraillé soixante-huitard sont une plaie. Il faut lire tous ces sous-entendus dans la réponse, lapidaire, de Jacques Chirac à une Christine Ockrent qui fut des toutes premières réunions du comité de soutien et continue d'épauler avec fidélité l'action de ma mère.

Depuis le voyage, deux mois plus tôt, de la famille Kauffmann à Beyrouth, la « discrétion » aujourd'hui recommandée par Chirac avait pourtant semblé prévaloir. Ma mère avait espacé ses interventions à la télévision, cédant d'un pouce, mais d'un pouce seulement, aux partisans de la retenue qui l'engageaient à relâcher la pression sur le monde politique. Le Quai d'Orsay avait insisté pour qu'elle s'oblige, en matière d'apparitions dans les médias, à cet effort de diète. Les dernières semaines de la législature pouvaient s'avérer cruciales pour aboutir à un dénouement, avait insisté Roland Dumas, qui reprochait au comité de parasiter ses initiatives. « Le gouvernement a demandé qu'on lui laisse les mains libres pour négocier d'État à État. Nous (le comité) avons un peu respecté cela ! Ils ont discuté avec la Syrie et l'Iran, mais rien ne s'est passé, sinon le silence de janvier-février [6]. »

Aux premiers jours de l'année, comme une mauvaise répétition des rumeurs de la fin juin, la libération des otages avait semblé imminente. Conseiller spécial de François Mitterrand, Jacques Attali écrira dans son *Verbatim*, le 4 janvier 1986 : « C'est pour demain. Enfin ! Nul n'est au courant et pourtant, par ondes successives, une sorte d'euphorie s'empare de tout Paris, et chacun fait mine d'être dans la confidence [7]. » Ma mère se souviendra longtemps de ce dimanche 5 janvier, jour anniversaire de ses quarante-trois ans. L'issue n'était plus qu'une question d'heures, avaient confirmé les services du Quai d'Orsay en milieu d'après-midi : désormais sous contrôle syrien, les otages allaient rejoindre Damas dans la nuit, le président Hafez el-Assad s'était porté garant de leur libération, l'Iran avait enfin donné son feu vert. En échange, la France s'était engagée à libérer Anis Naccache. Demain, après-demain au plus tard, Kauffmann, Seurat, Fontaine et Carton seraient de retour chez eux, assurait le Quai. « C'était la joie totale, la fête [...]. C'était mon anniversaire, tous les copains apportaient des fleurs à la maison, c'était le plus beau jour de ma vie. [Paul] Quilès (alors ministre de la Défense) avait appelé Jean-François Kahn... c'était quasiment fait ! Hélas ! Pourquoi, ce 5 janvier, tout a raté ? Qui nous dira un jour ce qui a coincé [8] ? »

Joëlle Kauffmann était loin d'imaginer qu'au même moment, des émissaires de la droite chiraquienne négociaient en secret avec l'Iran pour surenchérir sur les offres du gouvernement socialiste. Laissez-nous gagner les élections avant de relâcher les otages, en échange de quoi vos conditions seront reconsidérées à la hausse. Tel avait été en substance le marchandage qu'à la dernière minute ces mystérieux messagers de l'opposition avaient proposé aux commanditaires du Hezbollah [9]. En voulant croire au code de bonne conduite promis par les chefs de parti avant l'ouverture de la campagne, ma mère avait péché par excès de confiance. Le sort de Jean-Paul Kauffmann pouvait attendre ; les élections, elles, n'auraient lieu qu'une fois.

Trois semaines avant le scrutin du 16 mars 1986, pour marquer l'entrée de Kauffmann et Seurat dans leur dixième mois de détention, le comité était sorti de sa semi-réserve en organisant, dans plusieurs villes de France, l'opération

« Un cèdre pour le Liban ». À Rennes, Mâcon, Dijon, Bordeaux, Strasbourg, Lyon, Marseille, Nice, des cèdres seraient plantés en présence d'élus de gauche, de droite, du centre, par solidarité avec Seurat et Kauffmann autant qu'en signe d'amitié avec le peuple libanais.

Le 21 février 1986, sur la péniche, ma mère a battu le rappel des journalistes amis pour qu'ils relaient l'initiative. Pierre Desproges a fait le déplacement et consacré à ma mère sa *Chronique de la haine ordinaire* du 24 février sur France Inter. De tous les textes écrits sur elle durant les « années d'étain », selon son expression, celui-ci est le seul qu'elle relit aujourd'hui sans déplaisir, voire avec une pointe de fierté. « Joëlle Kauffmann me fait penser à une autre femme que je connais qui a un cancer et qui va guérir parce que "la mort, comprenez-vous, je n'ai tout de même pas que ça à faire". [...] J'allais donc à sa conférence de presse. Il faisait un froid bleu sur Paris, et sur la Seine un de ces vents qui pincent et bleuissent et foulent aux pieds les espoirs de monsieur Thermolactyl. Joëlle nous a fait du vin chaud avec de la cannelle. Il y avait là, tassés comme des oiseaux frileux dans le nid de ce bateau ventru, des journalistes aussi bronzés que célèbres, un architecte émouvant [Michel Cantal-Dupart], d'autres journalistes pâles et moins connus, et puis cette poignée de jeunes gens incroyables et bénévoles qui se shootent à l'espoir vrai quand d'autres se fixent à l'héroïne. Joëlle est montée sur le pont pour lire son communiqué à la presse. Elle a le nez rougi par la bise et les yeux pétillants, sombres, farouches du désir d'en finir avec ce calvaire inhumain jonché d'inquiétudes mortelles et du désert de lui [10]. »

Organisée avec l'Union des clubs de la presse, l'opération « Un cèdre pour le Liban » n'avait pas déplacé les foules. Quelques dizaines de personnes seulement dans la plupart des villes. À Nice, après avoir planté son cèdre sous les caméras de FR3 Côte d'Azur, le maire RPR Jacques Médecin avait manifesté son hostilité. « Il s'agit notoirement d'une récupération socialo-communiste. Il n'y a ici que des socialistes et des communistes. Je suis le seul à ne pas l'être, c'est à quelques jours des élections. Il vaudrait mieux avoir un gouvernement qui sache montrer sa force, son autorité et son sens des responsabilités, et M. Kauffmann serait déjà rentré chez lui [11]. » Au Creusot, où ils tenaient meeting, Laurent Fabius et Lionel Jospin avaient planté un cèdre, eux aussi. De même, Jacques Chaban-Delmas à Bordeaux et le président du Parlement européen, Pierre Pflimlin, à Strasbourg.

Le rassemblement avait été plus important à Rennes, comme en témoignent les photos de ma mère et de Mary Seurat occupées à creuser un trou à l'angle de la rue d'Isly et du boulevard de la Liberté. Au début du mois de janvier 1986, avec son employée de maison srilankaise et ses deux petites filles, Mary était venue s'installer chez la tante de Michel Seurat à Marnes-la-Coquette (Hauts-de-Seine). La libération des otages pouvant se produire d'une minute à l'autre, le Quai d'Orsay avait insisté pour qu'elle revienne en France. Ses espoirs douchés, Mary était retournée à Beyrouth, puis revenue en France, avant d'autres voyages dans les deux sens tout au long de l'hiver, sans raison claire, sans filet, comme projetée, dira-t-elle, sur une roulette en espérant que la bille se cale sur le bon numéro, sautant d'un avion à l'autre pour conjurer l'angoisse, chasser les mauvais présages, sentir les réacteurs qui soulèvent la carlingue. Voler au-dessus des nuages.

Ce 22 février 1986, le temps d'une journée à Rennes, ma mère avait donc réussi à convaincre Mary de se joindre à l'opération « Un cèdre pour le Liban ». Assaillie par les photographes, Mary avait eu « l'impression de creuser une tombe [12] ». La veille, ma mère avait confié à une journaliste de FR3 : « Mary Seurat est très visuelle, très photogénique. Elle a une classe fantastique, elle est très grande, très envisonnée. Hier, mon fils de douze ans me disait : "Elle a quand même plus de classe que toi, Mary." [13] »

« Toujours dans l'ornière » : c'est l'appréciation qu'à la veille de son départ pour Rennes, ma mère avait pu lire sur le carnet de notes visé tous les quinze jours par le censeur du collège Henri-IV, M. Escamilla. « Cela devient inquiétant », avait-il alerté dans le même carnet avant les vacances de février. Et dans le bulletin trimestriel, en janvier : « Des difficultés importantes dues en particulier à une insuffisance de l'attention. » En français et en histoire-géo, l'honneur était sauf : respectivement 13,5 et 11 de moyenne. Pour le reste, des 8, des 5, des 7, des 9. À la rubrique « niveau général », M. Escamilla avait coché la case « insuffisant » [14]. D'élève couvert de félicitations à François-Villon, l'aîné des Kauffmann avait déchu au rang de quasi-cancre.

La raison de cette dégringolade, facile à deviner, n'avait aucune chance d'attendrir les trois Corses qui régentaient le collège. Il fallait travailler sans faiblir, obéir, ne jamais desserrer l'effort attendu de tout élève admis sur les bancs d'Henri-IV. Qu'ils soient filles ou fils d'otage, de ministre voire de Président, tous les collégiens étaient logés à la même enseigne. Les brimades de Carlotti, la dureté des enseignants, les cours assommants étaient le lot commun. Par leurs encouragements et la tendresse qu'elles me témoignaient, seules les profs de français et d'histoire-géo semblaient parfois prendre en compte, sans jamais y faire allusion, ma condition unique entre toutes de « fils de ». Était-il vraiment possible, dans mon cas, de se référer encore et toujours à la fameuse devise d'Alain sur l'école républicaine ? « J'aime ces murs nus et que les bruits extérieurs n'y entrent point. » On me demandait d'être comme les autres quand ma différence, étalée dans les médias, chuchotée dans la cour, commentée le soir à la maison par les parents d'élèves, parlait à ma place.

Mme Gallois, professeure d'histoire-géo, se débattait peut-être avec ses doutes. Elle avait en tout cas ressenti le besoin d'écrire à ma mère. « J'ai voulu, depuis le début de l'année, protéger, dans ce lieu qu'est le lycée, Grégoire de l'angoisse de l'absence de son père, en n'en parlant pas. J'ai pensé que les heures qu'il passait en cours d'histoire pouvaient lui permettre d'être attentif à toutes sortes de centres d'intérêt nouveaux pour lui, et ainsi être une parenthèse dans la vie difficile qu'il a, en ce moment. Je le sens tendu, c'est vrai, mais équilibré et solide. J'espère que le lycée ne représente pas pour lui une autre difficulté, et qu'il s'y plaît. J'ai choisi d'avoir à son égard les mêmes exigences de travail qu'à l'égard des autres enfants. J'espère sincèrement le retour de votre mari auprès de vous et de vos enfants. Amicalement [15]. »

En CM2, Alex a lui aussi commencé à décrocher : « J'ai des plus mauvaises notes qu'avant. Maman dit que quelque chose me trouble mais que je le sens pas. C'est vrai, je le sens pas. Ça fait tellement longtemps qu'on ne l'a pas vu, papa. Des fois, même, j'oublie [16]... »

En mai 1986, dans une énième lettre envoyée à mon père par une improbable filière et de nouveau perdue en chemin, ma mère résumera d'une phrase le conflit entre les deux mondes qui scindaient notre nouvelle vie familiale. D'un côté, l'école et le temps qu'elle prenait sur le quotidien, ses routines ; de l'autre, le chantage à la mort qui menaçait de nous réduire à trois pour toujours, les échos furieux d'un Liban devenu idée fixe. « Grégoire et Alexandre, arrachés brutalement à leurs rêves d'enfants, ont appris la peur, naviguant vaille que vaille entre les contrôles de mathématiques et les dépêches du Jihad [17]. »

Comme elle le confie aussi au magazine *Jours de France*, ses deux garçons, depuis la rentrée, « n'ont pas forcément la tête à leurs études. Avant, leurs carnets étaient bien. Maintenant, les profs inscrivent : "inattentifs". En revanche, ils sont devenus imbattables en politique libanaise [18]. » Pour le reste, dès que les journalistes l'entraînent sur ce terrain, les mêmes mots reviennent sur ses deux fils. Ils sont « formidables », « responsables », manifestent une « formidable énergie ». « Ils réfléchissent. Raisonnent. Refoulent leur révolte. Refusent la haine. » « Ils font tout ce qu'ils peuvent pour me faciliter la vie et ne se chamaillent plus devant moi. » Elle nous présente aussi en « parfaits petits militants, ronéotant des tracts et tapant même certains textes à la machine » [19].

Tout est à peu près faux dans ce portrait d'Alex et moi. Pour ma part, j'entre dans l'âge ingrat principalement haineux, révolté, bagarreur, obsédé par le corps des filles que je tourmente dans la cour, en classe, dans la rue. Mes fantasmes tournent aussi autour de Martine, pré-quadra portant mini-jupes en cuir et collants résilles, pilier du comité et grande mangeuse d'hommes. Les filles, le Minitel rose, les tags, fumer des cigarettes en cachette, jouer aux jeux vidéo à La Chope de la Contrescarpe, mettre la misère aux petits du collège, provoquer les profs, les pions, les cyrards, tous ces défouloirs m'éloignent des devoirs.

J'ai mes souffre-douleurs. Un élève de 6e à demi-sourd, atteint de troubles du langage, que je frappe et imite devant ses copains en poussant des cris d'animaux. Le petit gros du bus 58, neuf ou dix ans, qui pleure dans sa morve quand je le menace de mort. J'endosse à mon tour le rôle de punching-ball face à Dimitri Smilenko, un redoublant de 4e qui tague « Smarty Pants », fait mannequin visage dans une pub pour Benetton et m'humilie devant toute la cour.

Dans cette micro-société, les blessures, le mépris passent moins par la violence physique que par les codes implicites qui vous placent sur l'échiquier en fonction de la position des parents, de leur notoriété médiatique, de l'endroit où vous habitez, des polos que vous portez. Les pistonnés méprisent les sectorisés, les sectorisés fils de bourgeois détestent les pistonnés, les enfants de profs élevés comme des chevaux de compétition snobent les glandeurs fils de pistonnés. Frontières sans doute moins figées dans le brassage quotidien des interactions entre élèves, hiérarchies triomphantes malgré tout. Un monde sans pitié où les enfants se hèlent par leur nom de famille.

Depuis l'automne, mon nouveau meilleur copain s'appelle Erwan Séguillon. Tout blond et tout rose, nageant dans ses pantalons à pince et ses lodens, il porte des chaussettes Burlington et revendique son appartenance à la tribu des « minets ». Et moi ? Dans la jungle des « looks », suis-je aussi un « minet » ? C'est l'une des premières questions qu'il me pose. N'ayant jamais entendu parler de cette mode, j'hésite à répondre, mais, avec mes sweats Kepper, mon imper Burberry, mes Paraboot Morzine et les mêmes Burlington qu'Erwan, roses à motif losanges, bref, avec tout ce nouvel attirail adopté depuis mon entrée à H-IV, je pourrais bien, sans le savoir, faire moi aussi partie du clan des « minets ».

Je tanne ma mère pour qu'elle m'achète des vêtements chez « Levi's Story, American Sportswear », 18, rue des Cannettes. Alex aussi adore y aller. La patronne et le patron de la boutique, où tout est cher, compatissent au sort de notre petite famille amputée. « Ma pauvre Mme Kauffmann », se lamentent-ils. La place Saint-Sulpice se trouve juste derrière, avec son cinéma d'art et d'essai, Le Bonaparte. Passer devant me fait toujours penser à mon père. À l'époque où ce quartier était pour nous *terra incognita*, il nous y avait emmenés voir le *Molière* d'Ariane Mnouchkine. La scène de la mort de Molière m'avait terrorisé.

Le père d'Erwan, Pierre-Luc Séguillon, est une vedette de la télé. « PLS », comme l'appellent ses confrères. Lui qui, dans sa jeunesse, se destinait à la prêtrise chez les Dominicains, a finalement choisi le journalisme et Sylvie, la mère de ses trois enfants – bientôt quatre. Passé par *Témoignage chrétien*, longtemps proche du Ceres (Centre d'études, de recherches et d'éducation socialiste) de Jean-Pierre Chevènement, il a rejoint en 1983 la rédaction de TF1 pour y voler de succès en triomphe. Il a su s'imposer avec sa belle mâchoire carrée, ses yeux bleus opalescents, le mélange de sérieux et d'humour à froid de ses interviews politiques. En privé, jamais avare d'une vacherie, Pierre-Luc ne mâche pas ses jugements sur les servitudes du sérail journalistique, comédie qu'il observe avec une certaine dérision. Il qualifie par exemple Jean-Pierre Elkabbach de « con solennel ». Depuis qu'il présente avec Anne Sinclair la nouvelle grande émission politique de TF1, *Questions à domicile*, on le reconnaît dans la rue.

J'ai pris conscience de son aura de star un jour de janvier 1986, lors de la boum organisée au ministère de l'Éducation nationale, rue de Grenelle, pour les douze ans du fils aîné de Jean-Pierre Chevènement – élève à Henri-IV dans une autre 5e que la mienne. La fête terminée, Pierre-Luc était venu récupérer son fils. Dans l'antichambre, toutes les filles l'avaient pris d'assaut pour avoir un autographe. Ma mère le connaît un peu : il fait partie des journalistes amis de la cause. En mai 1986, à Saint-Denis, Pierre-Luc disputera un match de football organisé par l'Union des sociétés bretonnes d'Île-de-France en soutien aux otages français du Liban [20].

Près de quarante ans plus tard, mon meilleur ami s'appelle toujours Erwan Séguillon. Je lui ai demandé de faire revivre ses souvenirs d'Henri-IV. Pourquoi étions-nous devenus inséparables ?

Voici le mail qu'il m'a envoyé en réponse. « Je crois que nous avions en commun une immense colère en nous, due à l'injustice que nous avait imposée le monde des adultes. Toi par ton histoire d'otage et moi par mon histoire d'oncle pédophile, tue. J'étais à l'adolescence en colère contre mes parents qui avaient étouffé l'affaire, nous imposant leur obsession de la réussite et leur aveuglement. Nous étions compagnons de misère, et c'est aussi pour cela que nous, écorchés vifs, avons si bien compris et ressenti le marigot du pouvoir dans lequel, naïvement, nos parents nous avaient abandonnés. Mon père était comme un lapin pris dans les phares du succès. Son travail et la gloire qu'elle lui procurait l'avaient aveuglé. Il ne se rendait aucunement compte de la souffrance de ses enfants. Il deviendra lucide sur le tard… […] Ce qui est intéressant, c'est que la compétition des adultes se répercutait sur le comportement des enfants. […] Bref, il régnait dans ce collège-lycée une ambiance épouvantable, et cet édifice somptueux, censé abriter l'esprit des Lumières et ses dignes héritiers, ressemblait plus à une boîte sadomasochiste. Henri-IV dégageait une odeur putride, celle des pets foireux et du jus de cervelle d'enfants terrorisés par la perspective de l'échec, qu'on respirait dans les classes moites les jours d'examen. Si tu as besoin d'un nègre, je peux te l'écrire, ton livre ! »

Erwan et moi sommes devenus amis grâce à une bande de filles de la 6e 5, classe d'excellence puisqu'elle regroupe les élèves ayant choisi allemand en première langue. Classe grise, moutonnière, peu mêlée aux intrigues de la récré hormis ces quatre ou cinq copines toujours collées ensemble, maquillées, pétillantes, stylées. Elles portent des chapeaux, des hauts fuchsia, des leggings stretch et des breloques façon Madonna. C'est dans ce vivier qu'Erwan et moi cherchons les filles avec qui « sortir », comprendre embrasser sur la bouche en langage *La Boum 1*. De préférence au cinéma ou au dernier étage du gymnase, déserté à l'heure de la pause déjeuner. Il y a les deux Julie, Ninon, Virginie et une autre élève toujours dans leurs pas, chic dans ses manteaux sombres mais habillée avec moins de recherche, moins frivole, plus taiseuse. Elle s'appelle Mazarine. Juste avant les vacances de Noël, Erwan a été convié à l'anniversaire de ses onze ans. Location d'un bus pour la quinzaine d'enfants invités à la fête, salle de cinéma privatisée pour voir *Moi vouloir toi* (avec Gérard Lanvin et Clémentine Célarié), goûter pantagruélique dans un appartement de la rive gauche où Erwan prétend avoir aperçu, en relief sur la contre-plaque de la cheminée, le poing à la rose du Parti socialiste.

28

MARS 1986

Le jour où tout bascule. Le jour où, dira ma mère à la radio le lendemain, « on est monté d'une dimension dans l'horreur [1] ». Pour moi, cette date marque un début et une fin. Début de quoi, mystère, un cycle commence avec le sentiment que le pire est peut-être encore à venir. Fin du temps de l'enfance en tout cas lorsque s'achève le pouvoir d'illusion exercé par les adultes. Arrêt de la berceuse.

Dans l'agenda de ma mère, la colonne de ce mercredi 5 mars 1986 était vierge, excepté la mention « hôpital » à 10 heures. Un aller-retour dans sa Citroën Visa jusqu'au Centre de planification familiale de Clamart, où elle travaille aussi le vendredi matin, dernier lien gardé avec sa pratique de gynécologue. La veille, elle a déjeuné avec Cantal et une vieille copine des années nantaises, Odile Potier. Le mardi soir, comme d'habitude, les Amis de Jean-Paul Kauffmann avaient tenu leurs assises sur la péniche [2].

De quotidiennes dans les premiers mois, leurs réunions sont devenues hebdomadaires. Changement de rythme imposé par l'installation dans le temps long, l'essoufflement de la mobilisation médiatique, bref, le pourrissement d'une situation où plusieurs semaines peuvent s'écouler sans rien apporter de neuf ni sur la vie des otages ni sur les initiatives promises par Roland Dumas pour « sortir de l'ornière ». Au courrier, ce mercredi 5 mars, deux lettres. Celle d'un réalisateur libanais qui sollicite ma mère pour un projet de film [3] ; l'autre du maire communiste d'Ivry-sur-Seine, Jacques Laloë, qui joint à sa missive 217 signatures de soutien rassemblées par l'Amicale des Bretons de sa ville [4]. Une journée comme les autres par temps creux sur le front des otages français au Liban.

Cette impression de surplace, l'attente déprimante coexistent avec une multitude de signaux peu rassurants qui alourdissent l'atmosphère. Comme l'affirme le dicton chinois, « le fond de l'air est noir ». Depuis les fêtes de fin d'année, plusieurs bombes ont explosé en plein Paris. Un mystérieux Comité de solidarité avec les prisonniers politiques arabes et du Proche-Orient (CSPPA) a revendiqué les plasticages. Attentats téléguidés par l'Iran ? À lire les réactions à chaud, les terroristes pourraient avoir un lien avec les ravisseurs de Kauffmann et Seurat. Que cherchent-ils en frappant Paris ? À la veille des élections, est-ce un moyen de faire monter la pression sur le dossier des otages ? De forcer la France à tenir ses promesses ? Mais quelles promesses ? Ma mère et Cantal n'en ont aucune idée. À suivre l'interprétation dominante, cette campagne d'attentats est peut-être l'indice d'un fiasco, le signe que les marchandages avec l'Iran auraient échoué, que la nervosité gagne et qu'au Liban, les otages français ne sont sans doute pas près de revoir leurs familles.

Il faut aussi compter avec l'inquiétant communiqué publié par Amnesty International le 27 février 1986. Il révélait l'expulsion vers Bagdad, « contre leur volonté », de deux étudiants irakiens installés en France. Sympathisants du mouvement pro-khomeiniste Al-Daawa, basé à Téhéran, ils faisaient partie des soixante-quatre suspects interpellés, deux semaines plus tôt, lors de la grande rafle policière opérée dans les milieux islamistes en réaction aux attentats de Paris. Opposants au régime de Saddam Hussein, « ces deux Irakiens ont été renvoyés [...] dans leur pays où ils risquent, dès leur arrivée, d'être arrêtés et détenus arbitrairement, torturés ou exécutés », révélait Amnesty International [5]. Il s'agit bel et bien d'une bavure : l'expulsion a été conduite en violation de la procédure pénale, en l'absence de toute charge sérieuse et à l'insu même du ministre de l'Intérieur, Pierre Joxe, qui en sort ridiculisé pour n'avoir pas su tenir ses troupes. Légèreté impardonnable quand les deux hommes embarqués manu militari pour Bagdad encourent la peine de mort dans leur pays. Inconséquence coupable quand, « venant après d'autres maladresses, ce geste pouvait accroître la rancœur des geôliers des otages qui relèvent de cette nébuleuse chiite nommée Jihad islamique et liée à l'Iran », résumera Edwy Plenel dans *Le Monde* [6].

Ce mercredi 5 mars 1986, il est 19 h 25 quand ma mère reçoit un appel de l'agence américaine Associated Press. À l'autre bout du fil, un correspondant qu'elle n'a pas le plaisir de connaître lui lâche alors la nouvelle « avec une dureté incroyable », dira-t-elle [7]. À cet instant précis, Alex et moi sommes dans la pièce télé, au sous-sol, comme la plupart des jours de la semaine à cette même heure. Les devoirs attendront. Depuis quinze jours, il y a une nouvelle chaîne, La Cinq, et depuis dimanche une autre encore, TV6. Sur La Cinq, *C'est beau la vie* va bientôt commencer. C'est l'émission d'Alain Gillot-Pétré. Deux équipes, trois femmes et trois hommes, doivent répondre à des questions telles que « Je préférerais voir mon mari en prison, à l'hôpital ou dans le lit d'une autre femme ? ». Les réponses gagnantes sont celles qui se rapprochent le plus des opinions exprimées par sondage, dévoilées en direct à chaque étape de la compétition.

Ma mère va soudain interrompre le zapping entre *Ma sorcière bien-aimée* et *C'est beau la vie*. Dix secondes plus tôt, la « voix cassée, au bord des larmes », elle avait conclu sa conversation au téléphone par cette phrase, aussitôt reprise en dépêche – contre son accord – par le correspondant d'Associated Press : « Il faut que j'enlève les enfants de devant la télévision [8]. »

Ils ont tué Michel Seurat. La télé pouvait lâcher l'information d'une minute à l'autre. L'urgence était d'en arracher Grégoire et Alexandre, de les faire asseoir dans le salon, d'essayer de leur dire. C'est dit. Nous glissons tous les trois sur le tapis en pleurant. Joëlle Kauffmann, *La Voix du Nord*, 5 juin 1986 : « J'ai reçu la nouvelle en pleine gueule : c'est eux qui m'ont calmée, je tremblais des pieds à la tête [9]. »

Le téléphone se met à sonner en rafale – depuis l'enlèvement, ma mère a fait installer une deuxième ligne à la maison. Elle appelle le Quai d'Orsay, demande à parler au permanent qui est supposé la tenir informée des retours de la « cellule de crise » mise en place au printemps précédent. Le fonctionnaire du Quai tombe des nues ; c'est d'elle qu'il apprend que le Jihad islamique vient de revendiquer l'exécution de Michel Seurat [10]... Les voisins de l'allée, les amis commencent à débarquer par petits groupes dans le salon. Ils cherchent les mots pour réconforter les enfants qui pleurent et ont école demain. Peut-être devraient-ils maintenant aller se coucher ? Fajardie arrive lui aussi. « Quand on a appris la mort de Michel, je me suis précipité chez Joëlle. Elle était là, avec ses deux fils assis sur le tapis [11]. »

La bombe qui vient d'exploser tient en un pli, une enveloppe jetée par un homme à moto devant le bureau d'Associated Press à Beyrouth. Elle contient un communiqué et une photo représentant Michel Seurat amaigri, mal rasé, en chemisette. Le texte, trois pages dactylographiées, se résume à un « réquisitoire violent et doctrinaire » contre la France, commentera Roland Dumas [12]. Alignement de Paris sur la politique américaine au Proche-Orient, soutien financier à l'Irak, persécution des musulmans dans le monde, les accusations sont formulées dans un style à la fois crépusculaire, paranoïaque et incohérent. Dans le message transparaissent l'obsession du martyre et la volonté de vengeance propres à tous les communiqués signés du Jihad islamique.

L'affaire des deux étudiants chiites expulsés vers Bagdad figure au premier rang des griefs énoncés contre la France : « La remise de deux de nos frères irakiens aux autorités irakiennes, alors que la France savait qu'ils étaient des opposants au régime et qu'ils seraient exécutés en Irak [...], est un défi dangereux aux sentiments de tous les musulmans et hommes libres du monde. Ceci constitue une complicité de crime. » En réalité, les deux Irakiens sont toujours en vie.

Advient enfin la terrible nouvelle : « Étant donné qu'il nous appartient de veiller sur tous les problèmes des musulmans et sur leur destin, et face aux expériences répétées, à l'incapacité des dirigeants français à comprendre [ce qui précède], et en réponse à tout cela, nous annonçons l'exécution du chercheur Michel Seurat, qui fournissait aux services de renseignements français des études et des analyses sur le Proche-Orient et sur les mouvements islamiques au Liban. Il n'était qu'un membre d'un groupe spécialisé dans ces questions [13]. » Mais que faut-il entendre par l'expression « nous annonçons » ? L'éxécution a-t-elle ou non déjà eu lieu ?

Le lendemain matin, dans la salle des profs, Mme Gallois me prend dans ses bras et tente de sécher mes larmes. « Depuis la nouvelle de la mort de Seurat, l'aîné vit avec un walkman sur les oreilles », dira ma mère à *Paris*

Match[14]. Et sur mon frère : « À l'annonce de la mort de Michel Seurat, Alexandre emmenait sa radio à l'école pour écouter les informations. Il pleurait[15]. » « L'assassinat était donc possible. Je ne pouvais plus raconter d'histoires à mes enfants. Nous étions anéantis[16]. »

À Beyrouth, effondrée, Mary frappe à toutes les portes, ricoche des bureaux de l'AFP à ceux de France Inter, de TF1, court chez Ali Hamdan, le « messager des bonnes nouvelles » – l'homme qui avait organisé la visite de Michel à Mary au mois d'août 1985. Mais Ali parle d'un coup de « bluff » et affirme que Michel est vivant. Mary a « l'impression que tout se brouille comme sur l'écran d'un téléviseur dont on débranche l'antenne ». « Des mots, des sons qui me parviennent mais je ne les comprends pas. À l'arrière-plan, il y a des gens, des bruits, des moustiques, des cafards. Et toujours ces mots : exécution… cadavre… communiqué[17]… »

Et si, comme le pense Ali, le communiqué des ravisseurs n'était qu'un mensonge de plus ? Un leurre visant à faire monter les enchères ? Sur la photo, Michel n'est-il pas en vie ? Mary se raccroche au plus mince espoir. Roland Dumas, de son côté, déclare qu'il n'existe « aucune preuve formelle de l'authenticité » du communiqué. « Je n'exclus aucune hypothèse », ajoute le ministre[18]. Et que penser des déclarations de Hussein el-Khalil ? Ce dignitaire du Hezbollah assure que « Michel Seurat est vivant[19] ».

L'angoisse et la sidération portent à son comble la cacophonie du monde politique, des médias, des familles d'otages. Sur les ondes, à la télévision, chacune de leur côté, Mary Seurat et Joëlle Kauffmann disent leur colère, dénoncent la « bavure » de Pierre Joxe dans l'affaire des deux Irakiens, accablent Roland Dumas et ses services. « On ne rigole plus », prévient Mary sur France Inter. Joxe présente sa démission à Mitterrand, qui la refuse. Georges

Marchais demande que soit levé le secret des négociations dans l'affaire des otages. Les chercheurs du CNRS protestent contre les accusations d'espionnage visant leur collègue. Le Dr Raad se dit prêt à repartir en mission. Jacques Chirac déclare qu'« il faut trouver les moyens de négocier ». Jean-Marie Le Pen invite à ne pas « capituler ».

Le vendredi 7 mars 1986, ma mère est reçue par Laurent Fabius à Matignon. Hormis la plantation d'un cèdre au Creusot quinze jours plus tôt, le précautioneux Premier ministre ne s'est pas beaucoup mouillé, jusqu'alors, pour les otages, préférant envoyer sa femme aux manifestations du comité. Le lendemain, c'est François Mitterrand qui la convoque dans son bureau. À Matignon comme à l'Élysée, on l'invite à la mesure, on déplore à demi-mot la bourde de Joxe, on promet l'ouverture de « nouvelles négociations ». Rue Didot, ma mère est appelée de Téhéran par un correspondant anonyme : « *Michel is finished. The three others not yet*[20]. »

La tension va monter encore d'un cran, le samedi 8 mars, avec l'enlèvement d'une équipe d'Antenne 2 envoyée à Beyrouth pour couvrir l'annonce de la mort de Michel Seurat. Les quatre Français s'étaient rendus au cœur de la banlieue Sud, à Bir el-Abed, dans la mosquée sanctuaire du Hezbollah. S'y tenait une manifestation en hommage aux victimes de l'attentat survenu un an plus tôt contre le quartier général du guide spirituel Mohammad Hussein Fadlallah. Sur les dernières images prises sur place et envoyées à la rédaction de la chaîne depuis leur camion satellite, on sent l'ambiance oppressante[21]. Sur fond de chants funèbres qui obligent à hausser la voix, le journaliste Philippe Rochot figure au milieu d'hommes en prière. Ils jettent des regards peu amènes en direction de Georges Hansen, le caméraman. Complètent l'équipe Aurel Cornea, le preneur de son, et Jean-Louis Normandin, éclairagiste. Ils disparaîtront quelque part sur la route entre le quartier chiite et leur hôtel de Beyrouth-Ouest. Nouvel enlèvement revendiqué, le lendemain, par un correspondant anonyme se réclamant du Jihad islamique. Puis démenti par le même Jihad islamique. Puis revendiqué, le 14 mars, par un groupe jusqu'alors inconnu sur la scène libanaise, l'Organisation de la justice révolutionnaire (OJR). Appellation de circonstance ? Qu'il s'agisse ou non d'un prête-nom, tous les indices laissent supposer qu'ils sont détenus par la même nébuleuse terroriste. Le Hezbollah prend un malin plaisir à brouiller les cartes. Il y a désormais huit otages français au Liban – ou sept, car l'incertitude demeure sur le sort de Michel Seurat.

C'est le moment choisi par Laurent Fabius pour convoquer une conférence de presse à Matignon. Portant une cravate bordeaux sur fond d'ors lambrissés, la mine pincée, cette fois belliqueuse, il déclare que « la France ne cédera pas au chantage ». Face aux « groupes qui exploitent l'angoisse des familles pour faire triompher le fanatisme », une seule réponse s'impose : la « totale fermeté du gouvernement ». Commentaire à chaud de Pierre-Luc Séguillon pour TF1 : « Acculé par une brusque accélération des événements, pressé par les familles des otages, embarrassé par ses propres hésitations, fragilisé aussi par la proximité des élections, le gouvernement veut montrer ce soir, par cette dramatisation, qu'il n'est ni paralysé ni tenté de céder [22]. »

La réaction de Joëlle Kauffmann, en direct au téléphone, fuse sur France Inter : « Laurent Fabius n'aurait-il pas pu choisir de se taire, de ne pas faire de déclarations qui peuvent être ressenties là-bas comme de la provocation ? [...] Pourquoi parler ? Il ne nous a rien appris de plus, Fabius, ce soir. Qu'il se taise ! Je leur demande maintenant de se taire, jusqu'à la sortie [des otages] [23]. »

Mais le pire reste à venir.

Le lendemain, 10 mars, un nouveau pli arrive à l'agence Associated Press de Beyrouth. Encore un communiqué signé « Organisation du Jihad islamique », et trois photos. Sur la première, en gros plan, Michel Seurat gît, torse nu, tête tournée vers la droite, lèvres tuméfiées. L'œil gauche est clos, l'autre à demi ouvert. La deuxième photo montre un corps enveloppé dans un linceul. Il repose dans un cercueil. Sur le troisième cliché, le cercueil est fermé, frappé d'une croix. Extraits du communiqué, signé « Organisation du Jihad islamique » : « Nous avons déjà annoncé l'exécution du chercheur, agent spécialisé des services de renseignements, en supposant que la France allait prendre une décision historique qui la sortirait du giron des États-Unis et d'Israël » ; « Nous avons été surpris par le peu de sérieux avec lequel notre annonce de l'exécution de Michel Seurat a été reçue et par la mise en doute de sa véracité, comme si cette question ne concernait les dirigeants sionistes de la France que du seul point de vue électoral » [24].

Si le doute, même fragile, était encore autorisé après l'envoi du premier communiqué, le 5 mars, ces nouvelles photos le dissipent dans l'instant. Michel Seurat est mort. Ce corps dans le cercueil, c'est le sien. Comme le note Serge July dans *Libération*, les ravisseurs ont parfaitement réussi cette nouvelle opération de communication. La macabre scénographie frappe l'opinion de stupeur et accentue la pression sur le gouvernement socialiste à moins d'une semaine des élections. « Le souci de la mise en scène vient au secours du chantage politique pour mieux fouailler dans les profondeurs psychologiques d'une opinion française ballottée comme un fétu de paille par une suite d'événements dont elle a perdu le fil [25]. »

Aucun scrupule ne retient plus Mary Seurat. Elle crie sa colère à la face du gouvernement français. « Qu'est-ce que je peux faire ? J'ai accumulé en moi une énorme rancœur contre tous ceux qui ont trempé dans cette affaire d'otages. Il faut que je crève l'abcès. Que je prenne le monde à témoin. Que j'accuse. [...] Dévastée, j'étale ma souffrance sur les écrans de la France entière [26]. »

Des multiples interviews qu'elle accorde alors depuis la capitale libanaise, une expression surtout fera mouche, reprise en chœur par la presse d'opposition – du *Figaro Magazine* à *Minute* [27] : « La France est devenue une carpette. » Et au micro d'Alain Ménargues, qui passe alors à Beyrouth de « durs moments avec Mary [28] » : « J'impute la responsabilité de l'exécution de mon mari à M. Joxe. Le Hezbollah a exécuté mon mari, M. Joxe l'a fait assassiner [29]. » Mary s'en prend aussi à Laurent Fabius, appuie sur la nullité du Quai d'Orsay, fustige la « France gouvernée par des fantômes »... « Pour moi, tout est fini. Qu'ils me rendent au moins le corps de mon mari [30]. »

Alors même que Fabius, plus martial que jamais, continue d'affirmer son refus du « chantage », le gouvernement annonce l'envoi d'émissaires à Beyrouth, à Damas, à Téhéran. Leur mission ? « D'une part, [...] vérifier les informations qui sont contradictoires au sujet de Michel Seurat et de nos autres compatriotes qui sont otages au Liban et, d'autre part, [...] essayer d'avancer dans la recherche de la vérité sur le drame qu'ils sont en train de vivre », explique le Premier ministre [31]. Pour la galerie, le Dr Raad reprend lui aussi son bâton de pèlerin, mandaté par le Quai pour une « négociation de la dernière chance ».

Dilemme des journalistes. Faut-il ou non publier les photos de Michel Seurat dans son linceul ? Pour *Le Parisien libéré*, *Le Matin de Paris*, *Le Progrès*, la réponse est non. Nouvelle hypothèse : Seurat serait mort en décembre ou en janvier, bien avant, donc, l'affaire des deux Irakiens mentionnée par les ravisseurs dans leur communiqué. C'est Edwy Plenel qui le suggère dans *Le Monde* [32]. Fébrilité, rumeurs, contre-rumeurs, valse accélérée des émissaires : plus que jamais sur la corde raide, le gouvernement abat ses dernières cartes pour tenter de ramener les otages avant la fin du compte à rebours, le 16 mars 1986, jour des élections.

Conscients de la gravité du moment, décidés à frapper un grand coup pour éprouver la solidarité de l'opinion, du monde politique, des journalistes, le comité appelle à un large rassemblement, le mercredi 12 mars à 17 heures, sur la place du Palais-Bourbon à Paris – d'autres manifestations auront lieu à Rennes, Marseille, Poitiers, Strasbourg, Montauban. SOS Racisme vient en renfort de la mobilisation. Julien Dray s'en explique à Éric Favreau de *Libération* : « On est très liés avec le comité Kauffmann. Les deux enfants de Jean-Paul portent nos badges ; l'un anime un comité Stop-Racisme. [...] Il fallait réagir, empêcher à tout prix qu'il y ait un amalgame entre l'Islam et quelques groupes fanatiques mais aussi défendre des valeurs auxquelles on croit : la démocratie, la tolérance, etc. [33] » Avant de retrouver cette interview de Julien Dray dans les archives landaises, je n'avais jamais entendu parler des comités « Stop-Racisme », dont Alexandre ne garde aucun souvenir non plus.

À 13 h 05, sur une initiative d'Harlem Désir, une minute de silence est observée à la télévision et sur les ondes en solidarité avec les otages. Les « potes » ont affrété une péniche qui croise solennellement celle du comité, d'où Joëlle Kauffmann leur envoie un salut fraternel, poste transistor à l'oreille. Une nuée de photographes immortalise la scène.

Trois heures plus tard, Alex, Cantal et moi écoutons ma mère répéter son texte dans la voiture qui file vers le Palais-Bourbon. Point d'orgue de son discours, la supplication aux ravisseurs qui ont revendiqué la mort de Michel :

« Vous savez que ce que vous venez de faire ne peut que vous discréditer et discréditer votre cause aux yeux du peuple français et de tous vos amis. Je vous en supplie : arrêtez ! » Cantal estime que ma mère ne porte pas assez haut l'exclamation finale : « Arrêtez ! » « Ce mot, il faut que tu le hurles. Qu'on le sente monter du plus profond de tes tripes. Comme quand tu engueules Grégoire et Alexandre. »

Place du Palais-Bourbon, une indescriptible cohue nous accueille. La manif a été organisée en catastrophe. Un brun râblé à lunettes, la trentaine, accourt pour nous extraire de la bousculade. Jouant des coudes et des tibias, il nous conduit jusqu'à l'estrade qui attend ma mère. C'est Julien Dray, préposé au semblant de service d'ordre mis en place par les militants de SOS. Sur les images, on le voit former un cordon de sécurité avec ses copains, grimaçant d'effort sous la poussée de la foule qui menace d'emporter le frêle barrage [34]. Il porte un blouson en cuir et, sur son polo, l'autocollant orange « Otages libres ». Un micro de France Culture saisit au vol les mots de ma mère prise dans la ruée : « Je vous en supplie ne nous écrasez pas, ça suffit déjà la violence, alors, entre nous, repoussez-vous s'il vous plaît et ne poussez pas [35] ! »

Un silence de mort tombe sur la place à l'instant où elle entame son discours. Il y a loin entre ces visages inquiets, l'extrême tension du moment et la foule estivale, bon enfant, portée à un certain optimisme, qui avait défilé au métro Saint-Paul le 24 juin 1985. Ni slogan ni banderole, excepté, sur une pancarte de fortune brandie par un manifestant, ces mots : « Salut, Salam, Shalom. Tu ne tueras point. »

« Qui aurait cru qu'à trois jours des élections, on verrait rassemblés devant l'Assemblée nationale, place du Palais-Bourbon, Jacques Chaban-Delmas, Simone Veil, Georges

Marchais, François Léotard, Lionel Jospin ? » commente le journaliste de France Inter [36]. Sont aussi présents Leila Cantal-Dupart, Bernard Tapie, Michel Rocard, Alain Madelin, Henri Krasucki, Louis Mermaz, Guy Bedos, Harlem Désir, Bernard Kouchner, Yves Montand, Françoise Castro (l'épouse de Laurent Fabius). Et la stridence de ce cri, lancé dans le froid sec de mars au milieu de la place muette et bondée, cette supplication qui glace le sang et résonnera dans des millions de foyers français, ce soir, à l'heure du journal télévisé : « Arrêtez ! »

Jacques Chirac avait prévenu qu'il ne faudrait pas compter sur sa présence place du Palais-Bourbon. Le maire de Paris « comprend parfaitement les manifestations du cœur ». Il avertit pourtant : « Je ne suis pas certain que le fait d'en "faire trop" sur le plan national n'a pas pour résultat de valoriser et conforter l'action de ces fanatiques, qui se sentent ainsi consolidés par l'effet qu'ils produisent sur une nation [37]. »

Le Jihad islamique revient à la charge, ultime baroud pour clore la séquence folle débutée une semaine plus tôt, quand Associated Press avait publié le premier communiqué sur la mort de Michel. Le jeudi 13 mars, l'agence britannique Visnews de Beyrouth avise l'ambassade de France qu'un pli vient d'être déposé devant ses bureaux. Il contient une cassette VHS accompagnée d'un communiqué. On y voit Jean-Paul Kauffmann, Marcel Carton, Marcel Fontaine filmés tour à tour, lisant leur message. Le 3 avril 1986, un documentaire de TF1 diffusera l'instant de douleur intime volé à ma mère quand, invitée à visionner la cassette dans les locaux d'Antenne 2 (les deux chaînes appartiennent alors au service public), le chagrin et la tension seront tels que ses nerfs lâcheront. Les images la montrent en compagnie de sa sœur Armelle, d'Odette et Marcel Kauffmann et du fils aîné d'une cousine de mon père, Bernard Ploteau, monté de La Guerche-de-Bretagne à Paris pour donner un coup de main au comité de soutien.

Ma mère : « C'est pas lui, je te jure que c'est pas lui, c'est pas sa voix ! » Marcel Kauffmann, levant la main droite vers l'écran : « Et pourtant, les yeux… » Armelle : « C'est lui, Jojo, c'est lui ! » Ma mère : « Non, non ! » Un technicien met sur pause. Ma mère : « N'arrêtez pas les images, pas comme ça ! » Elle crie : « N'arrêtez pas les images, nom de Dieu, c'est dégueulasse ! » Trois secondes plus tard : « Excusez-moi, n'arrêtez pas les images, c'est infernal. » Cut. Ma mère : « Ce qu'il y a de dégueulasse, c'est qu'ils leur ont fait croire qu'on les abandonnait, qu'on ne s'en occupait plus [38]. »

Le lendemain, à 17 heures, Alex et moi serons conviés à notre tour à la rédaction d'Antenne 2 pour visionner la cassette. Ma mère a oublié de nous dire que nous serions photographiés et filmés avec elle face aux images de notre père en captivité. La vidéo, en couleurs, est de mauvaise qualité. Mon père est adossé à un mur blanc, vêtu d'un blouson clair et d'une chemise à col ouvert. Il n'a plus ses lunettes. Le ton de la lettre reçue au mois d'août était encore le sien. Celui du texte qu'il récite sur cette cassette d'une voix lasse, monocorde, semble appartenir à quelqu'un d'autre, de même que ce regard perdu et cet air épuisé, ces joues barbues.

Est-il bien l'auteur des notes qu'il est en train de lire ? S'agissant des passages adressés à ma mère, sans aucun doute. « Joëlle, cela fait dix mois que je n'ai pas vu ton visage. Dix mois que je n'ai pas vu Grégoire et Alexandre. Comment peut-on vivre loin de tout cela ? Ce sont pourtant ces souvenirs-là qui m'aident aujourd'hui à tenir bon. Je voudrais te dire combien j'ai été bouleversé en décembre dernier, quand tu es venue à Beyrouth avec mes parents. J'ai entendu ta voix. Cela m'a remonté le moral sur le coup, mais c'était il y a plus de deux mois. Aujourd'hui, je vais te dire que je suis complètement désemparé. » Et à la fin : « Joëlle, je t'embrasse. Je t'aime. J'espère te revoir un jour. »

D'autres passages ont manifestement été écrits sous la dictée des ravisseurs. « Nous avons été pris tous les quatre pour empêcher qu'un peuple ne soit contre un autre, que les Français soient contre les déshérités et les musulmans. Nous sommes là parce que notre pays a envoyé des armes à l'Irak et parce que la France a choisi le camp de Saddam Hussein au lieu d'être impartiale dans cette guerre. [...] Nous avons été enlevés à cause des victimes innocentes, à cause des destructions, à cause des enfants qui meurent. »

Témoignage du plus profond désespoir (« j'ai l'impression d'avoir été abandonné »), le message s'adresse d'abord et surtout à l'opinion, aux journalistes, aux autorités françaises pour qu'enfin des « gestes concrets » l'arrachent à ce « calvaire », à cette « longue nuit », à ces « jours vides et interminables ». « Un moment, je redoute qu'il ne se soit formé autour de notre affaire un de ces consensus commodes. Mais il ne suffit pas de protester, encore faut-il agir réellement pour nous sortir de là. »

Les visages douloureux de Marcel Carton et Marcel Fontaine, leurs voix d'outre-tombe disent avec d'autres mots la même détresse. « Un an, c'est très dur, et je vous prie de croire que ce n'est pas le Club Méditerranée », affirme Fontaine. Aucune revendication précise n'est formulée. Les trois otages dénoncent en termes généraux la politique de la France au Proche-Orient, son soutien à l'Irak, les souffrances des musulmans opprimés. Il n'est jamais question, par exemple, des membres du commando Naccache, dont la remise en liberté est pourtant censée figurer en tête des doléances de l'organisation terroriste. Aucune allusion non plus à l'affaire des deux opposants irakiens expulsés vers

Bagdad – sous la pression de François Mitterrand, Saddam Hussein vient d'ailleurs d'annoncer leur « grâce » et leur retour dans l'Hexagone s'ils le souhaitent.

Le communiqué qui accompagne la cassette est une violente diatribe contre la France. Celle-ci est sommée d'obtempérer à des exigences qui ne sont jamais clairement énoncées. « Des envoyés officiels et officieux ont été envoyés au Liban et dans la région. Ceci n'est rien qu'une manœuvre publicitaire visant à tromper le peuple français angoissé pour l'avenir de ses fils. [...] Nous n'avons rencontré et nous ne rencontrerons aucun des émissaires français, qu'ils soient officiels ou non, tant que nous n'enregistrerons pas de la part de la France une réponse positive et explicite à nos exigences [...]. Tout ce qui a été rapporté au sujet de rencontres avec nous est dénué de tout fondement. » Pierre jetée dans le jardin du Dr Razah Raad ? Revenu de sa mission au Liban, il multiplie au même moment les déclarations fracassantes pour dire son « optimisme » quant aux pourparlers menés avec les prétendus ravisseurs dans leur fief de Baalbek [39]. Il n'a évidemment échappé à personne que les otages de la cassette ne sont que trois. Le jour même, en l'église Saint-Germain-des-Prés, l'archevêque de Paris, Mgr Lustiger, a célébré une messe pour Michel Seurat.

Par son chantage à l'émotion et ses mises en scène, par son recours aux images macabres, par ses communiqués provocants et ses appels vengeurs, le Jihad islamique percute violemment les derniers jours de la campagne électorale. Du 5 au 16 mars 1986, jour du scrutin, le dossier des otages n'aura laissé aucun répit à l'opinion, éclipsant le reste de l'actualité, jouant sur les nerfs de toute la classe politique. « La démocratie en otage », titre en Une *Le Nouvel Observateur* du 14 mars.

L'imagination machiavélique des ravisseurs confronte la presse à un dilemme impossible. Faut-il publier les photos de Seurat mort, montrer les vidéos de Carton, Fontaine et Kauffmann ? Comment trouver le point médian entre devoir d'informer et refus d'entrer dans le jeu des terroristes ? TF1, Antenne 2, Canal+ choisissent de montrer les images de la cassette en coupant le son. « On diffuse les informations contenues dans les images, mais l'on censure leurs “messages” inévitablement manipulés. On réussit un coup, mais on pointe l'intolérable de la situation... » commente, acerbe, Jean Hatzfeld dans *Libération* [40]. Quant à l'avocat et ancien résistant André Weil-Curiel, il publie une tribune qui retentit comme une mise en garde adressée au prochain gouvernement : « Si nous cédons au chantage [des terroristes], nous récolterons la honte comme après Munich [41]. »

La France est sonnée. Enfin, pas toute la France. « Reporter de l'underground », Alain Pacadis vient lui aussi de vivre une huitaine étourdissante, mais sur un autre front : celui des « années show-biz » qu'il chronique pour *Libération*. « Encore une semaine où les fêtes se sont succédé à une cadence vertigineuse. D'abord, l'inauguration de la Cité des sciences de la Villette, avec buffet de Lenôtre, placé sous le signe de la comète de Halley. Après plusieurs heures de champagne, on a pu aller danser au Planétarium, transformé pour une nuit en night-club. Puis il y eut une soirée pour jeunes RPR au Palace, en présence de Gérard Lenorman et de Silvia Monfort. Le jour suivant, Bernard Torrent m'emmenait au Parc des Princes, pour la finale du tournoi des Cinq Nations : très beau match, assez disputé, suivi par un drink au Grand Hôtel. Enfin, il y a eu la nuit des élections organisée par Skyrock Radio au Palace, c'est le PS qui a gagné [42]. »

Mars 1986

Mais le Palace n'est pas la France. Elle donne le 16 mars une très courte victoire à la droite. La coalition RPR-UDF récolte 44,8 % des suffrages, contre 31 % pour le Parti socialiste, 9,8 % pour le Parti communiste et 9,6 % pour le Front national.

29

SOPHIE DEVAL

Au plus fort de la tempête, alors que venaient d'être divulguées les photos de Michel Seurat dans son linceul et que s'organisait, place du Palais-Bourbon, le rassemblement de soutien aux otages du Liban, paraissait aux Éditions Mazarine *Écrits pour Jean-Paul Kauffmann*. Fajardie avait eu l'idée de réunir en un volume les chroniques lues pendant l'été sur France Inter, en y adjoignant d'autres textes pour atteindre un nombre de pages respectable – 160 à l'arrivée. Il s'était ouvert du projet à Olivier Cohen, le jeune directeur des Éditions Mazarine. À son tour, celui-ci avait su convaincre le patron de sa maison mère, Fayard, en la personne de Claude Durand. Pour participer au recueil, avait décrété Fajardie, il fallait faire profession de sa plume, être romancier, essayiste, critique, bref, disposer d'un minimum de notoriété dans la République des lettres. Quitte à écarter Michel Cantal-Dupart qui aurait bien aimé, lui aussi, signer un texte dans le volume. De l'épisode, il gardera un chien de sa chienne au camarade Fajardie.

Écrits pour Jean-Paul Kauffmann est tiré à 4 200 exemplaires, puis réimprimé à 800 début mai. Il faut croire que les raisons d'Olivier Cohen et de Claude Durand sont militantes avant d'être commerciales. À en juger par le relevé des droits établi à la fin de l'année, pas moins de 2 000 exemplaires seront en effet distribués gratuitement en service de presse, et 1 670 écoulés en librairie [1]. « Le bouquin se vend un peu, mieux que je le prévoyais », écrira Olivier Cohen à ma mère au début du mois d'avril 1986 [2].

« Un livre qui montre – même si personne ne se fait d'illusions sur l'impact des mots sur la conscience des ravisseurs de nos otages à Beyrouth – que les intellectuels français savent s'unir, mettre leur passion et leur talent en commun, quand la raison du cœur et de l'esprit l'exige. [...] Finis, les conflits de pacotille, oubliées, les divergences idéologiques, balayées, les philosophies contraires ; ici, comme rarement on l'aura senti, la littérature française crie sa rage commune, et oppose à l'inacceptable le poids de son espérance. » Ainsi Jérôme Garcin salue-t-il, dans *Le Provençal*, la publication du recueil [3]– il signera un autre compte rendu de l'ouvrage dans *L'Événement du jeudi* [4].

La plupart des critiques brodent sur le thème de la liberté qu'on assassine, le combat de la tolérance contre le fanatisme, les droits de l'homme, la littérature qui seule permet de survivre [5]. Elles font revivre la figure de l'ami Jean-Paul et son amour des livres, du vin. On cite souvent les mêmes extraits. Notamment le morceau de bravoure de Philippe Sollers : « L'Islam nous emmerde. Il vient de commettre une erreur mondiale en s'attaquant au bordeaux. Personne ne peut avoir raison contre le bordeaux. Enveloppe-toi dans la pensée du vin, Kauffmann ! Elle protège de tout ! Tu es invisible ! » Ou encore l'ouverture du texte de Pascal Bruckner : « Tous coupables ! Telle est la conviction des ravisseurs de Kauffmann et Seurat. Nous autres, citoyens des pays développés, sommes coupables du simple fait d'exister. [...] Nous étions en guerre, mais nous ne le savions pas. » Cette contribution de Bruckner serait la plus « polémique » du recueil, avait averti Fajardie sur

France Culture[6]. On signale aussi que les lignes du philosophe François Châtelet seront les dernières publiées avant sa mort, survenue en décembre. Jadis portraituré par mon père dans *Le Matin de Paris*, le grand écrivain italien Italo Calvino signe aussi un texte dans le volume.

La chroniqueuse de *La Vie mutualiste*, organe de la CGT, tique sur le texte de Jacques Lanzmann. Dans sa critique publiée sous forme de lettre ouverte à Joëlle Kauffmann, elle explique : « Ce bon vieux macho de Jacques Lanzmann écrit que vous êtes "à la hauteur de votre bonhomme". Mais non. Madame, vous êtes à la hauteur, un point c'est tout[7]. » Sur les soixante-deux contributeurs du volume, on compte seulement sept femmes – Andrée Chedid, Régine Deforges, Élisabeth Huppert, Michèle Manceaux, Katherine Pancol, Catherine Rihoit et Joëlle Kauffmann, qui ouvre le livre par une lettre à mon père.

Souvent présent au comité à ses débuts, Gabriel Matzneff figure lui aussi au sommaire du volume. Il attendra le dénouement de l'affaire des otages pour dire le fond de sa pensée sur *Écrits pour Jean-Paul Kauffmann*. « J'avais été effaré par le narcissisme, l'infantilisme, la méconnaissance du drame palestinien et libanais qu'exprimaient la plupart des textes de ce recueil. Les parcourant, je m'étais dit : "Pourvu que ce livre ne tombe jamais entre les mains des ravisseurs ! Si ceux-ci le lisent, les otages seront zigouillés illico." [8] »

Mais aucune voix ne semble devoir troubler, sur le moment, l'accueil amical réservé à l'ouvrage. Il paraît difficile d'en parler autrement que pour saluer l'engagement d'écrivains réunis pour une noble cause. Dans le dossier de presse rassemblé par l'éditeur, la seule fausse note provient du *Journal Rhône-Alpes*, propriété du groupe *Le Progrès-Le Dauphiné libéré* – il vient d'être racheté par le très conservateur Robert Hersant. Paroles de faible écho, mais dont les arguments annoncent une brèche dans le front de solidarité, jusqu'alors assez solidement tenu, des journalistes avec l'action du comité. Dissidence marginale mais révélatrice de la petite musique que l'exécution supposée de Michel Seurat va rendre plus audible.

Le papier est signé d'un certain Hervé Deroissard, peut-être un pseudonyme. « Soixante-deux écrivains et journalistes sont entrés en compétition pour livrer chacun le petit texte le plus incisif, le plus sensible, le plus humain et le mieux léché sur Kauffmann – l'otage –, chacun y est allé de son talent. Et le résultat, c'est une redoutable anthologie de l'impuissance. Ce paquet de copies rendues pour la bonne cause montre assez cruellement dans quelle débandade un fait brut et barbare met les beaux esprits. » Et de reproduire le passage précité de Philippe Sollers. « Fallait-il publier cela, et soixante autres niaiseries du même tonneau qui se résument par "l'impuissante indignation" des intellectuels ? Je ne voudrais pas, ici, ajouter encore des mots pour Kauffmann. Tant il me paraît évident que la solution de ce douloureux problème est dans les "actes". Mais, pour cela, peut-on compter sur ceux qui se payent de mots et satisfont leur conscience par des phrases bien tournées ? Des phrases qui font rire les barbares ! Et leur donnent – presque – raison [9]... »

Comme en écho à cette diatribe, j'ai gardé le souvenir d'une scène survenue à la même époque. C'était au sixième Salon du Livre de Paris (20 au 26 mars 1986). Sous les verrières du Grand Palais, le stand des Éditions Mazarine subissait la cohue des visiteurs et des photographes. Ballotté dans la foule, loin de la table où ma mère dédicaçait *Écrits pour Jean-Paul Kauffmann* et que je cherchais à atteindre, j'ai parfaitement entendu – elles étaient à quelques centimètres de moi – les mots échangés par deux femmes, sans doute une mère et sa fille. La mère : « Tu as vu là-bas ? C'est Joëlle Kauffmann. » La fille : « Oui, je la supporte pas bien. » L'expression « je la supporte pas bien » m'avait pour le moins perturbé.

Depuis la surchauffe des quinze premiers jours de mars, après cette séquence à fois paralysante et humiliante pour les Français pris collectivement en « otages » par la guerre des images et des communiqués, la valse des émotions semble avoir laissé place à une certaine lassitude. Les critiques adressées à ma mère vont se faire plus nombreuses. Eu égard à la stratégie du comité, la mort de Michel Seurat ne sonne-t-elle pas comme un terrible désaveu ? Joëlle Kauffmann répète que parler des otages, faire parler d'eux, c'est d'abord et surtout protéger leur vie, ainsi rendue plus précieuse qu'un « diamant ». À en juger par les photos de Michel Seurat enveloppé dans son suaire, les ravisseurs ne partagent pas cette manière de voir les choses.

La femme de Marcel Fontaine non plus. Dans une longue interview au *Figaro Magazine* – autre propriété du groupe Hersant –, elle attaque ma mère. Les commentaires du journaliste auteur de l'entretien, Jean-Louis Remilleux, habillent aussi celle-ci pour l'hiver. Depuis que l'enlèvement de Jean-Paul Kauffmann et de Michel Seurat est venu projeter la lumière sur le sort de son mari, vice-consul à l'ambassade de France, Éliane Fontaine s'est tenue à l'écart de la mobilisation médiatique. Lourds cernes de fumeuse, silhouette douloureuse, sans cesse fatiguée et déprimée, l'institutrice était un moment retournée vivre à Beyrouth, pour essayer de nouer contact avec les ravisseurs. « Éliane Fontaine est allée toute seule voir le Hezbollah ; elle a fait des choses très dangereuses ; elle y allait en taxi, rencontrait des intermédiaires qui lui faisaient des fausses promesses et payait des voleurs », dira ma mère [10]. Mais, depuis, Éliane est tombée sous la coupe de l'avocat Jacques Vergès, le défenseur de Klaus Barbie. Comme son mari, il est originaire de l'île de la Réunion – Marcel Fontaine est un « Petit Blanc des Hauts ». Elle mettra fin à sa collaboration après plusieurs voyages de l'avocat en Syrie, payés sur ses économies et manifestement mis à profit pour des affaires qui n'avaient rien à voir avec le dossier des otages.

Les oreilles de Joëlle Kauffmann vont donc siffler lors de cet échange avec Jean-Louis Remilleux, titré « Le cri d'indignation et de désespoir d'Éliane Fontaine ». Extraits : « Mon mari est le "bougnoul" de service. Il est "réunionnais", vous comprenez ? [...] De plus, il n'est pas élevé dans la hiérarchie diplomatique. Alors on s'en fout... Durant toute cette affaire, on a mis en vedette Kaufmann [*sic*] et Seurat et laissé un peu de côté Carton et Fontaine en espérant secrètement que les ravisseurs commencent à exécuter ces derniers. Seulement voilà, c'est le contraire qui s'est passé... Parce que trop de provocations ont été commises... Dans les réunions qu'organisait Roland Dumas, [...] il n'y en avait que pour Mme Kauffmann. Je n'ai rien contre elle. Mais cette vedettarisation à outrance m'afflige. On crie sur tous les fronts. On compromet à plusieurs reprises des chances de s'en sortir... [...] Les ambassadeurs ne sont au courant de rien... Les émissaires français envoyés chez les "fous de Dieu" ne sont pas sérieux. On se targue officiellement de ne pas négocier. En réalité, on expédie chez ces gens des deuxièmes couteaux, des photographes devenus subitement diplomates et des opportunistes qui dépensent un argent fou... [...] Mon mari faisait le sale boulot à Beyrouth. C'était un obscur, aimé de tous, mais un sans-grade. [...] Ce n'est pas une vedette du Tout-Paris ! Ni un coureur de cocktails d'ambassade. C'est un Réunionnais... »

Explication de texte par Jean-Louis Remilleux : « Les mois passent. Aujourd'hui, SOS Racisme propose des minutes de silence. *L'Événement du jeudi* organise une énième manifestation de rue. Mais Mme Fontaine, elle, en a ras le bol. Parce qu'elle a tout vécu avec ses tripes. [...] Quel gâchis : Dumas piétine. Joxe trébuche. Fabius se couche. Et Vergès triomphe ! Voilà le socialisme à la française [11] ! »

Si Mary Seurat, de son côté, se garde encore de mettre directement ma mère en cause, c'est bien l'action du comité qu'elle vise en déplorant, sur TF1, le rôle irresponsable et contre-productif tenu selon elle par les journalistes dans la dramatisation de l'affaire – et dans l'engrenage ayant conduit à l'exécution supposée de Michel. « [La presse, la télévision] font le jeu des ravisseurs, c'est évident. Je ne vais pas faire tout un cours de "*mass communication*" là-dessus, mais c'est évident. [...] Chaque fois que la France était sens dessus dessous, le timing était imposé par les ravisseurs eux-mêmes. Il y a eu trop de bruit, il y a eu trop de boyscoutisme [12]. »

Toujours acquise mais plus chèrement négociée, la solidarité des journalistes avec le comité montre ses premières fêlures. Dans les rédactions, la mort de Michel Seurat a libéré la parole de ceux qui, *mezza voce*, n'ont jamais cessé de critiquer l'action des « Amis ». Ils sont une minorité, mais se tiendront désormais en embuscade. Par ailleurs, si la plupart des journalistes continuent de la protéger, ma mère apprend aussi à se protéger d'eux. L'affaire des photos de *Paris Match* aura contribué à lui épaissir le cuir.

Le 21 mars 1986, le « magazine des stars » avait fait sa Une avec le premier cliché de Michel Seurat reçu par Associated Press. En pages intérieures, inséré à la suite d'un papier sur Mary, un long dossier, « Les torturées », décrit la vie des trois autres femmes d'otages. N'en croyant pas ses yeux, ma mère découvre, illustrant l'article, la photo de mon père tenue sous embargo depuis le mois d'août 1985.

Elle le montre amaigri, barbe naissante, tenant *L'Orient-Le Jour* entre ses mains. Image dont elle souhaitait nous préserver, Alex et moi.

Ma mère comprend dans l'instant. Ce Polaroïd, elle l'avait confié au rédacteur en chef de l'agence Sipa Press, Claude Thierset, à charge pour lui d'en faire un agrandissement que ma mère voulait remettre à François Mitterrand. D'autres clichés volés sont reproduits deux pages plus loin. Ils proviennent de notre album de famille : le couple Kauffmann posant sur une plage à marée basse avec leur fils de deux ans, lui épuisette sur l'épaule, elle en maillot de bain, moi tout nu ; moi bébé dans les bras de mon père ; tous les quatre au début des années 1980, adossés à un muret au milieu de la campagne. Photos également confiées à Claude Thierset qui affirmait, grâce à ses contacts, pouvoir les faire acheminer jusqu'à la geôle de mon père.

Ma mère avait en lui une confiance aveugle. Ce long barbu amical et souriant, affectant une allure de baroudeur-gentleman aux jeans bien repassés, les mains toujours impeccablement manucurées, était souvent fourré au comité ou à la maison. Alex et moi l'aimions bien. Il se disait en relation avec des intermédiaires du Jihad islamique. C'est Claude Thierset qui avait organisé, à Noël, le réveillon de la famille Kauffmann à Beyrouth. Et c'est aussi lui qui, pour Sipa Press, avait donc cédé à *Paris Match* les fameux clichés. Montant de la transaction : 1 400 francs pour la photo de mon père prisonnier, 8 025 francs pour celles tirées de l'album de famille [13]. Pas l'affaire du siècle non plus.

Ma mère poursuivra en justice Sipa Press et la société éditrice de *Paris Match*, Cogedipresse. Elle les fera lourdement condamner pour atteinte à l'intimité de la vie privée. « Je ne me trompe pas d'ennemi, mon ennemi, c'est le

Hezbollah, mais quand il y a des salauds, il faut leur faire la peau », écrira-t-elle, rageuse, à l'avocat chargé de ses intérêts [14]. Pour sa défense, Claude Thierset prétendra piteusement que les photos litigieuses avaient été subtilisées en son absence dans le tiroir de son bureau…

Contrairement à mon frère, tombé sur le magazine en fouillant dans la chambre parentale et très éprouvé par sa découverte, je n'ai gardé aucun souvenir de ce fameux numéro de *Paris Match*. En revanche, j'ai conservé de cette époque un petit texte écrit de ma main, au Bic bleu, sur une fiche cartonnée. « J'ai 12 ans, nous sommes le lundi 24 mars 1986. Je vais, en gros, raconter ma vie : j'aime les meufs, malgrès que mon père soit [mot manquant], malgrès que je sois triste ça ne m'empêche pas de me sortir des meufs. Sheila (j'était en 6ᵉ) Ninon (5ᵉ) Monsara (5ᵉ) (Marie anne) Sophie (5ᵉ ma préférée). En ce moment, je sort avec Monsara (une ancienne). Je sorts avec elle juste pour la pelotter (elle a de ces nichons). J'espère, plus tard quand j'aurais au moins 18 berges, me fendre la gueule en relisant ça (poils aux doigt). J'aime Sophie Deval. LE PEN = [croix gammée] [15]. »

Cinq jours plus tard, après l'annonce des titres du 20 heures d'Antenne 2, huit photos défilent à l'écran. En off, la voix du présentateur Claude Sérillon. « Aujourd'hui 29 mars 1986, les otages français détenus au Liban, Marcel Carton, Marcel Fontaine, Michel Seurat, Jean-Paul Kauffmann et l'équipe d'Antenne 2, Philippe Rochot, Georges Hansen, Jean-Louis Normandin, Aurel Cornea n'ont toujours pas été libérés. »

Explication de Claude Sérillon : « Bonsoir, désormais au début de chacune des éditions de la rédaction d'Antenne 2, nous rappellerons ainsi le sort des huit otages français détenus au Liban et nous le ferons jusqu'à leur libération. »

30

ALTERNANCE

Le retour de la droite au pouvoir ne fait pas les affaires de Michel Cantal-Dupart. Le temps des ponts d'or offerts à la mission qu'il dirige avec Roland Castro, Banlieues 89, est terminé. Pour la forme, les deux urbanistes mitterrandiens conservent leurs bureaux dans l'annexe mise à leur disposition par Matignon, rue de Varenne, mais Jacques Chirac s'apprête à leur couper les vivres. Banlieues 89 n'aura plus un centime d'argent public à distribuer aux collectivités locales. Cela revient à en faire une coquille vide. Le nouveau ministre des Finances, Édouard Balladur, n'a-t-il pas promis de strictes mesures d'économie ? Moins d'État, moins d'impôts, l'heure est venue de mettre un terme à la gabegie budgétaire accoucheuse d'usines à gaz telles que Banlieues 89 et mille autres « machins » enfantés par le Léviathan socialo-communiste. Le programme estival « Fêtes et forts » connaîtra une dernière édition en 1986. Les concerts de zouk, les performances de smurf et les projections sur écran géant au fort d'Ivry n'ont plus l'heur de plaire en haut lieu.

Au temps de leur zénith, en 1983-1985, Cantal et Castro voulaient transformer le périphérique extérieur en avenue. Ponctuée d'espaces verts, cette rocade aurait accueilli les nouvelles gares de l'Est, du Nord, de Lyon, d'Austerlitz. Par un réseau de tramways, de rames de métro, de voies cyclables, ils voulaient aussi relier entre eux les anciens forts militaires qui entourent Paris, promesse d'une synergie pourvoyeuse d'emplois dans les banlieues difficiles. Las. Au débraillé soixante-huitard de Roland Castro, aux envolées de Michel Cantal-Dupart sur la « ville inclusive » et la transformation des kiosques à musique en scènes de breakdance, Jacques Chirac préfère les mégastructures à l'américaine d'un Olivier-Clément Cacoub, auquel vient d'être confié l'aménagement de la porte Maillot. Quant aux moyens de revitaliser les territoires urbains frappés par le chômage, le nouveau ministre de l'Industrie, Alain Madelin, a sa petite idée sur la question. À Dunkerque ou à La Seyne-sur-Mer, par exemple, pourquoi ne pas créer des zones franches où les nouvelles sociétés bénéficieraient d'exonérations d'impôts ? Qu'on lui laisse les coudées franches, il se fait fort d'attirer les investisseurs américains.

Sur le dossier des otages aussi, changement de ton et de méthode. Durant la campagne, Jacques Chirac a suffisamment répété que, lui à Matignon, il en serait fini du battage organisé autour de cette affaire. Sur un terrain aussi délicat, l'efficacité n'allait pas sans un impératif d'absolue discrétion qui exigeait de faire taire le comité Kauffmann, d'imposer au Quai d'Orsay une discipline de fer et d'envoyer au diable les amateurs du type Razah Raad. La « diplomatie parallèle » revendiquée par le comité, les campagnes d'opinion, les émissaires privés qui faisaient la roue devant les caméras, toutes ces injures au bon sens, toutes ces entorses à l'autorité étaient bien la marque d'un gouvernement socialiste. Avec la droite, on reprendrait le dossier à zéro, et on ferait silence dans les rangs.

Faire passer ce message, telle est la mission de Maurice Ulrich, le directeur de cabinet de Jacques Chirac, qui reçoit ma mère et Cantal le 24 mars 1986. Un autre rendez-vous suivra avec Jean-Bernard Raimond, le nouveau ministre des Affaires étrangères. Le courant passe infiniment mieux avec lui qu'avec Roland Dumas, ce qui n'était pas difficile. Un monde sépare l'ancien avocat du FLN algérien, virtuose des faux-fuyants, roué, ondoyant, colérique, de l'affable et paterne Jean-Bernard Raimond. Urbain, teint rose, joues poupardes, le nouveau ministre « a le gonflant, la douceur et l'invulnérabilité d'un édredon », dira de lui *Le Nouvel Observateur* [1].

Pur produit du Quai d'Orsay, Jean-Bernard Raimond a gravi tous les échelons de la maison, tour à tour ambassadeur au Maroc, en Pologne et en Union soviétique, d'où Jacques Chirac le fait revenir pour constituer son gouvernement. Lors de sa rencontre avec ma mère dans ce même bureau qui l'avait si souvent vue craquer, le successeur de Roland Dumas joue cartes sur table. « La première fois que Jean-Bernard Raimond [...] m'a reçue, il m'a recommandé : "Tout doit se faire dans l'ombre ! Il y a trop de bruit !" » dira-t-elle à *L'Événement du jeudi*. Elle raconte dans ce même entretien : « Je les connaissais tous, Chirac, Toubon, Carignon... la liste est longue. Ils avaient manifesté avec les amis de Jean-Paul tous ces derniers mois. Et voilà qu'aujourd'hui, les mêmes me disent : "Chut !" [2] » Les piliers de la nouvelle majorité, Alain Carignon, Jacques Toubon mais aussi François Léotard ou Robert Pandraud reçoivent néanmoins ma mère et Cantal à plusieurs reprises pour les assurer de leur solidarité.

À Matignon, c'est à l'officier de gendarmerie Michel Roussin, nommé chef de cabinet, que revient de suivre désormais le dossier des otages. Passé par le Service de documentation extérieure et de contre-espionnage (SDECE aujourd'hui DGSE), il jouera conjointement le rôle de missus dominicus, allant négocier secrètement avec les émissaires iraniens à Chypre, Zurich, Alger, Genève [3], et celui de « médiateur » avec les familles Carton, Fontaine, Kauffmann, Seurat, Normandin, Rochot, Hansen, Cornea – la liste s'allongera et avec elle le nombre d'épouses, mères, pères, frères, sœurs reçus dans son bureau. C'est le volet sans doute le plus ingrat de sa mission, dont Michel Roussin s'acquitte avec un flegme à toute épreuve. Est-ce bien le même homme qui, peu avant les élections, fit le voyage à Téhéran, mandaté par Chirac pour convaincre les Iraniens de retarder la libération des otages ? La rumeur circulera avec insistance [4]. Pour l'heure, ma mère apprécie son fair-play, sa sollicitude et la disponibilité qu'il témoigne aux familles.

Jacques Chirac vient à peine de constituer son gouvernement qu'une bombe tue deux personnes et en blesse vingt-neuf autres dans une galerie marchande des Champs-Élysées. Attentat revendiqué, une fois encore, par le Comité de solidarité avec les prisonniers politiques arabes et du Proche-Orient (CSPPA). Cette manière de « saluer » l'alternance met le pouvoir sous pression. Otages, terrorisme : par quelque biais qu'on les aborde, les deux dossiers semblent toujours aboutir au même nœud, le contentieux franco-iranien.

S'il claironne sa volonté de ne « pas céder au chantage » et annonce la mobilisation de toutes les polices – « il faut terroriser les terroristes », lâche son ministre de l'Intérieur Charles Pasqua –, Chirac laisse aussi entendre qu'il souhaite faire revenir l'Iran à la table des négociations. Et d'envoyer un signal, dès le 23 mars 1986, par la voix de son lieutenant Jacques Toubon. Invité ce soir-là au Club de la presse d'Europe 1, le secrétaire général du RPR déclare pour la première fois que, dans l'affaire Eurodif, la France est prête à rembourser l'Iran. La presse révèle aussi que Chirac, dès son installation à Matignon, a envoyé plusieurs émissaires au Proche-Orient pour réunir les conditions d'une négociation apaisée avec Téhéran [5]. Jean-Francis Held résumera dans *L'Événement du jeudi* : « Le nouveau gouvernement avait décidé d'agir dans l'ombre, de traiter au sommet avec les États concernés au lieu d'intervenir sur les "loubards islamiques" de Beyrouth-Ouest et de Baalbek. [...] Au fond, une diplomatie froidement méthodique avait peut-être plus de chances d'aboutir que les démarches tous azimuts de l'ancien pouvoir, que tous les émissaires officiels et officieux [...] qui avaient suscité tant d'espoirs [6]. »

Des tractations en cours, pas un mot ne sera révélé aux familles d'otages. « Depuis le changement de gouvernement, le Quai d'Orsay ne nous donne plus d'informations. C'est le black-out », déclare ma mère dans *L'Humanité* du 23 avril [7]. Mais les communistes ne l'entendent pas ainsi. Sénateur PCF du Val-de-Marne, Charles Lederman interpelle Jean-Bernard Raimond devant la Haute Assemblée : « On peut comprendre que quelquefois, et par souci d'efficacité, certaines démarches ne soient pas rendues publiques. Mais on comprend moins que ces familles [d'otages], durement affectées, ne soient pas tenues informées de l'évolution des démarches ou des négociations s'il y en a. Et si des informations répandues sans discernement peuvent nuire au déroulement des pourparlers et à un heureux règlement du sort de nos compatriotes, on peut aussi penser qu'une opinion publique justement sensibilisée peut jouer un rôle non négligeable pour un dénouement que tous, chez nous, attendent impatiemment. »

Réponse du ministre : « J'ai pris connaissance, dès le 21 mars, de tout ce qui a été tenté depuis un an et j'ai acquis la conviction que, sans remettre en cause les principes de notre action, il convenait de procéder d'une façon différente. Aussi le gouvernement a-t-il décidé, dans un souci d'efficacité, d'entourer désormais l'affaire de la plus grande discrétion et d'agir par l'intermédiaire de représentants officiels [8]. »

Comme aux mois de janvier et février 1986, quand la gauche, donnée perdante aux élections et jouant contre la montre, avait recommandé le silence pour ne pas gêner les négociations de la dernière chance, ma mère ne se plie qu'à demi aux consignes du pouvoir. « Je continue à dire que je ne suis pas pour le silence complet, on oublie les gens dans le silence complet », prévient-elle [9].

Quelques actions symboliques seront ainsi menées. Une conférence de Joëlle Kauffmann à l'Institut européen d'études commerciales de Strasbourg, le 17 avril 1986, sur « les risques du métier de journaliste ». Une journée « opération télex pour les otages du Liban », organisée le 22 avril par SOS Racisme au lycée Voltaire à Paris – les participants sont invités à écrire des télégrammes adressés au journal *L'Orient-Le Jour*. Un déplacement à Dijon, le 24, à l'invitation du club de la presse local. Ma mère parraine aussi l'association des Jeunes amis de Jean-Paul Kauffmann, fondée par un instituteur de Lille avec sa classe de CM2 et déclarée en préfecture le 10 mai 1986. « Faut-il mobiliser l'opinion ou pas ? En tout cas, les dessins d'enfants, ça n'a jamais tué aucun prisonnier », dit-elle devant les élèves qui l'accueillent dans leur école [10].

Et pour le 22 mai 1986, jour anniversaire de la première année de détention de Kauffmann et Seurat, c'est une manifestation silencieuse, réduite à une centaine de personnes, qui est organisée sur le parvis du Trocadéro, à Paris. Mary Seurat ne s'y est pas rendue. « Je voudrais donner le conseil qu'il faut se taire, qu'il faut arrêter la kermesse », lâche-t-elle le soir même sur TF1 [11]. Comme pour mieux désamorcer les critiques, ma mère assure que toutes ces actions sont menées « dans un but humanitaire et sur un ton très neutre par rapport à la politique ». Pour la première fois depuis sa création, le comité semble sur la défensive. « On a toujours mobilisé l'opinion sans agressivité », s'excuse presque Joëlle Kauffmann au micro de France Inter [12].

Depuis l'annonce de la mort de Michel Seurat et l'arrivée de la droite au pouvoir, un malaise palpable flotte autour des « Amis ». Hier si solidaires, les journalistes paraissent aujourd'hui plus circonspects. Il n'est que *L'Humanité* pour relayer fidèlement chacune des initiatives de ma mère. Les autres médias mesurent leur appui, chicanent sur l'espace imparti à tel ou tel papier sur les otages, invoquent la lassitude du public, le manque de temps, les servitudes de l'actualité qui, elle, n'attend pas : instruction du procès Barbie, catastrophe de Tchernobyl, bombardements américains en Libye, préparation de la Coupe du monde de foot au Mexique...

Les soutiens restent sincères et nombreux, mais le feu sacré du printemps 1985 n'est plus qu'un foyer hésitant. Il faut sans cesse ranimer la flamme pour vaincre la torpeur de l'opinion. À Liliane Sichler qui l'interroge sur le dilemme tenaillant les journalistes – en parler ou pas –, ma mère répond dans *L'Événement du jeudi* du 22 mai 1986 : « Le pire, ce serait que tout cela tombe dans une espèce de banalité. [...] On doit y penser sans cesse, on doit être dérangé à chaque minute ! J'ai peur... Si on se tait, on va vivre normalement. Regarde, même à Antenne 2, on donne les photos des huit otages et hop ! on parle d'autre chose... Bien sûr, il faut continuer à vivre, mais il faut aussi harceler le gouvernement et dire que ce n'est pas acceptable [13] ! »

Parce qu'il veut croire que les raisons de Jacques Chirac sont peut-être les bonnes, lui donner une chance de réussir là où les émissaires de Dumas ont échoué, parce que la stratégie du silence, somme toute, mérite encore plus d'être tentée après l'enlèvement de l'équipe d'Antenne 2, Paul Nahon, le directeur adjoint de la rédaction, se sent tenu de justifier le choix de sa chaîne devant les téléspectateurs du journal de 20 heures. Il résume le malaise qui traverse l'ensemble de la profession. « Pourquoi, depuis [deux mois], avons-nous choisi de ne rien dire sur le sort des huit otages français détenus à Beyrouth, bien que ce silence nous pèse ? Parce que d'une part le gouvernement français nous a donné des assurances qu'il travaillait sur cette affaire dans la plus grande discrétion et que le secret demeurait l'une des garanties du succès des négociations en cours. D'autre part, nous voulons croire que cette affaire est et restera la priorité du gouvernement. [...] Nous nous sommes gardés de toute manifestation. Mais combien de temps, au risque de paraître inactifs, allons-nous pouvoir conserver cette attitude ? Pour l'instant, nous faisons confiance au pouvoir politique car nous n'avons pas d'autre choix [14]. » Les huit visages qui défilent à chaque édition du journal télévisé démontrent assez qu'Antenne 2 reste vigilant.

Mais chaque jour qui passe amenuise un peu plus la confiance placée dans la nouvelle « méthode » du pouvoir. Jean-Bernard Raimond a beau répéter que les otages « ont été et demeurent la préoccupation première du gouvernement [15] », le fait est qu'ils n'ont toujours pas été libérés. Un neuvième Français est même enlevé à Beyrouth le 7 mai 1986. Installé au Liban depuis la Seconde Guerre mondiale, Camille Sontag, quatre-vingt-quatre ans, s'apprêtait à quitter le pays, comme la plupart des ressortissants français fermement incités au départ par leur ambassade. Sous les yeux de sa femme, il est embarqué en pleine rue par deux hommes en armes surgis d'un taxi.

« Si les choses n'avancent pas, nous reprendrons l'offensive », prévient ma mère [16]. Elle confie son désenchantement à l'hebdomadaire communiste *Révolution* : « Comme c'était la gauche, je croyais que je bénéficierais d'un appui réel. La bonne volonté n'a certes pas manqué, mais quelle incompétence, quelle distance avec le réel, quels bavardages derrière un bureau pour éviter de se mouiller ! Comme la droite me semblait moins propre, j'espérais qu'elle magouillerait ou qu'elle taperait. Illusions, là encore. Voilà pour la leçon politique [17]. »

« Magouilles » ou pas, c'est en tout cas la droite qui, prenant tout le monde par surprise, va réussir à faire libérer les premiers otages. Le 20 juin 1986, tard dans la soirée, le journaliste d'Antenne 2 Philippe Rochot et son coéquipier Georges Hansen sont relâchés à quelques mètres de l'hôtel Beau Rivage, siège des observateurs militaires syriens à Beyrouth-Ouest. La libération a été annoncée quelques heures plus tôt par l'Organisation de la justice révolutionnaire, ce groupuscule inconnu qui avait revendiqué leur enlèvement. Par ce « geste de bonne volonté », l'OJR disait vouloir récompenser « un début de changement de la politique française au Moyen-Orient ». Contrepartie à l'expulsion vers Bagdad, deux semaines plus tôt, de l'opposant iranien Massoud Radjavi, qui avait trouvé refuge en France et conspirait depuis son exil contre le régime khomeiniste ? C'est en tout cas l'interprétation qui domine dans la presse.

Conduits à Damas, les deux Français embarqueront le lendemain à bord d'un Mystère 20 du GLAM, destination Orly, où les attendent familles, journalistes, Jacques et Bernadette Chirac, Jean-Bernard Raimond et François Léotard, ministre de la Culture et de la Communication. Alex et moi sommes là aussi, avec notre mère et Cantal. Après trois mois de captivité, Hansen et Rochot sont amaigris mais en bonne santé. Ils déclarent avoir été correctement traités, sous la garde d'hommes en « cagoule » qui maintenaient le black-out sur les nouvelles du monde extérieur.

Par crainte de mettre en danger leurs deux camarades d'Antenne 2 restés dans les souterrains de Beyrouth, Hansen et Rochot ne disent pas tout. En privé, ils décriront à ma mère des conditions de détention beaucoup plus éprouvantes : enchaînés à un radiateur, privés de la lumière du jour, transférés brutalement d'une geôle à l'autre… Une « mort lente », l'impression de « s'enfoncer dans une longue nuit ».

Sur le tarmac d'Orly, Jacques Chirac aurait glissé à l'oreille de ma mère : « Tous les autres seront là le 14 juillet [18]. »

31

OTAGES VOLONTAIRES

Nicole et Christian D. ont trois filles : Pernette, neuf ans, Coline, six ans, et Chloé, trois ans. Ils habitent une ferme isolée aux confins du Limousin et du Périgord. Christian vibre aux riffs de John McLaughlin, pionnier du jazz fusion et fondateur du mythique Mahavishnu Orchestra. Il porte aussi aux nues l'œuvre du poète anarchiste Gaston Couté. Et les lithographies de Maurits Cornelis Escher, inspirées des motifs de l'art islamique. Sa femme et lui fabriquent des puzzles. Travail du bois, découpe, pièces peintes à la gouache par Nicole, chaque étape est une nouvelle aventure.

Leurs créations marient le jeu et la lecture. Le puzzle « Douce énergie », par exemple, propose un récit écologique sur les grandes sources d'énergie naturelle que sont le soleil, le vent, l'eau des rivières. Un autre coffret, « Animaux en colère », alerte sur les dangers qui menacent la faune. Les D. diffusent leurs jouets eux-mêmes, par correspondance. Ils sont fauchés, mais vivent heureux. Chaque automne, c'est à qui trouvera le meilleur coin aux champignons dans les bois qui entourent la maison. « J'aime la vie, la rigolade », confie Christian. En septembre, il participera au cinquième Salon international du dessin de presse et d'humour de Saint-Just-le-Martel, à une soixantaine de kilomètres de chez lui. Il organise aussi des spectacles de poésie. « Bref, tout va bien ! » écrit-il.

Pourquoi renoncer à ce bonheur ? Christian tourne et retourne dans sa tête « une idée insensée mais sincère », une « idée qui peut paraître naïve et prête à sourire », explique-t-il dans la lettre qu'il adresse à ma mère. Et de se jeter à l'eau. « Je me propose de remplacer là-bas, Jean-Paul ou l'un des otages (selon le désir des geôliers) pour la durée qu'il leur reste à faire. Je sais ce que vous devez penser : c'est un désespéré, ceci est un acte suicidaire, ou bien il veut se faire remarquer ou encore il bluffe. Eh bien, non ! Je suis très sérieux, j'aime la vie, je suis en bonne santé, pourtant vous devez vous poser des questions : on ne va pas se jeter dans la gueule du loup sans raison... Les raisons sont aussi floues que poétiques. L'amour et le respect de la vie (attention, je ne suis pas mystique pour deux sous) sont pour moi assez forts pour me lancer dans cette aventure (mûrement réfléchie). Les raisons humaines aussi, le désir d'aider. [...] Bien sûr, personne n'est au courant de ma démarche, pas même Nicole qui décore en ce moment nos puzzles dans la pièce en dessous. J'ai un peu peur qu'elle n'adhère pas à 100 % à mon idée, alors que dès les premières démarches je pourrai compter sur elle. Nous avons les mêmes idées, je lui fais confiance [1]. »

Sur les milliers de lettres conservées dans les archives landaises, une trentaine ont pour auteurs des Français anonymes qui, comme Christian D., s'offrent à remplacer mon père otage au Liban. Quota certes faible, digne d'intérêt malgré tout par l'empathie et l'émotion que portent ces messages, leur dimension intime et justement si singulière. C'est un étudiant en océanographie du Val-d'Oise qui « préfère vivre dans un monde où l'on est capable de partager les épreuves plutôt que dans un tiroir-caisse d'hommes, de femmes et d'enfants ». « Je ne suis pas journaliste, je n'ai aucun intérêt mercantile pour vous faire cette proposition, je ne cherche pas non plus à me suicider ; j'aime trop la vie et la liberté. Et c'est justement pour cela qu'il me répugne de voir la vie humaine servir de monnaie aux transactions politiques [2]. » C'est un réflexologue et hygiéniste de Dinard, « en retraite, vivant seul, encore en très bonne condition physique et mentale [3]. » C'est un curé de banlieue « citoyen français depuis [sa] naissance, ce qui devrait être, pour les ravisseurs, la qualité suffisante pour être otage [4] », ou un journaliste au chômage du Pas-de-Calais qui allègue, pour expliquer son geste, des « fins humanitaires [5] ».

Nulle pulsion de mort, nul dégoût de la vie dans l'écrasante majorité de ces lettres. Au contraire, la plupart de ces messages célèbrent la vie même en prétendant placer plus haut que tout les valeurs de solidarité, de fraternité, quitte à faire le sacrifice d'un bonheur individuel qui pèse peu au regard des principes fondant le pacte social mais obligeant chacun à prendre son écot du malheur d'autrui, jusqu'à l'endosser complètement. Émergent aussi, dans les motivations avancées par ces « otages volontaires », des sentiments qui oscillent entre la révolte, la culpabilité, la recherche ou la reconquête d'une forme d'estime de soi allant parfois jusqu'au désir de rédemption, et une identification très puissante à la figure de l'otage.

Seule parmi toutes ces lettres, celle de René M., vingt-sept ans, habitant de La Rochelle, fait entendre une profonde désespérance et une solitude devenue à ce point douloureuse qu'entre le suicide et la condition d'otage, le choix semble aller de soi. « Ma décision est prise : je veux remplacer un ou plusieurs otages français du Liban. Cela est plus convenable que le suicide, et je servirai une cause. L'on a besoin de ces hommes détenus ; on les pleure, on les attend, cela n'est pas mon cas. [...] Mon sort éventuel ne m'importe pas une fois échangé ; ni une quelconque manipulation de quelque nation que ce soit, pourvu que ce soit pour la cause. Moi, voyez-vous, je n'ai ni famille, ni amis (es), ni femme à présent. Je n'ai rien à perdre car j'ai tout perdu, soit au travers de la mort ou par les circonstances de la vie, avec parfois ma part de responsabilité. Ma vie devient de plus en plus un fardeau, une galère. Dans la Société, dans ma peau, je ne suis pas bien. Je n'ai plus d'objectif, je suis né d'union illégitime, je ne sais pas quoi faire, je suis inutile [6]. » Les données en ligne de l'Insee indiquent que René M. est décédé le 7 avril 1989 à La Rochelle, deux ans et demi après avoir livré cette confession. Il avait vingt-neuf ans. Tracée à l'encre de plume noire, élégante, l'écriture court avec nervosité sur une feuille A4 frappée d'un tampon nominatif.

Aussi sincères soient-ils, tous ces prétendants au titre d'otage savent que leur proposition d'échange n'a probablement aucune chance d'aboutir. Seraient-ils allés jusqu'au bout ? Écrire une lettre et attendre tranquillement la réponse, en tout cas, n'entre ni dans les méthodes ni dans le tempérament du bouillant Brestois et ancien des Forces françaises libres (FFL) Charles Paperon, qui participa à la libération de l'Italie puis à celle de la France, fut décoré de la croix du combattant volontaire de la Résistance et lutta contre l'OAS au temps de la guerre d'Algérie. Sa devise ? « Suivre un idéal [7]. »

Pilier des Éclaireurs de France pour la Bretagne, membre éminent, entre autres associations, de Greenpeace, Handicap international, SOS Amitié, SOS Enfants sans frontières, Charles Paperon n'est pas de ceux qui reculent devant l'obstacle. En septembre 1985, relayé par quelques journaux comme *L'Orient-Le Jour*, il annonce vouloir se rendre à Beyrouth pour « remplacer Jean-Paul Kauffmann dans sa condition d'otage ». « Je propose un rendez-vous ce jeudi 5 septembre aux responsables des différentes communautés cohabitant à Beyrouth. Je serai accompagné par un monsieur de 73 ans parlant l'arabe. Ma première question : "Que puis-je pour vous ? Tout est possible." J'ai le soutien de tous les médias et de millions de Français [8]. »

Encouragé par le baron Empain, enlevé à Paris en 1978 contre rançon et lui-même détenu pendant soixante-trois jours, Charles Paperon fera finalement le voyage à Beyrouth trois mois et demi plus tard. Dans ses bagages, « un catalogue de réponses aux problèmes » qui pourraient se poser aux ravisseurs [9]. Une fois sur place, raconte Mary Seurat dans *Les Corbeaux d'Alep*, Paperon aurait rencontré le chef des scouts musulmans. Il lui aurait remis un exemplaire de l'autobiographie du baron Empain dédicacé à Kauffmann… pour l'aider à tenir bon. Commentaire de Mary : « Plus les jours passent et plus les ignorants et les imposteurs se multiplient [10]. »

Jean-François Kahn aussi, dans *L'Événement du jeudi*, se porte volontaire pour prendre la place de mon père. « Que ceux qui nous torturent tous en torturant leurs victimes sans défense cessent donc de se cacher. Je suis disposé, pour ma part, à me rendre n'importe où, n'importe quand, à tout rendez-vous qu'ils auraient le courage moral de nous donner. Et s'ils veulent de la chair fraîche pour leur garde-manger, eh bien qu'ils acceptent au moins que l'on relève celui qui n'a fait qu'exécuter sa mission de journaliste parce qu'il croyait que l'information libre participait au combat pour la justice [11]. »

Parmi ces « otages volontaires », des condamnés de droit commun écrivent à ma mère depuis leur prison. Ils sont cinq, au total, à se manifester pour « échanger » leur détention en France contre une captivité au Liban, à condition d'y suppléer Jean-Paul Kauffmann. Ainsi Jean-Jacques P., centre pénitentiaire des Baumettes, 15 mai 1986 : « C'est

[...] par sympathie pour votre attitude que j'ai effectué mon "choix"... [...] C'est bien simple ! Je trouve complètement INUTILE de me "légumifier" sans fin, de façon totalement stérile ! Je précise aussi que, si je ne suis pas un "angelot", je n'ai pas de sang sur les mains [12]. » Ou encore Olivier B., maison d'arrêt de Besançon, 3 novembre 1986 : « Je suis accusé d'un meurtre que je n'ai pas commis, pour cela j'ai été condamné à 5 ans de réclusion. [...] Je n'ai plus rien à perdre, à part la vie ! Je n'ai plus rien à attendre de personne. [...] Je suis prêt à offrir ma vie en échange de celle de votre mari ! Moi de mon côté je n'ai plus rien, ma famille m'a laissé tombé [*sic*] [13]. »

Codétenus à la maison d'arrêt de Draguignan, Hattab G., « d'obédience musulmane (maçon) », et Pierre B., « médecin généraliste d'obédience catholique », joignent leur signature à la même lettre : « Nous n'avons plus de liens familiaux, conjugaux, et sommes disposés à prendre la place d'otage de votre mari [14]. »

Ma mère a au moins répondu à l'un d'entre eux, Jean-Jacques P., qui la remercie chaleureusement en retour et se range à ses arguments. Le voudrait-elle qu'il serait impossible, en raison des « entraves matérielles », de substituer un otage à un autre [15]...

32

SEPTEMBRE NOIR

Il se pourrait bien que je redouble ma 5e. Avec 11 de moyenne générale au troisième trimestre, je suis clairement parmi les derniers. « C'est vraiment insuffisant. Grégoire manque totalement de rigueur, et les leçons ne sont pas toujours approfondies », note la professeure de maths dans mon bulletin. Notre déléguée de 5e 1, Rebecca Hampton, assure que rien n'est joué, que d'autres profs m'aiment bien. Elle promet de se battre pour moi en conseil de classe. Mais le fait est que la voix des délégués compte pour du beurre.

Depuis son rôle dans *Je vous salue Marie* de Jean-Luc Godard, Rebecca a mis sa carrière d'actrice entre parenthèses. Elle fait parfois mannequin-visage pour des publicités, Maniatis, Benetton… Déléguée, Rebecca l'est aussi dans les affaires amoureuses qui agitent les garçons de la 5e 1. En septembre, quand j'ai voulu sortir avec Ninon, c'est elle qui lui a fait passer le message. Et comme de son côté Virginie, l'une des meilleures copines de Ninon, avait donné son accord pour sortir avec Erwan, je suis allé trouver Erwan dans la cour. C'est dans cette circonstance qu'est née notre amitié : pour préparer la sortie qui devait nous conduire tous les quatre, un samedi après-midi, voir

Recherche Susan désespérément au cinéma Bienvenüe-Montparnasse. Dix minutes après le début de la séance, prétextant un appel urgent à passer, Ninon et Virginie avaient pris la fuite – ces baisers avec la langue qui tourne à toute vitesse, les premiers pour elles, ne leur avaient pas du tout plu.

Pour l'heure, nous sommes cinq ou six à attendre Rebecca dans la cour, cinq ou six parmi les élèves de la 5e 1 qui savent leur cas tangent. Suspendus à la décision du conseil de classe réuni depuis deux bonnes heures dans une salle du rez-de-chaussée, nous guettons la sortie de notre déléguée qui doit annoncer le verdict. Elle arrive tout heureuse, d'abord pour elle, dont le passage en 4e n'était pas gagné, mais aussi pour moi. J'échappe au redoublement sur le fil. Le censeur, M. Escamilla, résumera ma situation d'une phrase : « Il faudra travailler d'arrache-pied pour espérer se maintenir en 4e [1]. »

Une règle, non écrite, veut qu'un élève scolarisé à Henri-IV ouvre la possibilité, pour les autres membres de la fratrie, d'y être admis à sa suite. En septembre, très triste de devoir quitter ses copains du XIVe arrondissement, Alexandre fera donc sa rentrée dans le même collège.

Avec l'arrivée des grandes vacances, le casse-tête recommence pour ma mère, car il faut bien nous caser quelque part. Dans mon cas, une solution a été trouvée pour la première quinzaine de juillet. Ayant inscrit son fils dans une colonie d'équitation proposée par le comité d'entreprise de TF1, Pierre-Luc Séguillon s'offre à m'en faire profiter aussi. L'affaire d'un coup de fil, « PLS » a le bras long à TF1. J'irai donc dans cette colo. Départ le dimanche 29 juin 1986 à 9 h 30 gare de Lyon, direction Nîmes, puis trajet en car jusqu'au Grand Mas d'Assas, à 13 kilomètres. Les parents qui ont envoyé leurs enfants ici travaillent à

TF1 comme techniciens, commerciaux, comptables, informaticiens. Erwan et moi sommes les seuls fils de journalistes. La jeune directrice de la colonie, les monitrices et les moniteurs sont détendus, genre baba cool. Les paquets de JOB et d'OCB qui traînent partout dans leurs affaires ne doivent pas servir qu'à rouler des clopes. L'un des moniteurs partage des cigarettes avec nous. Cheveux à la Rahan, indolent, sympa, il nous raconte sa vie. Erwan le trouve collant. Un côté baratineur, des frôlements furtifs qui lui rappelleraient son oncle pédophile. Il dit qu'on devrait s'en méfier.

Je donne des nouvelles à ma mère. « Chère maman, je suis très content que tu m'es telephonez. Il fait super chaud et je m'éclate avec Seguillon. Il y a plein de lezards. Les poneys sont très beaux et un nouveau cheval vient d'arriver. Je suis content que tu viennes avec moi quelques jours au pouldu. J'ai écrit à Alex. Je t'embrasse. Grégoire. PS écrit moi et telephone moi [2]. » Également retrouvée dans les archives landaises, cette lettre à mon frère ornée de dessins obscènes : « Salut p'tite bite. Alors petit cherubin, on a eu le cafard sans sa petite Maman ? Pauv'chou. Dimanche soir, moi et Seguillon avons fait le mur et on s'est fait chopé. On a fait la vaisselle pendant 2 jours avec 4 autres qui eux aussi avait fait le mur avec nous (ne le dit pas à Maman). Je sors avec une gamine de 10 ½ (Marine). Un bon passe temps. Je viens au Pouldu le 14 avec Maman qui va y rester quelques jours. Salut p'tite bite j'espère qu'elle grossit [3] ! »

Au programme aussi pour moi cet été, un séjour linguistique en Angleterre, dans la banlieue reculée de Londres. Une vingtaine d'enfants sont répartis dans des familles d'accueil, avec cours le matin et excursion l'après-midi, ou sport. Le couple qui me loge est un bon échantillon de la *middle class* britannique perfusée à la télévision et lectrice du *Sun*. Le poste est allumé à plein volume de 8 heures du matin jusqu'à l'extinction des feux. Le reste est à l'avenant : mets gélatineux servis à chaque repas, mugs et serviettes à thé frappés du portrait de Charles et Diana en mariés, gros garçons roux en bas âge qui barbotent dans le jardinet semblable à tous les autres de la rue, entre deux maisons de brique rouge parfaitement équivalentes. Des bodys de bébé sèchent partout sur les radiateurs.

Toute peroxydée, la maîtresse de céans ne se montre pas très accueillante. J'ai un cafard monstre chez elle, loin de ma mère. J'insiste pour lui parler au téléphone, mais la « mom » d'ici proteste contre mon utilisation de la ligne familiale. Ma méthode consiste à composer le numéro en France et à raccrocher aussitôt, le temps de dire à ma mère de rappeler. Ce qui représente un petit coût. « *It's my phone, it's my money !* » meugle ma logeuse. Finalement, nous nous accorderons sur des appels en PCV. Et ma mère viendra passer trois jours avec moi à Londres pour me consoler, avant de me laisser pour une semaine encore à la famille anglaise si près de ses pence.

Mardi 2 septembre 1986, veille de la rentrée. À 11 heures, rendez-vous chez l'orthodontiste pour mes bagues. Ensuite, ma mère nous emmène faire les magasins, sweats, Converse, stylos, cahiers, nouveau cartable pour Alex. Retour à la maison vers 16 heures. Dominique Vidal a prévenu qu'il passerait. C'est le chef de la rubrique « monde » à *Révolution*, l'hebdomadaire des intellectuels communistes. Il prépare un dossier sur les otages. Ma mère papote avec lui dans le salon. La conversation roule sur les nouvelles menaces du CSPPA, auteur des attentats parisiens de février-mars. Sur la revendication, quatre mois après son enlèvement, du rapt de Camille Sontag par un mystérieux groupuscule libanais, les « Forces unifiées de la justice ». Sur le grand silence des médias depuis qu'en juin, la libération de Philippe Rochot et Georges Hansen semble avoir crédité la stratégie du black-out voulue par le gouvernement. Sur la Fête de l'Huma, aussi, qui aura lieu dans dix jours et où ma mère, comme l'année dernière, sera conviée.

À 17 heures, le téléphone retentit, c'est Jean-Pierre About de TF1. Selon la rumeur, un nouvel enregistrement vidéo des otages circulerait à Beyrouth. 17 h 55, l'ami Ignace Dalle, de l'AFP, confirme. La cassette VHS vient d'être déposée devant les bureaux de la chaîne américaine ABC News, à Beyrouth-Ouest. Les images arriveront sous peu à Paris via Damas, par transmission satellite.

18 h 10, ma mère téléphone au Quai d'Orsay. « Ils ne savaient pas vraiment, le ministre n'était pas rentré de voyage, et Chirac n'était pas joignable », s'énerve-t-elle devant Dominique Vidal qui prend des notes. 18 h 40, le Quai rappelle. « Mme Kauffmann, sur cette cassette, est-ce bien la voix de votre mari ? Pourriez-vous l'authentifier ? » Question lunaire car, selon ce même interlocuteur, l'homme qui parle sur la bande vidéo est bien Jean-Paul Kauffmann. Du reste, ma mère n'a pas encore vu la cassette. Elle raccroche aussi sec. Des journalistes arrivent, prennent leurs aises dans le salon. Joëlle, une première réaction ? « Je n'ai même pas eu le temps de préparer les enfants [4]... »

19 h 30, tout le monde dehors. Avec sa sœur Armelle, ma mère file en voiture à la rédaction de TF1, où le transfert par satellite est en cours. Mission m'a été confiée de tenir la liste des appels reçus pendant son absence. Il y en aura dix-neuf au total, notés sur une feuille volante : ma grand-mère Imelda, Europe 1, France Inter, SOS Racisme, le sénateur communiste Charles Lederman, une télévision autrichienne, Marc Kravetz de *Libé*, la comédienne Micheline Dax [5]...

TF1, 21 h 15, les images arrivent enfin, sans le son – pour l'avoir, il faudra patienter jusqu'au lendemain. Face au caméraman de Jean-Pierre About, les deux sœurs Brunerie visionnent les trois minutes d'enregistrement. Ma mère : « Son visage amaigri au point de le rajeunir terriblement, ses joues rentrées comme celle d'un grand malade, son regard désespéré, tout m'a fait subitement peur, très peur, pour la première fois. J'ai compris qu'il fallait faire vite, très vite [6]. » Au micro de Jean-Pierre About : « J'ai trouvé Jean-Paul très amaigri, très déprimé, très las, très perdu, l'air un peu enfantin... Je trouve qu'il ressemblait à mon fils aîné [7]. »

22 h 30. Retour villa Jamot. Il est minuit passé quand rappliquent à la maison Odette et Marcel Kauffmann, leur fils Gérard, leur gendre Jean-Paul Daguin. Ils débarquent de Corps-Nuds. Mes grands-parents veulent « aller se coucher sur le perron de l'Élysée à l'issue du Conseil des ministres ». Ma mère les en dissuade, estimant plus raisonnable de demander un rendez-vous à Jacques Chirac [8].

Mercredi, 7 h 42. La matinale de France Inter reçoit Jean-Marie Le Pen. Les Kauffmann venus de Corps-Nuds, Alex et moi beurrons nos tartines en l'écoutant. On l'interroge sur la cassette. Le Pen : « Les États civilisés ne doivent en aucune manière entrer dans la dialectique du chantage terroriste. S'ils le font [...], ils ouvrent une spirale interminable parce que, quand on aura négocié sur tel ou tel otage, qui empêchera les terroristes d'en prendre de nouveaux ? » Le journaliste : « Si Mme Kauffmann était à ma place, en face de vous, êtes-vous sûr que vous lui diriez la même chose, de la même façon ? » Le Pen : « Sûrement, j'aurais le courage de le lui dire bien que je comprenne son chagrin, sa peine et son angoisse. Mais, malheureusement, il n'est pas d'autre moyen efficace pour sauver l'ensemble des Français que de résister au terrorisme d'une façon impitoyable, de ne jamais laisser espérer aux terroristes que leur chantage recevra un bénéfice. » Le journaliste : « Cela revient à dire aux ravisseurs “Vous pouvez les tuer”… » Le Pen : « Si je commande un navire qui touche un écueil et qui a mille passagers, si je dois fermer les cloisons étanches qui condamnent trente personnes à mort pour sauver mon bateau et les mille personnes qui y sont, je ferme. C'est cela, la cruauté des responsabilités de commandement [9]. » Dans une interview avec Jean-Claude Raspiengeas de *Télérama*, ma mère reviendra sur cette sortie de Jean-Marie Le Pen à l'heure du petit déjeuner : « Notre sang s'est glacé [10]. »

8 heures. Poste de radio à la main, ma mère me conduit au collège. Alex est resté à la maison ; la rentrée des 6ᵉ aura lieu deux heures après celle des 4ᵉ. Avenue du Général-Leclerc, boulevard Saint-Michel, place Edmond-Rostand, partout les kiosques de journaux affichent le visage de mon père sur la cassette. « Jean-Paul Kauffmann en danger de mort » (*Le Matin de Paris*). « Le calvaire des otages » (*Libération*). « Message vidéo de Jean-Paul Kauffmann : “la mort nous obsède perpétuellement à chaque instant de la journée. Nerveusement, nous sommes au bout du rouleau” » (*France-Soir*). Joëlle Kauffmann, propos recueillis par Dominique Vidal : « Tu te rends compte, j'emmène les enfants à l'école et, sur notre passage, les journaux annoncent en gros titre que leur père est en danger de mort [11]. »

9 heures. Retour de ma mère rue Didot. Alex traîne toujours devant ses tartines. Odette pleurniche. Gérard appelle sa femme en Bretagne. Coup de fil de Matignon : Jacques Chirac attend la famille Kauffmann à 15 heures. À Henri-IV, je découvre l'emploi du temps des 4ᵉ B4 et la liste des profs. Encore Delume en anglais ! 10 heures, nouveau départ de ma mère pour le collège avec Alex. Joëlle

Kauffmann à Dominique Vidal : « Imagine l'appel : "Kauffmann, Alexandre", et les visages des enfants. »

Je retrouve mon frère dans la cour. Que les choses soient claires : il devra se débrouiller tout seul, aucune envie de m'afficher avec un petit de 6e. 11 h 30, rue Didot : les caméramen d'Antenne 2 et de TF1 ont installé leurs trépieds dans le salon, l'interview de ma mère peut commencer. 13 heures, passage éclair sur la péniche. Dominique Vidal : « Des copains ont réceptionné messages et coups de téléphone, aiguillé chacun vers Joëlle, dont ils tentent de suivre la course. Réponse aux questions des journalistes [12]. »

15 heures. Michel Cantal-Dupart, Joëlle Kauffmann et ses beaux-parents sont reçus par Jacques Chirac. L'entretien va durer quarante minutes [13] : « Le Premier ministre réaffirme son engagement pour la libération des otages, y compris en poursuivant les négociations. Petit débat sur le silence qu'il juge nécessaire. "Voyez à quoi six mois de silence nous ont menés", souligne Joëlle. » 16 h 30, *Le Monde* vient d'arriver dans les kiosques. « Le gouvernement ne peut pas céder au chantage », affirme en conclusion l'éditorial du jour [14]. Ma mère s'étrangle : « Alors que Jean-Paul en appelle à ses confrères, il y en a qui osent théoriser l'abandon des otages à leur sort. » Réponse de *L'Humanité* au papier du *Monde* : « S'agit-il d'un appel au meurtre [15] ? »

Encore des interviews, à France Inter, à RTL, à *France-Soir.* Dans les locaux de FR3, les parents, l'épouse, le frère, le beau-frère, la belle-sœur visionnent enfin l'enregistrement avec le son. Une caméra guette leurs réactions, passe de leurs visages au téléviseur qui diffuse la cassette. Toute tassée dans son fauteuil, mémé retient ses larmes au bord des cils. Assise à côté, ma mère commente. « Jean-Paul est l'ombre de lui-même. On dirait un fantôme. [...] Il me semble malade, on dirait un ange, avec une espèce de flou, un peu comme une image pieuse. Il est en train de mourir, là [16]. » La journée s'achèvera au 2, rue Christine, par une réunion avec l'équipe de *L'Événement du jeudi.*

Dans les rédactions, on s'arrache les cheveux pour décrypter le sens de cette nouvelle cassette et le communiqué qui l'accompagne, tant les revendications formulées sont une fois de plus imprécises ou à contre-temps des enjeux supposés définir la stratégie des ravisseurs. Pourquoi revenir, par exemple, sur le sort des deux opposants à Saddam Hussein expulsés par Pierre Joxe au début de l'année ? L'Organisation du Jihad islamique accuse Paris de les laisser croupir dans les « atroces prisons irakiennes ». Or les deux étudiants, qui ont rencontré des journalistes et l'ambassadeur de France à Bagdad, semblent bel et bien libres de leurs mouvements. Ne viennent-ils pas d'obtenir un visa pour revenir à Paris à la rentrée universitaire ? Pour le reste, l'organisation terroriste aligne ses poncifs habituels sur l'inféodation du gouvernement aux intérêts états-uniens, la défense des « déshérités et des opprimés », la « politique obscurantiste » de la France au Proche-Orient. Dans la cassette, butant sur les mots, mon père se dit « au bout du rouleau ». « Le choix est simple aujourd'hui. Revoir nos familles, nos enfants, ou mourir. C'est au gouvernement français de choisir. » Manifestement, l'offensive diplomatique lancée par Jacques Chirac pour réchauffer la relation franco-iranienne n'a pas porté ses fruits.

Prélude à la psychose des attentats qui va frapper la France au cours des semaines qui viennent ? Comment ne pas établir un lien, même au conditionnel, entre les sommations du Jihad islamique, les supplications de Jean-Paul Kauffmann, le troc ambigu engagé avec l'Iran et les poseurs de bombes qui mutilent, pulvérisent les corps au bureau de poste de l'hôtel de ville de Paris, au Pub Renault sur les

Champs-Élysées, devant le magasin Tati de la rue de Rennes ? « Septembre noir », diront les journalistes. Si aucune preuve ne permet alors d'identifier les commanditaires de ces plasticages à répétition, de fortes présomptions invitent les commentateurs à penser qu'une fois encore, la nébuleuse terroriste pro-iranienne est à l'œuvre. « Certains croient qu'on pose des bombes à cause de Jean-Paul, tellement ça galope dans leur tête », résume ma mère le 9 septembre 1986 sur FR3 [17].

Dans les rues, déploiement d'autocars gris souris bondés de CRS. Dans le métro, les gares, les galeries marchandes, fouilles, palpations au corps, contrôles d'identité. Au collège Henri-IV, sur l'insistance des parents, la plupart des élèves ont interdiction de sortir de l'établissement à l'heure du déjeuner. Pas Alex et moi – « ni se terrer ni se taire », répètent alors ma mère et Cantal. Jacques Chirac annonce le renforcement des patrouilles militaires aux frontières, l'établissement d'un visa obligatoire pour les étrangers qui entrent en France – à l'exception des ressortissants de la Communauté européenne et de la Suisse. « Le terrorisme, c'est le mal absolu ! C'est aussi grave que le nazisme », déclare Édouard Balladur, le ministre de l'Économie, des Finances et de la Privatisation, à *L'Heure de vérité* [18].

Le 18 septembre 1986, au lendemain de l'attentat perpétré devant le magasin Tati – le plus meurtrier de la série : sept morts, cinquante-cinq blessés –, ma mère laisse ce mot en quittant la péniche : « 16 h 30. Marie-Geneviève [sœur de Jean-Paul Kauffmann] ne vient pas car elle a peur des bombes ! Odette a peur… Je rentre car mes petits sont eux aussi terrorisés. Je suis à la maison. Grosses bises. Joëlle. J'ai vu les flics qui nous surveillent. Super sympas [19]. »

En pleine vague d'attentats, les Renseignements généraux ont en effet jugé bon de garder un œil sur la famille

Kauffmann. Ma mère a reçu des menaces. Le 11 septembre, au nom du « Front français de libération », un certain « André » lui a lâché au téléphone : « Si vous voulez revoir votre mari vivant, arrêtez d'ameuter les médias. » Le lendemain, à 2 h 30 du matin, c'est une autre voix d'homme qui appelle. Un fonctionnaire du Quai d'Orsay, soi-disant. Il annonce à Joëlle Kauffmann que son mari vient d'être libéré [20]...

Cette campagne de terreur, l'épidémie de bombes qui frappent la France ne plaident pas en faveur du dossier de candidature de Paris pour l'organisation des Jeux olympiques de 1992. « Cela dit, Barcelone n'est pas mieux lotie avec les Basques de l'ETA », analyse l'ancien handballeur Nelson Paillou, président du Comité national olympique et sportif français.

Le MRAP, SOS Racisme, le Parti communiste alertent sur la « dérive sécuritaire » du gouvernement. En réponse au terrorisme, les services de Pasqua inciteraient à la délation, à l'amalgame entre poseurs de bombes et Français d'origine musulmane. Quadrillages policiers, expulsions d'immigrés, régression des libertés... Miou-Miou, Gilles Deleuze, Kiki Picasso, Michel Jonasz se joignent à la tribune du *Monde* emmenée par Harlem Désir et Julien Dray pour fustiger les préjugés racistes qui fleuriraient sous couvert de lutte antiterroriste [21]. Ma mère ne dit pas autre chose à Françoise Germain-Robin, de *L'Humanité* : « Tout ce qui s'est passé ces derniers temps est terrible, inquiétant. La vague d'attentats, mais aussi l'agitation qu'on fait autour, ce climat raciste, anti-arabe qu'on est en train de créer [22]... »

Climat rendu plus menaçant encore par l'envoi, le 6 octobre, d'une nouvelle cassette – la troisième – de mon père. Cette fois, il n'est pas seul sur la vidéo, s'exprimant à la suite de Marcel Fontaine et Marcel Carton. « Terrorisme : un chantage par jour », commente en Une *Le Parisien* en référence aux menaces croisées du CSPPA, auteur des attentats de septembre, et du Hezbollah libanais venu lancer un nouveau défi à la France avec cette cassette.

Terriblement amaigri, mais le regard plus direct, la diction moins hésitante, le maintien plus ferme qu'au début du mois de septembre, mon père lit un texte très rédigé, entre appel au secours, au sursaut de l'opinion, à la mobilisation de ses confrères journalistes, et réquisitoire sans concession contre la politique française au Proche-Orient. « L'aide qu'elle [la France] apporte à Israël fait que notre pays apparaît de plus en plus comme un ennemi des musulmans, et plus particulièrement des chiites. L'aide importante qu'elle apporte à l'Irak, en lui fournissant du matériel militaire, lequel sert à massacrer les populations civiles en Iran, nous procure des ennuis grandissants. L'Irak qui, soit dit en passant, est loin d'être un modèle de démocratie et du respect des droits de l'homme, mais cela je crois que les Français le savent. »

Son sort, celui de Carton et Fontaine dépendraient, dit-il, de la libération des dix-sept prisonniers chiites condamnés au Koweït pour une série d'attentats commis en 1983 contre les ambassades française et américaine. Cette exigence n'est pas nouvelle ; elle figurait déjà dans le communiqué du Jihad islamique revendiquant l'enlèvement de Seurat et Kauffmann au mois de mai 1985. Pourquoi remettre aujourd'hui cette affaire sur la table ? Depuis le rapt de mon père, les ravisseurs multiplient les signaux contradictoires. Ils se plaisent à mettre en avant telle condition pour en changer aussitôt, s'appliquant à faire monter les enchères, brouillant comme à dessein la rationalité de leurs actes et de leurs exigences.

Il conclut par cette adresse à ma mère : « Il est horrible de te dire : peut-être ne te reverrai-je plus jamais. Mais c'est la vérité. Et je ne sais plus rien de vous depuis ton message à la radio de Noël. Je sais seulement que tu te dépenses beaucoup pour nous. J'ai peur aussi pour Grégoire et Alexandre, mais je sais combien tu dois être forte et tendre pour eux en ce moment. Surtout qu'ils profitent sans honte, sans culpabilité, de la vie. Chaque jour, je prie Dieu pour vous trois. Au milieu de ces ténèbres, je me souviens encore de quelques images, la lande d'Hoëdic, la Loire à Beaugency, les Braudières, Auriac, sans oublier villa Jamot. Et même cela s'estompe peu à peu. Tout cela était beau et lumineux. Je veux avoir la force de garder ces souvenirs jusqu'au bout. Tout est si sombre, Joëlle, je suis si fatigué. Embrasse maman. Je t'aime tendrement et t'embrasse. Grégoire et Alexandre, soyez courageux. Je vous aime. »

Vingt-quatre heures après réception de la cassette, nouvelle menace de mort sur Jean-Paul Kauffmann, par la voix cette fois de l'Armée secrète arménienne de libération de l'Arménie (Asala), organisation terroriste basée au Liban et auteur d'attentats meurtriers à Istanbul, Ankara, Genève, Paris, Rome, Madrid. « À l'occasion de la visite du sioniste Peres en France, nous exhortons le Jihad islamique à offrir un cadeau d'anniversaire aux sionistes français en exécutant immédiatement la sentence de la charia islamique contre l'espion sioniste Jean-Paul Kauffmann », dit le communiqué de l'organisation. C'est l'épilogue du « Septembre noir ».

33

SUR LA PÉNICHE

Elle sent le chauffage au gaz, le tabac froid, le vieil évier, le marc de café qui fermente. La vase aussi, l'encre, l'amidon, le papier humide et la pisse, car à 10 mètres, sous le Pont-Neuf, fêtards et clochards profitent des ténèbres pour soulager leur trop-boire contre les culées. La péniche est toute seule sur cette partie de la rive, ballottée par le passage des bateaux-mouches d'où les touristes observent, sans comprendre, l'affiche « Souvenirs du Liban » hissée sur le bordage. Depuis le Pont-Neuf, l'un des défis favoris qu'Alex, Rozen, Leila et moi nous lançons consiste à passer à toute vitesse dans les deux sens sous le pont du Carrousel, où quantité d'homosexuels draguent et se caressent dans l'obscurité. Vont-ils nous manger tout crus ?

La petite communauté militante associée à la « péniche Kauffmann » n'offre plus qu'une très lointaine ressemblance avec les premiers temps du comité. La sanction du réel, le doute, l'usure ont découragé bien des énergies. À quoi bon batailler contre des moulins à vent ? Le comité, éternelle foire aux chimères… Chaque jour qui passe, chaque jour volé à la liberté de Jean-Paul Kauffmann ne sonne-t-il pas comme un désaveu infligé à ceux-là même qui s'escriment à mobiliser l'opinion pour le faire sortir ?

Kauffmann, cause perdue ? Et si l'existence même du comité figurait le principal obstacle à sa libération ?

L'action des « Amis », le combat de Sisyphe mené par ma mère auraient abouti à l'effet exactement inverse de celui recherché, disent les mauvaises langues. Gagnés par le découragement, certains copains ne se privent pas de faire entendre cette petite musique quand il leur arrive encore de passer sur la péniche. Mais les tièdes sont vomis et, quand ils reviennent, Cantal prie fermement ces oiseaux de malheur d'aller cogiter ailleurs. Certaines vieilles amitiés nantaises, nouées à l'époque du militantisme étudiant, se fracasseront ainsi sur l'affaire Kauffmann.

L'écrivain Gabriel Matzneff a témoigné du désenchantement éprouvé par nombre de soutiens. Ici, l'expression « quitter le navire » s'impose dans son sens littéral. « Moi qui, dans les mois qui suivirent l'enlèvement, participais avec passion aux activités des Amis de Jean-Paul Kauffmann, me rendais chaque jour dans le chaleureux local de la rue de Savoie, puis sur la péniche du quai des Grands-Augustins, je me suis fait, dans les derniers temps, beaucoup plus rare. La situation me paraissait si désespérée, notre combat si vain, que j'avais le sentiment que seuls les amis intimes de Joëlle Kauffmann et de ses enfants pouvaient, sans paraître indiscrets, importuns, se montrer, venir aux nouvelles [1]. » Dans la même veine, Jacques Lanzmann, qui avait écrit un texte en soutien aux otages pour France Inter et participé à *Écrits pour Jean-Paul Kauffmann*, confiera au souvenir des premiers temps de la mobilisation : « À l'époque, il y avait de l'espoir. À mon avis, il n'y en a plus aucun [2]. »

Une petite dizaine de volontaires, qui se relaient pour tenir la permanence téléphonique, font tourner le comité au jour le jour, occupant la cabine exiguë constellée d'affiches et de photos. Parmi eux, surtout des femmes, calfeutrées dans la serre chaude d'un entre-soi militant certes dévoreur de temps et d'énergie, mais qui élargit le champ des possibles, accouche de rencontres, d'imprévus. Martine Lobjoy, éternelle amoureuse en carafe, Ourida Gherab, orpheline d'un Parti communiste qui était toute sa vie, l'espiègle Mariana Bénézet, Jacqueline Vidal, par sa présence apaisante, comptent parmi les plus fidèles. Elles nous entourent, ma mère, Alex et moi, d'une affection protectrice qui nous réconforte et nous pousse à ne pas flancher.

Pilier du comité lui aussi, venu de Rennes et installé rue Didot, dans la pièce télé, le jeune frère de mon père, Daniel Kauffmann, a provisoirement quitté son boulot de magasinier chez un grossiste pharmaceutique pour épauler ma mère. Assisté du jeune photographe Philippe Alvarez, l'« amiral », comme on le surnomme, est préposé au standard téléphonique et à l'organisation des rendez-vous. Il découpe les articles de presse et classe les lettres – les archives landaises lui doivent beaucoup. Il repartira en Bretagne au mois de décembre 1986 [3], rappelé à son travail après un an et demi d'arrêts maladie signés par l'ami Paul Derôme, psychiatre. Journaliste à FR3, sosie de Laurent Fignon, Ambroise Perrin compte lui aussi parmi les plus fidèles de la confrérie.

Passent aussi sur le chaland, nombreuses, les copines qui pratiquent le « militantisme post-it [4] », venant donner un coup de main de temps en temps. Collage d'enveloppes, tenue des listings, archivage des pétitions, campagnes de télex en direction des politiques et des journalistes, il y a toujours quelque chose à faire. Une jeune et jolie étudiante à l'École de danse, Erika, est employée pendant un an à mi-temps pour tenir le secrétariat. L'élément mâle du comité rôde autour de ses ballerines.

Les notations griffonnées dans les cahiers de permanence donnent épaisseur et chair à ce quotidien militant souvent répétitif. On y sent les habitudes qui s'installent, les coups de gueule, les moments de tension, d'effusion, d'attente, d'ennui, d'espoir ou de blues – bref, la sociabilité ordinaire d'une petite communauté élective soudée autour de ma mère pour le meilleur et pour le pire. Ourida, qui grille brune sur brune dans la cabine de pilotage, Jacqueline, Erika, ma mère sont celles qui écrivent le plus dans le cahier.

Extraits au fil des mois : « 17 h 30. La vaisselle qui est sur la paillasse est propre, je ne sais et n'ai pas envie de la ranger. Il ne faut pas laisser de café plusieurs jours dans la cafetière, c'est assez dégueulasse la moisissure. Il n'y a plus d'eau » (Ourida). « Mme Dufaillu Seka à Besançon, journaliste dans une radio libre. Voudrait organiser une soirée pour JPK, va se brancher sur des organisateurs de spectacles qui montent le mois de la chanson française dans le Doubs. Je lui ai conseillé d'organiser la soirée avec eux, de mobiliser la presse locale. Elle voudrait la présence de Joëlle. Elle va rappeler » (Jacqueline). « 17 h 45. Le secrétaire de Georges Marchais demande la suppression d'un "nos frères chrétiens" dans le texte. » (non identifié). « Nous rejoindre à la brasserie périgourdine » (Joëlle). « 19 h 20. Xavier Colin voulait faire la bise à Joëlle (bourreaute des cœurs va !!) » (Ourida). « Daniel as-tu pensé à chercher les articles qui parlent de Jean-Paul ? Si oui peux-tu 1) les faire photocopier chez Jacqueline 2) les mettre dans le dossier de presse 3) demander à Jacqueline la fin de la chrono et la mettre dans le dossier 4) apporter le tout à Albert Duroy merci » (Joëlle). « 17 h 30. Il fait vraiment trop froid. Il n'y a plus de gaz. La bise » (Ourida). « Fajardie : "où est la manif ? J'ai paumé l'adresse" » (Ourida). « Joxe est furieux. Tonton n'a jamais dit ça » (Ourida). « Si

Cantal appelle, lui demander d'appeler Védrine pour le texte et lui demander si l'Élysée a envoyé ses vœux pour l'Aïd » (Ourida). « Pour la 1re fois, j'ai une envie de dégueuler sur cette péniche. Il faut dire qu'il y a une odeur pestilentielle qui vient du côté du quai. Il faudrait peut-être demander aux soldats du feu de s'occuper de l'eau qui stagne. La bise » (Ourida). « Malard voulait savoir si tu étais sortie de chez Tonton. Ne sachant pas j'ai essayé de biaiser ! » (non identifié). « Mes chéris, j'ai mis les affiches dans l'entrée. Il y a un paquet d'autocollants dans le placard à droite. Il doit y avoir encore des cartes dans les cartons de la cale. Merci » (Joëlle). « 17 h 34. Martine a croisé Vautrin qui a dîné avec Tonton hier soir » (non identifié). « 18 heures RAS. La paresse m'a empêchée d'allumer le chauffage. Il fait un peu humide. La bise » (Ourida). « Enfin du gaz ! Bisous » (Joëlle). « Grégoire a appelé, voulait savoir à quelle heure tu revenais » (Erika) [5].

Dans *Quatre lettres à Jean-Paul Kauffmann*, Fajardie racontera la venue en mars 1986, sur la péniche, du chef de cabinet de Laurent Fabius, mandaté par son patron afin d'aplanir les litiges survenus au cours d'une manif entre membres du comité et gendarmes mobiles. Il décrit un technocrate « propret et délicat, égaré parmi ces femmes et ces hommes d'une "base" indocile, ces piles de tracts et d'affiches, de papillons et de badges, ces bombes de peinture, bref, une atmosphère "activiste" qui sied peu aux hauts fonctionnaires, fussent-ils sociaux-démocrates [6]. » Atmosphère activiste, sans doute, mais aussi sujette à de longues traversées du désert qui confinent à un certain désœuvrement. Il peut parfois s'écouler plusieurs mois sans initiative notable, sans l'ombre d'une nouvelle sur l'affaire des otages, sans signe ni du gouvernement ni des ravisseurs. Pas question, malgré tout, de déroger à la réunion rituelle du mardi soir. Mais certaines et certains, parmi les « militants post-it », n'écoutent plus que d'une oreille les discours de Michel Cantal-Dupart.

La vie sur la péniche connaît aussi son lot de péripéties. Dans la nuit du 26 au 27 juillet 1986, le siège du comité est cambriolé, ou plutôt visité. Aucun vol n'est à déplorer hormis celui de la radio plate Toshiba que nous emportions avec nous en vacances avant l'enlèvement de mon père. La porte a été forcée dans les règles de l'art, des dossiers ont été fouillés, certains objets déplacés, mais impossible de savoir ce que le ou les intrus étaient venus chercher. Autre déboire, douloureux, vécu par toute la bande comme un véritable traumatisme : la mort de notre mascotte, Céline (comme l'écrivain), le petit chien de Paula Jacques, tombé dans le maigre espace séparant le quai de la péniche et compressé entre les deux parois sous l'effet du roulis. L'intervention des pompiers sera inutile, et Paula rendue inconsolable pour la vie.

Les quatre lignes de téléphone installées au comité coûtent chères. Ma mère s'en ouvre à Gérard Longuet, secrétaire d'État aux Postes et Télécommunications dans le gouvernement de Jacques Chirac : « La facture s'élève à environ 40 000 francs, ce qui s'explique par nos nombreux appels vers les différents pays du Moyen-Orient pour tenter de sauver nos amis. J'ai aussi à domicile à peu près l'équivalent de cette somme. Ces charges sont très lourdes, d'autant que j'ai cessé mon activité professionnelle depuis un an. Vous est-il possible de nous accorder une prise en charge totale ou partielle de cette facture [7] ? »

Grand prince, Gérard Longuet concédera un dégrèvement exceptionnel de 36 000 francs aux Amis de Jean-Paul Kauffmann [8]. La droite a ses raisons que le comité ignore.

34

UNE MESSE

Une fois par mois, les Équipes du Rosaire de Dijon se réunissent à tour de rôle chez les membres du groupe pour vivre l'Évangile avec Marie, méditer les mystères de la vie du Christ et prier pour les otages français au Liban [1]. Neuvaines, oraisons dominicales, offrandes de cierges, retraites : de toute la France montent les dévotions pour faire libérer mon père et ses compagnons d'infortune.

Depuis longtemps, ma mère avait oublié l'existence de sœur Marie de l'Immaculée Le Priol. « Pauvre Joëlle dont j'ai grande pitié, mais avez-vous pensé à Celle qui obtient tout, à la Sainte Vierge ? » lui écrit celle qui fut sa professeure chez les Ursulines de Notre-Dame de Kerbertland dans les années 1950. N'ayant pas quitté Quimperlé depuis lors, âgée de cent un ans en 1986, elle engage son ancienne élève à « faire une visite à Notre-Dame des Victoires, la Vierge que Louis XIII avait implorée pour avoir un fils remarquable ». Et de lui raconter dans cette même lettre un souvenir de jeune fille, au début des années 1900, quand le ministère Combes faisait expulser les ursulines de leurs collèges bretons [2]. « Nous avons toutes pitié de votre épreuve. C'est une épreuve du Seigneur pour vous sanctifier et vous récompenser un jour Là-Haut », s'épanche sœur Marie de l'Immaculée Le Priol dans une seconde lettre [3], la dernière connue d'elle, écrite à la veille de sa mort et de ses cent deux ans, le 9 septembre 1986 [4].

Mais Joëlle Kauffmann est une mécréante. Au grand scandale de la famille quimperloise, elle a refusé de se marier à l'église et n'a pas fait baptiser ses deux fils. Parmi tous les petits-enfants, tant du côté Kauffmann que du côté Brunerie, Alex et moi sommes les seuls à connaître cet état de péché. Ma génitrice a perdu la foi lorsqu'à dix-huit ans, contrainte d'avorter clandestinement après son premier rapport sexuel, s'est écroulé pour elle tout l'édifice de certitudes admises par les honnêtes gens de Quimperlé, rotariens à rosace, dames patronnesses de la chorale, oies blanches de Notre-Dame de Kerbertrand et autres camarades de collège tôt mariées dans le canton.

Depuis lors, à chaque étape de son combat féministe – pour la pilule, l'amour libre, l'IVG –, elle a toujours trouvé sur sa route des catholiques en embuscade, prêts à dégainer des photos de fœtus ou à chanter des cantiques devant les centres de planification familiale.

Quant à Cantal, éduqué à l'Externat des enfants nantais, collège religieux réputé, il croasse au passage des prêtres dans la rue et possède un répertoire impressionnant de chansons païennes, héritier d'un anticléricalisme un peu désuet, provocatoire, tel qu'il pouvait fleurir dans la France de la IIIe République, celle d'Émile Combes ou d'Édouard Herriot.

Bien que très malheureux chez les prêtres de Sainte-Croix à Notre-Dame d'Orveau (Maine-et-Loire), où il était en pension, et même si, depuis ses dix-huit ans, lui aussi a cessé d'aller à la messe, mon père regarde l'institution avec beaucoup plus de charité. Sans doute un peu barrésien sans le dire, féru d'histoire religieuse, inlassable visiteur des sanctuaires et chapelles de village et très attaché aux fastes du catholicisme romain, il est plus sensible au message de l'Évangile qu'à l'autorité de l'Église et aime se rapporter aux Béatitudes : « Heureux les pauvres en esprit, car le royaume des cieux leur appartient. » Lui aurait bien aimé faire baptiser ses deux enfants, mais n'en a jamais fait une affaire d'État. Aussi bien, la négociation avec ma mère aurait été perdue d'avance. Qu'en est-il désormais ? Enchaîné dans les souterrains de Beyrouth, a-t-il renoué avec la foi de son enfance ? Dans sa dernière cassette en tout cas, Jean-Paul Kauffmann dit qu'il « prie ».

Face à toutes ces démonstrations venues des catholiques de France, ma mère et Cantal apprennent à composer. Ont-ils le choix ? Tous les soutiens sont bons à prendre, l'extrême droite faisant seule exception. Mais celle-ci ne songe heureusement pas à proposer son concours – Joëlle Kauffmann s'est assez montrée aux côtés des communistes et d'Harlem Désir. *La Croix*, *La Vie*, *Témoignage chrétien*, le mensuel *Panorama* appuient chaudement le comité. Avec la presse communiste, ces journaux sont souvent les seuls, dans les périodes de grand creux, à lutter contre le mur du silence. Figure du christianisme social, patron des Publications de la Vie catholique (*Télérama*, *La Vie*, *Prier*...), Georges Hourdin sera un allié indéfectible [5].

Ma mère profite de ces soutiens pour mettre en avant les origines catholiques de notre famille, car il n'échappe à personne que le nom de Kauffmann sonne juif, équivoque dangereuse si l'on considère l'antisionisme délirant exprimé par le Hezbollah. À l'été 1985, par une filière du mouvement Amal, ma mère avait ainsi jugé bon de faire parvenir à Beyrouth le certificat de baptême de Jean-Paul Kauffmann. Elle remet aussi aux journalistes des photos de lui en enfant de chœur. Et c'est au premier rang d'une messe en plein air qu'elle apparaît le 8 mai 1986 au journal de 20 heures d'Antenne 2, entourée de ses beaux-parents et d'Imelda, lors d'une cérémonie organisée pour les otages au sanctuaire Notre-Dame de la Peinière, non loin de Corps-Nuds. « Présence discrète mais très significative [6] », les téléspectateurs l'apercevront aussi dans le public pour le 2 000e numéro de l'émission *Le Jour du Seigneur.*

Le comité invite d'ailleurs les évêques de France à se mouiller pour la cause. Le contact est glacial avec Mgr Lustiger – et le restera. L'archevêque de Paris expédie l'audience accordée à ma mère et ne lève pas les yeux sur Michel Cantal-Dupart. Il prononcera bien une messe pour Michel Seurat à l'église Saint-Germain-des-Prés, mais il faudra des trésors de diplomatie pour vaincre son refus de faire sonner les cloches de Notre-Dame, le 12 mars 1986, lors de la grande journée de solidarité avec les otages – rassemblements à Paris, place du Palais-Bourbon, et dans bien d'autres villes de province, ponctués d'une minute de silence sur les ondes et à la télévision.

En revanche, la glace a vite été rompue avec Mgr Decourtray, l'archevêque de Lyon. Il reçoit ma mère à plusieurs reprises, lui écrit, épaule avec amitié ses initiatives. Son combat contre l'extrême droite, sa défense des immigrés, du tiers-monde, des prisonniers sont autant de partis pris qui en font un interlocuteur plus en phase avec les Amis de Jean-Paul Kauffmann. Le Front national ne s'y trompe pas. « Sciemment ou inconsciemment, Mgr Decourtray et SOS Racisme préparent l'invasion de notre pays », déclare le député lepéniste Bruno Gollnisch, le 10 juillet 1986, à la tribune de l'Assemblée nationale [7].

Ma mère remet à l'évêque une lettre qu'il transmet au pape [8]. S'y trouvent formulés une « demande de bénédiction apostolique », de même qu'un appel à Sa Sainteté pour qu'il « [intervienne] auprès des chefs d'État concernés par le problème des otages [9] ». C'est aussi grâce à Mgr Decourtray qu'avec ma mère et mes grands-parents, Alexandre et moi figurerons au premier rang des officiels invités à la messe géante célébrée par Jean-Paul II sur le site d'Eurexpo, à Lyon, le 4 octobre 1986 – en pleine vague d'attentats. Il est même question qu'à cette occasion, toujours grâce aux bons offices de Mgr Decourtray, le chef de l'Église accorde une audience à Joëlle Kauffmann...

La venue du Saint-Père à Lyon est un événement monstre, de dimension mondiale, comme les aime ce pape superstar et globe-trotter qui a fait construire une piscine au pied du palais pontifical de Castel Gandolfo et inviter des hip-hopeurs à danser dans la cour du Vatican. La « modernité » souvent prêtée à Jean-Paul II, néanmoins, laisse ma mère rêveuse, tant son discours sur la conjugalité, le préservatif, la contraception parle à ses oreilles le langage d'une autre époque. Mais, pour reprendre le titre du *Monde* dans le bref article qu'il consacre à notre venue dans la capitale des Gaules, « Jean-Paul vaut bien une messe [10] ».

Journaliste au *Progrès*, Robert Belleret a suivi les tribulations de la famille Kauffmann à la cérémonie papale d'Eurexpo. Ce 4 octobre correspond au 500ᵉ jour de détention de mon père, d'où le titre de son papier « Acte d'espérance : 500ᵉ ». « Grâce à leur laissez-passer, les Kauffmann disposaient d'une vue imprenable sur l'impressionnant podium-autel juste derrière les évêques et les "super-notables", à deux coudées d'un élu radical grand teint et trois rangées devant deux députés du Front national. [...] La présence "symbolique" de Joëlle Kauffmann [...] est, hélas, quasiment passée inaperçue. Seuls Mgr Hardy, évêque de Beauvais – qu'elle avait connu quand elle était étudiante à Nantes – et Mgr Jullien, archevêque de Rennes, vinrent, chaleureusement, la saluer. Les deux garçonnets, qui vivent leur cruelle situation avec une pathétique maturité mais restent, grâce à Dieu, des gamins épanouis et spontanés, trouvèrent la cérémonie bien longue, malgré les cantiques en stéréo, les effluves d'encens, la ronde cocasse de la papamobile (cette bulle de verre à laquelle ne manquent que les paillettes) et la grandiose pompe pontificale. »

Pendant que dans un profond recueillement, mes grands-parents participent à l'office, ma mère guette en vain dans l'homélie papale chaque mot, chaque signe pouvant constituer une allusion, même lointaine, au sort des otages.

Robert Belleret poursuit : « Le béret blanc que Joëlle avait coiffé pour la circonstance – comme un panache de ralliement ? – fut l'objet de quelques ricanantes boutades. On sourit aussi à plusieurs gaffes d'Alexandre ou de Grégoire, à certaines "choses vues" dignes de la caméra invisible ou d'un film de Buñuel. [...] Lorsque la nuit tomba sur Eurexpo, Mme Kauffmann avait dû se contenter, comme seul réconfort, de quelques mots de M. Charles Pasqua, ministre de l'Intérieur [...] [11]. » *Le Monde* complète la scène : « Lorsque vint l'heure de la dispersion des officiels, Mme Kauffmann n'obtint qu'un aimable sourire de M. Raymond Barre (qui l'a déjà reçue) et de M. Charles Hernu. Quant à M. Charles Pasqua, sollicité, il vint serrer la main de Mme Kauffmann. "C'est long, bien sûr, mais on va les sortir... Il ne faut pas perdre espoir !" lui assure-t-il [12]. »

Enterré, l'espoir d'une audience avec un Jean-Paul II indifférent. La lettre au pape restera sans réponse.

35

PORCHERIE

Ils sont les moins connus des otages français au Liban, mais leur libération, le 11 novembre 1986, donne un peu d'air au gouvernement. Ma mère et Cantal sont là aussi avec Jacques Chirac, Jean-Bernard Raimond, Philippe Rochot et la foule des journalistes qui se pressent dans le pavillon d'honneur de l'Isba, à Orly, pour accueillir Camille Sontag et Marcel Coudari à leur descente d'avion. Le premier, quatre-vingt-cinq ans, kidnappé sur la corniche de Beyrouth alors qu'il se rendait à la poste, revient de six mois passés dans une prison souterraine, au sud de la ville ; le second, dont l'enlèvement avait été revendiqué par l'Organisation de la justice révolutionnaire en septembre, soit sept mois après sa disparition, a changé plusieurs fois de cellule sans jamais croiser un seul autre détenu – mais il assure avoir eu entre les mains un livre, l'un des rares fournis pendant sa détention, portant l'inscription manuscrite « Je suis Michel Seurat ».

Au moins la droite réussit-elle à faire libérer des otages, fût-ce au compte-gouttes. Alors que, depuis presque deux mois, le cycle des attentats semble terminé, la réapparition de Sontag et Coudari est interprétée comme le signe d'un dégel entre Paris et Téhéran – la Syrie aurait aussi joué les bons offices. Mais sur quoi la France a-t-elle cédé ? Qu'a-t-elle négocié ? Quand Radio-Téhéran annonce que Paris « aurait accepté plusieurs des conditions posées par l'Iran » et rend hommage à la « politique intelligente » du Premier ministre, que faut-il comprendre ? « Ces nouvelles libérations s'inscrivent dans le cadre des contacts réguliers que le gouvernement entretient avec les divers pays de la région », affirme, lapidaire, le communiqué du Quai d'Orsay. Le gouvernement a beau répéter sa « fermeté » face aux terroristes, assurer qu'aucun « marchandage » n'a été mené, l'opposition demande des comptes.

À peine Sontag et Coudari ont-ils posé le pied en France que le socialiste Pierre Bérégovoy porte le sujet à l'Assemblée lors des questions d'actualité. Pour le député de la Nièvre et ancien ministre, l'action en faveur des otages ne doit pas conduire à « capituler devant l'exigence des groupes qui s'en servent pour infléchir la politique de la France. Si ceux qui détiennent les otages ont le sentiment que la surenchère paie, non seulement le sort de nos otages s'en trouvera encore plus menacé, mais chaque Français vivant dans cette région risque de devenir l'enjeu d'un chantage odieux ». Il conclut en citant le fameux mot de Léon Blum au lendemain des accords de Munich : « Un lâche soulagement. »

Interpellant le gouvernement à son tour, le député socialiste de l'Isère, Louis Mermaz, renchérit : « On ne peut faire alterner ou coïncider les négociations voire les marchandages et les rodomontades. [...] Il serait grave pour l'avenir de "jouer aux durs" tout en cédant aux pressions de type terroriste d'où qu'elles viennent. Nous nous inquiétons précisément de certaines félicitations émanant de milieux terroristes, qui ont quelque chose d'humiliant, de sinistre voire de dégradant [1]. » Hauts principes que

Mermaz et Bérégovoy eussent sans doute brandis plus discrètement si la gauche, quand elle était aux affaires, était parvenue au même résultat...

Et Pasqua, est-il vrai qu'il trempe dans les négociations ? Chercherait-il, fort de son lien d'homme à homme, quasi tribal, avec Chirac, à court-circuiter les services du méthodique et protocolaire Jean-Bernard Raimond ? Pasqua le maître des arcanes, Pasqua le bulldozer, le croisé des valeurs, Pasqua l'homme que toute la gauche voue aux enfers, lui qui fit renvoyer par charter cent un Maliens dans leur pays et professe qu'il faut « terroriser les terroristes » – projet de Code de la nationalité dans une main, matraque dans l'autre. En 1984, dans *Le Matin de Paris*, mon père avait publié un portrait de lui. « Il incarne le personnage éternel du VRP plaisantin et baratineur. Copain comme cochon avec n'importe qui, Pasqua fait rire tout le monde. Sauf lui. [...] Mais cet artiste de la fausse confidence cache bien son jeu [2]. »

Il se murmure donc que les réseaux corses du ministre seraient entrés en coulisses pour arrondir les angles entre Paris, Damas et Téhéran. Depuis le mois de septembre 1986, un nom revient quelquefois dans les colonnes du *Canard enchaîné*, de *Libération*, du *Monde*, de *L'Événement du jeudi* : un certain Jean-Charles Marchiani ferait de fréquents voyages entre les capitales européennes et celles du Proche-Orient, en passant par Alger où, dit-on, cet ancien officier des renseignements connaît beaucoup de monde. Il serait accompagné, lors de ses missions, du dénommé Iskandar Safa, un homme d'affaires libanais d'origine maronite [3].

À Damas, « tenant compte de la paranoïa ambiante », les deux comparses auraient « tout fait pour persuader leurs interlocuteurs que Jean-Paul Kauffmann n'est pas juif », raconte *Le Canard enchaîné* du 5 novembre 1986 [4]. Ils auraient aussi tâté le terrain sur les contreparties financières exigées par la Syrie pour faciliter la libération des otages. Jean-Charles Marchiani, croit savoir *Le Monde*, est un ancien du SDECE (devenu DGSE). Limogé du service de contre-espionnage en 1970, il s'est reconverti « dans une filiale d'Air France spécialisée dans la restauration, avant d'être employé par une société, basée à Paris, spécialisée dans les études d'investissements à l'étranger », assure le même journal [5]. On le dit natif d'un village corse voisin de celui de Charles Pasqua.

Lorsque, sur le tarmac d'Orly, Jacques Chirac, content comme tout, embrasse Camille Sontag et Marcel Coudari à leur descente du Mystère 20, peut-être se rappelle-t-il, selon son expression fétiche, que, si « les emmerdes volent toujours en escadrille », les motifs de réjouissance, plus rares, s'enchaînent parfois avec une consécution étonnante, et qu'après l'automne pourri qu'il vient de traverser, cette double libération pourrait ouvrir une séquence moins chagrine.

Las. Dans les facs, la colère gronde. Depuis l'université de Villetaneuse, la contestation commence à faire tache d'huile, pour s'aggraver jusqu'à la mort de Malik Oussekine.

Montant des droits d'inscription pour les étudiants, sélection à l'entrée des filières, principe d'autonomie dans l'enseignement supérieur, ni moi ni le groupe de copains du collège Henri-IV qui irons manifester n'y entendons grand-chose, mais l'occasion est belle d'aller conspuer la droite, les « fachos » ; et nous joindre aux grands du lycée nous donne l'impression de jouer dans la même catégorie qu'eux. « Non à la sélection », « T'as le ticket fric, t'as le ticket fac », « Monory maxiprix, mais il fait le minimum » : avec les autres, je répète ces slogans sans vraiment les comprendre, leur préférant les plus énergiques « Devaquet, au piquet », « Chirac, facho, le peuple aura ta peau », « Pasqua, enculé ». À la fin du mois de novembre, le mouvement s'étend aux lycées, et la pagaille qui s'installe au Quartier latin devient réellement galvanisante, transformant les boulevards Saint-Michel et Saint-Germain en immense terrain de jeu.

Souvenirs du rassemblement place des Invalides, le 4 décembre 1986. Des petits groupes commencent à jeter des bouteilles sur les CRS. Je les imite, une pierre, deux pierres qui ricochent sur un bouclier. Certains dépavent la chaussée à coups de barre à mine. D'autres explosent les abribus avec des bâtons. Dans la zone de rassemblement, des feux sont allumés. Huées, sifflets, sirènes. Les CRS tirent des grenades lacrymogènes, nous aspergent avec des canons à eau. Ils chargent. L'espace est immense sur le terre-plein des Invalides, ça court dans tous les sens. Les grandes du lycée Henri-IV, Emmanuelle Lhomme et Hélène Usdin, incitent les Schtroumpfs du collège à déguerpir fissa. Je fais le tour de l'esplanade et rejoins Montparnasse pour rentrer chez moi. Un trait marquant des échauffourées : le gros des manifestants qui, affolés, répètent « On n'est pas avec les casseurs ! », « CRS, vos enfants sont étudiants ! » et tentent d'arrêter les éléments qui balancent des bouteilles sur les gendarmes mobiles.

Le Nouvel Observateur blague gentiment ces étudiants qui révèrent Tapie, Renaud, Christophe Lambert. Jacques Julliard en pouffe de mépris [6]. Les jeunes n'auraient pour soucis que la valeur de leurs diplômes, leur insertion sur le marché du travail, leurs points retraite. Invité à tirer les leçons de cette « révolte sans révolutionnaires », Edgar Morin en perd son latin [7]. « Ah ! Les sages contestataires », se rassure *Le Monde* [8]. À l'autre bout du spectre politique, Louis Pauwels livre le fond de sa pensée dans un éditorial du *Figaro Magazine* qui fera scandale : « Ce sont les enfants du rock débile, les écoliers de la vulgarité pédagogique, les béats de Coluche et Renaud nourris de soupe infra idéologique cuite au show-biz, ahuris par les saturnales de "touche pas à mon pote" et, somme toute, les produits de la culture Lang. [...] C'est une jeunesse atteinte d'un sida mental [9]. »

Mais les étudiants qui manifestent ne méritent sans doute ni les mercuriales de la presse d'Hersant, ni la condescendance des « ex-gauchistes devenus autant de notables de presse ventripotents », pour reprendre l'expression imagée de l'historien François Cusset [10]. A contrario, une petite avant-garde de journalistes se flatte d'avoir compris, mieux que les autres, le désir, l'impatience, les émotions montés de cette jeunesse qui pourrait bien, à supposer qu'on l'écoute vraiment, tracer la voie du renouveau pour la gauche. Pour les forces du progrès, quelle divine surprise que cette génération enfin débarrassée du vieux carcan marxiste ! Enterrées, les références au monde ouvrier, au Grand Soir, à la confrontation dialectique entre exploiteurs et exploités. Qu'elle en remontre aux soixante-huitards, cette cohorte d'étudiants qui ne demandent qu'à étudier, sifflent les casseurs et envoient promener les organisations syndicales ! Belle leçon de responsabilité, de maturité. « La Révolution des parents a tourné court en faisant beaucoup de bruit. La révolution douce qui est en marche n'aura pas besoin de se faire remarquer pour avancer. Et durer. » s'enthousiasme Georges-Marc Benamou dans *Globe* au pic de la mobilisation [11].

Éditorialiste à *Libération*, Laurent Joffrin trouve l'expression qui va faire mouche : « génération morale ». Démocratie, tolérance, réformisme et réalisme, telles sont les « valeurs simples et chaleureuses » portées par cette jeunesse. Elles offriraient à la gauche « une deuxième chance historique », constitueraient pour les socialistes une « cure de jouvence », un « miracle en jeans ». Le collapse du marxisme, la fin des grands systèmes totalisants, le retour de l'individu et de la pensée du sujet réuniraient les conditions d'épanouissement d'une génération responsable, pragmatique, individualiste sans être égoïste, altruiste sans verser dans l'utopisme. Une génération soucieuse de charité, de solidarité, attentive aux droits de l'homme, aux souffrances du tiers-monde, aux victimes du racisme, bref, « morale ». « Ban Aid, Coluche et Harlem Désir sont passés par là », se félicite Laurent Joffrin. Concrets, un œil sur le palmarès des grandes écoles, l'autre sur la famine en Éthiopie, ces jeunes ne répéteront pas les errements de leurs aînés. « Ce fut la grande leçon du mouvement : retrouver la fraîcheur et l'énergie des soixante-huitards ; éviter leurs erreurs. Laisser de côté les outils dépassés ; conserver les valeurs et l'émotion. C'est ainsi que les "baby-boomers" ont transmis le témoin. C'est ainsi qu'il a été saisi. Plutôt bien [12]. »

Il n'est pas sûr que les intéressés, pour ceux qui l'auraient lu, se soient reconnus dans ce portrait de groupe en forme de plaidoyer pour un « individualisme démocratique [13] ». Laurent Joffrin gomme tout l'héritage des luttes sociales qui infusent l'histoire longue du mouvement étudiant et dont les acteurs, par l'opération du Saint-Esprit libéral, auraient soudain perdu la mémoire. Flottaient quand même, dans les manifs, quelques drapeaux rouges et drapeaux noirs. Les rares barricades dressées le furent par les anars, les antifas et autres groupes d'extrême gauche qui cherchaient la confrontation avec la police de Pasqua et s'opposaient aux troupes bêlantes de l'Unef-ID. Et si, de fait, la plupart des étudiants vibraient aux chansons de Balavoine ou de Jean-Jacques Goldmann, d'autres, palliant la faiblesse du nombre par la rage d'en découdre, se retrouvaient avec passion dans les textes de Bérurier noir, Ludwig von 88, Gogol Premier, Parabellum. Violemment anti-flics et anti-État, nées à la croisée du mouvement punk et de la scène rock alternative, ces formations commençaient à prendre leur envol. C'est à cette époque que je découvre leurs disques. « Flic-armée, porcherie/Apartheid, porcherie/ DST, porcherie/Et Le Pen, porcherie », chantent alors les Bérus.

La mort de Malik Oussekine (6 décembre 1986) sous les coups des voltigeurs de Pasqua sonne la fin de la récré. Jacques Chirac retire aussitôt son projet de loi, les étudiants ont gagné, mais ils sont en deuil. « Plus jamais ça ! » Les bouquets de fleurs s'amoncellent devant le hall d'immeuble de la rue Monsieur-le-Prince où les « matraqueurs fignolèrent leur besogne », comme aurait dit Renaud.

Le 10 décembre 1986, perdue dans la foule, venue seule et tremblante sous le cuir de son blouson, ma mère participe au rassemblement entre Denfert-Rochereau et la Nation, où quelque 350 000 personnes défilent en silence à la mémoire de Malik Oussekine. Elle raconte que ce jour fut l'un des plus tristes de sa vie.

36

HOMME-SANDWICH

Pas facile de convaincre les gens. D'abord, beaucoup n'ont en ont pas sur eux, et puis donner une photo d'identité pour l'afficher sur un panneau, ce n'est pas anodin, certains font un blocage. Une photo d'identité, c'est intime. Ou officiel, pour les documents administratifs. On ne la confie pas, comme ça, au tout-venant. Encore moins à des hommes-sandwichs qui vous abordent au petit bonheur dans le métro. Avec mes deux panonceaux portatifs, côté ventre, côté dos, j'arpente les couloirs de la station Montparnasse-Bienvenüe en compagnie de Maximilien Chailleux, le filleul de ma mère. Il a deux ans de plus que moi, ses parents appartiennent à la bande des copains nantais. D'ailleurs, c'est par les Chailleux que mon père et ma mère se sont rencontrés.

Nous participons à l'opération « Comme les otages », organisée pour les fêtes de Noël. Le principe : des affiches ornées du portrait des six otages, en surimpression au milieu d'un gros cœur, quadrillées de petites cases où chacune et chacun est invité à faire figurer sa photo, en signe de solidarité. Le 22 décembre 1986 à 16 heures, devant la péniche, Danielle Mitterrand, André Lajoinie, Lionel Jospin sont venus soutenir le lancement de la campagne. Chacun a donné sa photo. Depuis que la droite est aux affaires, la gauche manifeste plus volontiers sa solidarité avec les « Amis ».

Maximilien et moi rentrerons quasi bredouilles. Pas franchement coopératifs, les usagers du métro parisien. Et un peu humiliantes, toutes ces rebuffades d'inconnus qui lèvent les yeux au ciel quand on leur parle des otages et se dépêchent d'aller attraper leur correspondance. Alex, Leila et Anne-Sophie Derôme, eux, ont fait carton plein. Facile : ils sont tout simplement allés à *L'Événement du jeudi*. Du sol au grenier – siège de la direction –, tout le monde a participé. Les photos étaient si nombreuses qu'ils n'avaient plus assez d'affiches pour les coller dessus.

Pour Noël, ma mère repart à Beyrouth, seule cette fois, la multiplication des enlèvements invitant à ne pas risquer sur place enfants et beaux-parents. Mais on n'enlève pas les femmes. Cantal ne fera pas non plus partie du voyage. Alex et moi irons passer les fêtes à Corps-Nuds, premier Noël de notre vie sans notre mère. Dans l'avion au départ de Paris, elle apprend qu'à Beyrouth-Ouest, l'Organisation de la justice révolutionnaire annonce, « dans les quarante-huit heures », la libération d'un otage français. Aurel Cornea, Jean-Louis Normandin ? Il ne peut s'agir que de l'un des deux derniers membres de l'équipe d'Antenne 2 détenus par l'OJR, qui ménage le suspense.

Descendue au Cavalier, ma mère passe la journée du lendemain « dans les rumeurs et les contre-rumeurs », comme elle l'écrit sur une feuille volante à en-tête de l'hôtel, sorte de journal de bord à l'état de brouillon portant pour titre « La liberté de Jean-Paul ». Le lien n'est pas tout à fait rompu avec la famille Seurat, puisqu'elle prend soin de signaler, sur le même document, sa visite aux « deux petites filles de Mary ».

« Le personnel a mis un sapin et des bûches de Noël dans la chambre », précise-t-elle sur la même page. Et au verso : « Affolement à 17 heures, tout le monde court à l'hôtel Beaurivage, l'otage va être libéré. Je guette la rue mais c'est de Paris que les amis m'appellent pour m'apprendre qu'il s'agit d'Aurel Cornea... Surréalisme de Beyrouth. J'imagine la joie d'Aurora [compagne d'Aurel Cornea], la tristesse de Normandin abandonné. » Le preneur de son d'Antenne 2 est aussitôt pris en charge par l'attaché militaire de l'ambassade de France. Il y passera la nuit, avant de quitter Beyrouth pour Larnaka à bord d'un hélicoptère de l'armée libanaise. Vol Larnaka-Paris, accueil à Orly par Jacques Chirac, embrassades, discours... et applaudissements d'Henri Salvador, qui commente la séquence sur le plateau de *7 sur 7* : « Moi, la libération de Cornea, alors là, pour moi, c'est un grand, grand moment de la télévision. Ça, vraiment, l'image de la souffrance intérieure de ce type, fabuleux, il ne disait rien, c'était extraordinaire, ses yeux, on voyait des choses extraordinaires [1]. »

Dans le salon aux aquariums du Cavalier, où l'ambiance se meurt, ma mère passe la soirée du réveillon presque seule avec Roger Auque. La dinde a le même goût qu'en 1985. Auque est l'un des derniers correspondants de guerre encore en poste à Beyrouth. Au Liban, la vie est devenue si dangereuse que les rédactions y regardent désormais à deux fois avant d'envoyer l'un des leurs au pays des preneurs d'otages et des voitures piégées. Alors, pour continuer à informer le public, on s'adresse à des journalistes indépendants comme Roger Auque. Tête brûlée, beau gosse, peu encombré de principes et bien décidé à conquérir sa place au soleil, il pige à la fois pour RTL, *La Croix*, l'agence Gamma, une radio belge et une radio canadienne. Parlant un peu l'arabe, le trentenaire loue un appartement dans le quartier de Raouché, sur le bord de mer.

Plus tard, assise au bar, ma mère utilise une nouvelle feuille à en-tête du Cavalier pour écrire une lettre à mon père. Mots qu'il ne lira sans doute jamais, comme elle en est consciente, mais ces bouteilles à la mer sont aussi une manière de faire le point avec elle-même. « Jean-Paul chéri, [...] je rêve de te voir apparaître dans la porte. Je me sens ici si proche de toi. En circulant dans Beyrouth-Ouest, je regarde tous les immeubles, t'imaginant derrière chaque fenêtre murée. [...] Je rêve que tu puisses dormir jusqu'au dénouement pour ne plus souffrir. Je rêve de t'envoyer chacune de mes minutes de liberté. Tant je me suis aperçue que rien d'autre ne comptait. Plus rien ne compte pour moi. Tu sais comme avant les petits soucis comme la fatigue, le manque de temps, les petits problèmes matériels ou pratiques. Plus rien ne compte. Tout pourrait flamber, même cette maison de la villa Jamot que nous aimons tant. Je suis indifférente à tout. Vide de toi. Je suis en névrose obsessionnelle. J'ai repris deux matinées d'hôpital pour ne pas devenir complètement bête, mais <u>tout</u> le reste de mon temps est tourné vers toi, même si cela te paraît dérisoire après tant de mois d'attente (relancer en permanence les hommes politiques de tout bord et de toutes nationalités, relancer la presse, relancer l'opinion politique : conférences-voyages en province, clubs de la presse, etc.). Je passe aussi beaucoup plus de temps avec les enfants qu'avant : ils ont besoin de moi terriblement mais aussi ils m'aident beaucoup. Ils voient toujours les choses en positif. Chaque sortie d'un otage est paradoxalement pour eux une joie, puisque c'est un pas vers toi. Grégoire patauge un peu sa 4e. Tu sais, Henri-IV ce n'est pas cool du tout. Alors il faut le voir devant ses problèmes de robinet (on remplit la baignoire en 3 heures, l'autre en 6 heures, l'autre en 9 heures, en combien de temps la baignoire se remplit si les 3 coulent à la fois ?). Tu l'imagines... le latin, l'espagnol. Je l'ai envoyé à Londres cet été, alors l'anglais, ça va. Ils ont besoi ». Et la lettre s'arrête brutalement après le « i »[2].

Elle a rendez-vous, *bis repetita*, avec le guide spirituel du Hezbollah, Fadlallah, dans son fief de Bir el-Abed. Suivront une rencontre avec le Premier ministre libanais Rachid Karamé, une autre avec l'ambassadeur d'Algérie à Beyrouth, une autre encore avec celui de Syrie... Elle se fait aussi présenter la présidente du comité de soutien aux otages libanais. « Tout le monde dit qu'ils ne peuvent rien faire », dira ma mère au *Monde*[3]. « J'ai vu, dans Beyrouth-Sud, des enfants de l'âge de Grégoire et Alexandre fouiller les poubelles. J'ai entendu toutes les nuits les tirs sur les camps palestiniens[4]. »

Joëlle Kauffmann semble fonder beaucoup d'espoir sur un certain « Omar », comme en témoignent les télex que lui envoient depuis Paris Marc Kravetz, de *Libération*, et Jean-Francis Held, de *L'Événement du jeudi*. Kravetz : « VIENS DE RECEVOIR MSG DE CANTAL ME DISANT “OMAR RISQUE DE PRENDRE CONTACT AVEC TOI, SOIS PRUDENTE”. SUPPOSE QUE TU LE SERAS EN EFFET[5]. » Held : « SI NOTRE AMI PREND CONTACT AVEC TOI, ÉCOUTE ET ENVISAGE POSSIBILITÉS DE RELAIS PAR INTERLOCUTEURS MIEUX QUALIFIÉS QUE NOUS. PAS DE FIN DE NON-RECEVOIR NI D'ENGAGEMENT[6]. » Cet Omar est une énigme : plus personne ne se souvient de lui.

Le 25 décembre, alors qu'elle donne une interview sur une chaîne de télévision libanaise – « une pauvre TV avec plus qu'un seul journaliste pour tout faire[7] » –, ma mère est avertie qu'un pli vient d'être déposé au comptoir d'un café de Hamra, près de l'hôtel Cavalier. À l'intérieur, trois grandes feuilles pliées en quatre, écrites à l'encre bleue et datées du 24 décembre. Trois lettres de Jean-Paul Kauffmann, Marcel Carton, Marcel Fontaine, destinées à leurs familles et sans allusion, cette fois, ni à la politique étrangère de la France ni aux revendications du Jihad islamique. Une sorte de « cadeau de Noël », veut croire ma mère [8].

Le passage qui nous est adressé, à nous ses deux fils, résonne presque comme une lettre d'adieu, un testament. « Grégoire et Alexandre, que pensez-vous de tout cela quand vous êtes seuls face à vous-mêmes, par exemple le soir avant de vous endormir ? Vous vivez une histoire étrange. Quoi qu'il puisse advenir pour moi, il peut en sortir pour vous des choses positives. Certes, vous faites un peu trop tôt l'expérience de l'injustice et du malheur. D'autres enfants ont vécu des tragédies semblables. Vous avez la chance d'avoir une mère exceptionnelle. La détermination qu'elle a manifestée pour tenter de me sortir, moi et mes compagnons, de ce cauchemar m'aide à tenir bon. Quant à vous, si vous gardez votre sang-froid et si vous savez exercer votre intelligence et votre sensibilité, tout s'arrangera pour vous. Mais je ne veux pas imposer un sermon, même au nom de ces moments douloureux. Aimez le présent, même si pour vous, il ne se présente pas sous le jour le plus gai. Aimez la vie ! Avant cette tragédie, je reconnais que j'ai eu beaucoup de bonheur. J'en suis redevable pour une large part à vous et votre mère. Nous étions très heureux tous les quatre. Évidemment, c'est toujours après qu'on s'en aperçoit [9]. »

Alex et moi aurions peut-être aimé lire cette lettre à l'abri des regards. Nous le ferons sous le crépitement des flashs, à Orly, où l'avion du retour se pose à 15 h 10 le 26 décembre 1986.

Le caméraman du 20 heures de TF1 zoome en plan serré sur le visage de mon petit frère en pleurs [10].

37

UNE FIGURE

Dans son édition du 1er janvier 1987, *La Croix* classe Joëlle Kauffmann parmi les dix Français « à l'affiche » : deux femmes, huit hommes sont au palmarès de l'année 1986. À ses côtés, le dissident soviétique Andreï Sakharov, la présidente philippine Cory Aquino, l'écrivain et dramaturge autrichien Thomas Bernhard, Mgr Decourtray, le chanteur Jean-Luc Lahaye, le prix Nobel de littérature Wole Soyinka, le juge Falcone, l'explorateur Jean-Louis Étienne. Et aussi Pierre Robinot, héros d'un jour et quel jour ! Ayant repéré un bagage suspect dans le RER parisien, il a permis d'éviter de justesse l'explosion du colis piégé qui aurait fait un carnage. En compagnie d'Anne Sinclair, Winnie Mandela, Stéphanie de Monaco, Rika Zaraï, Jeanne Mas, Jacqueline Picasso, Simone de Beauvoir (décédée en avril), Joëlle Kauffmann figure aussi parmi les « femmes de l'année » du *Mini-Journal* de TF1 [1].

Le récit proposé sur ma mère par les médias *mainstream*, télévision en tête, correspond le plus souvent aux milliers de lettres de solidarité qui lui sont envoyées. Quand il apparaît, le hiatus prouve aussi que Joëlle Kauffmann peut agacer, crisper, voire faire se fâcher tout rouge celles et ceux qu'indispose sa posture de Pénélope moderne. Les critiques émanent en particulier des femmes de la génération précédente.

Il y a quelque paradoxe à voir cette militante féministe, qui avait conservé son nom de jeune fille en signe d'indépendance, reprendre celui de Kauffmann et consacrer désormais toute sa vie à la cause d'un homme, ainsi rappelée aux liens du mariage, à son statut d'épouse et de mère – car elle est entourée, nous assure la presse, de « deux petits bonshommes formidables », ses « deux petits Jean-Paul ». « Je tenais à mon boulot, à mon statut de gynécologue, à mon nom de Joëlle Brunerie... Je suis maintenant complètement "kauffmannisée" ! » confie l'intéressée à Liliane Sichler de *L'Événement du jeudi*[2]. « Profession : femme d'otage ! », résume *Le Dauphiné libéré*[3].

Le spectre des réactions est large entre ceux qui veulent voir en elle une « Pasionaria[4] », héroïne d'un monde où le patriarcat aurait du souci à se faire, car une Joëlle Kauffmann prouve assez que le courage n'a pas de sexe, et les tenants d'une figure plus classique de l'épouse n'écoutant que son amour, son devoir, telle la « femme forte de l'Évangile[5] ».

La comparaison revient parfois avec les « folles de la place de Mai », ces mères argentines qui luttent pour retrouver leurs enfants disparus sous la dictature militaire (1976-1983). L'épouse d'un otage d'Antenne 2 appelle Joëlle Kauffmann pour protester : elle n'est pas « folle », pourquoi cette appellation ? Elle n'avait jamais entendu parler de *las Madres de Plaza de Mayo*... Ma mère, au contraire, se flatte d'être comparée à elles. Elle déclare à l'Agence femmes information (AFI) : « Oui, je suis fière qu'on m'ait appelée "folle du 22 mai" [22 mai : date de l'enlèvement de Kauffmann et Seurat]. Oui, car je défends un homme <u>et</u> la justice. Mon passé de militante féministe fait que ma lutte s'inscrit dans les combats pour la liberté[6]. » À l'image de celui des mères argentines, son engagement illustre l'affirmation d'une lutte privée dans le champ politique, la constitution d'un contre-pouvoir face à l'arbitraire et à l'impunité. « Joëlle, [...] notre "folle de mai", indispose quelques beaux esprits et surtout dérange la raison d'État. Quant à nous, elle nous bouleverse », écrit Jean-Claude Raspiengeas dans *Télérama*[7].

« Où trouvez-vous cette force de vivre et cette rage d'exister ? » l'interroge Paul Nahon sur le plateau de *Télématin*[8]. Ce jour-là, manifestement mal réveillée (il est 7 h 45), ma mère marmonne une réponse à peine audible, mais il lui arrive parfois, en réponse à la même question, d'évoquer l'ombre portée de son propre père, Pierre Brunerie (1913-1978), héros du maquis quimperlois[9]. « Mon père résistant m'a élevée avec des principes qui me servent aujourd'hui », confie-t-elle à *Télé 7 Jours*[10]. Depuis l'enlèvement de son mari, n'est-elle pas elle-même « entrée en résistance », comme l'écrit *Le Réveil normand*[11] ?

Compagnon de la Libération, le maire de Bordeaux Jacques Chaban-Delmas creuse la comparaison : « Elle me rappelle la femme du grand résistant Pierre Lefaucheux qui, par des subterfuges incroyables, avait réussi à arracher son mari d'un camp de concentration[12]. » En pleine instruction du procès Barbie, qui s'ouvrira devant la cour d'assises du Rhône en mai 1987, et alors que, depuis une quinzaine d'années, la France redécouvre la contribution des femmes à la résistance intérieure[13], la comparaison résonne puissamment.

Face à l'anomalie, au caractère si profondément singulier attaché à l'irruption, sur la scène publique, de la « femme d'otage », les Français cherchent des grilles de lecture qui leur soient familières, puisent dans leurs références communes, tentent de déchiffrer cette posture inédite, non conforme, à l'aune de leur propre expérience du temps historique.

Les années 1980 sont à équidistance de la Seconde Guerre mondiale et du moment où j'écris. Pour presque la moitié des Français d'alors, l'Occupation est une époque à portée de mémoire vécue, un vivier de souvenirs, d'émotions, le nœud d'héritages conflictuels aussi à l'heure où l'historien Henry Rousso diagnostique, dans *Le Syndrome de Vichy* (1987), une France « malade de son passé ». Les cicatrices, en particulier, restent vives pour les millions de Français qui, entre 1940 et 1945, connurent la séparation prolongée avec l'un des leurs – même si la question des prisonniers de guerre, et des victimes collatérales de leur captivité que furent les épouses, enfants, parents, figure alors parmi les grands absents de ce retour de la mémoire.

Certes protégés par la Convention de Genève, les 1,9 million de prisonniers de guerre français en Allemagne n'étaient-il pas aussi, à leur manière, les otages d'Hitler, l'éternel prétexte brandi par Pétain pour justifier la politique de collaboration ? Sur les quelque 800 000 épouses ou fiancées de soldats français capturés par l'armée allemande en 1940, beaucoup sont encore en vie. La situation de « veuve temporaire » vécue par Joëlle Kauffmann, les mois passés sans nouvelles de son mari, l'attente, l'angoisse qui minent le quotidien, l'image aussi de ses deux enfants privés de père réveillent en elles des souvenirs douloureux. Beaucoup écrivent à ma mère. Leurs lettres se partagent entre la solidarité, l'invitation à tenir bon pour ces femmes qui affirment parler en connaissance de cause, et la franche irritation, pour ne pas dire l'exécration, manifestée par une partie d'entre elles à l'égard d'une Joëlle Kauffmann qui bouscule en profondeur leurs représentations du rôle de la mère et de l'épouse.

Solidarité d'abord. « Je fais partie de ces "grands-mères" qui avaient entre 20 et 30 ans en 1940, et qui ont attendu leur mari pendant cinq ans, puisqu'ils étaient P.G. [prisonniers de guerre] en Allemagne ; personnellement, j'avais trois enfants, et je comprends votre angoisse. Alors, je vous assure que je ne cesse de penser à vous... et à tous ceux qui attendent dans de telles conditions [14]. » « Je compatis à votre grand souci, moi qui ai connu la séparation pendant la guerre en 43-45, de rester sans nouvelles cela doit être terrible. [...] Puisse Dieu, fasse qu'ils sortent tous bientôt de cet enfer, et vous savez, quand ils seront libres, il vous faudra beaucoup de courage, d'amour, de patience car le retour à la vie normale ne se fera pas facilement, je vous dis cela car après la guerre, j'ai connu cela avec mon mari, revenu aigri, désabusé, et obligé de s'habituer à son fils de deux ans qu'il n'avait vu qu'à la naissance, nous étions en Algérie, nous sommes de là-bas [15]. »

Mais parmi ces anciennes femmes de prisonniers de guerre, il en est aussi que Joëlle Kauffmann insupporte. Par sa visibilité dans les médias, par la dimension publique conférée au malheur privé qui la touche, parce qu'elle porte le verbe haut, se confronte à un monde d'hommes, ose appeler un chat un chat, ma mère bouscule le topos de l'épouse qui compte les jours et souffre en silence. Elle heurte un certain sens de la dignité, de la décence, une certaine idée du partage des sexes intériorisée par bien des femmes de la génération précédente.

Le plus souvent anonymes, ces lettres disent aussi, en filigrane, leur part de souffrance et de déception face à la vie. « Permettez-moi de vous dire que vous nous cassé les pieds, ainsi que les journalistes qui nous répète toujours pareil au sujet des otages, car si votre mari est allé la bas c'est pour l'argent. Je suis femme de prisonnier de guerre à vous ca vous di rien on à passé 5 Noël loin de l'autre comme des millions de femmes. Si vous avez des rides, vous savez très bien comment les faire disparaître alors madame cesser de nous embété avec toutes ces histoires car dans le monde il y en a d'autres qui souffre plus que vous et qui ont payé les 5 ans de séparation mais tout cela est oublié. Femme de P.G. [16]. »

« En ce qui concerne votre mari ce sont les risques du métier. Rien ne l'obligeait à aller si loin. Seulement le gain et qu'est-ce que 8-10 mois, à côté de tous ces prisonniers de guerre – entre autres mon mari – partis du 2 sept. 39 pour ne revenir que le 20 avril 45 = 68 mois. Ce n'est pas pour la paye et ils sont revenus bien désemparés, pas de bonnes bouteilles des meilleurs crus à déguster en rentrant. Il est vrai qu'avec un tel nom on a du soutien... Les femmes de prisonniers avaient aussi des enfants, elles n'en ont pas fait tant. Arrêtez votre cirque et attendez son retour, comme nous l'avons fait à la guerre [...] [17]. »

« Je vous fais parvenir cette lettre pour vous demander si vous n'avez pas bientôt fini de nous énerver avec vos interventions à la télé au sujet de votre mari prisonnier au Liban. Par respect pour toutes les familles où le mari, le père etc. ont été séparés pendant cinq ans. [...] Si votre mari est prisonnier c'est les risques du métier tout simplement. Je vous dis franchement arrêtez-vous nous en avons ras le bol [18]. »

Une autre correspondante s'adresse directement à la rédaction d'Antenne 2. « La captivité de Kauffmann ne coupe apparemment pas l'appétit de sa femme puisqu'hier vous nous l'avez encore exhibée réveillonnant en famille à Beyrouth, histoire de se "rapprocher de son mari" après avoir été assaillie par les journalistes à son arrivée. Ce qui prouve qu'elle en a les moyens. À vous voir et vous entendre elle est devenue le centre du monde – on ne voit et n'entend plus qu'elle. [...] Quand nos maris ont été prisonniers en Allemagne [...] nous avons élevé seules des enfants que leurs pères n'avaient jamais vus, dans la solitude, le froid, la faim, et souvent la transplantation dans une région de France où nous ne connaissions personne. C'est évidemment un beau sujet à exploiter, la capture d'un journaliste – comme si cette espèce était sacrée. [...] Cessez de nous montrer presque tous les jours cette pasionaria agitée que je ne plains nullement [19]. »

« Méchant » : c'est la mention inscrite au stylo par ma mère sur la plupart de ces lettres avant classement dans les archives de la péniche.

38

LA GLORIOLE

Janvier 1987. Encore un Français disparu à Beyrouth ? Depuis la libération de Georges Hansen et de Philippe Rochot en juin 1986, la malédiction semblait avoir été rompue. Par paire ou à l'unité, les terroristes libanais relâchaient leurs otages, trop lentement sans doute, mais au moins les enlèvements avaient-ils cessé. Chaque libération pouvait être vue comme un petit pas vers la fin du compte à rebours. Mais avec la capture de Roger Auque, l'aiguille se remet soudain à tourner dans le mauvais sens. « Mot infiniment cruel et juste d'un des fils de Jean-Paul Kauffmann quand il apprit l'enlèvement de Roger Auque : "Eh bien ! Au moins, il donnera de nos nouvelles à papa" », rapporte *Libération*[1]. Personne ne peut alors savoir, pas même les ravisseurs, que ce 13 janvier 1987 marque en réalité l'épilogue de la série commencée en 1985. Roger Auque sera le dernier des Français pris en otage au Liban.

Ce matin-là, venu avec son confrère Paul Marchand qui l'attendait dans un taxi au pied de l'immeuble, le journaliste free-lance était repassé prendre des affaires dans son appartement du front de mer, sur la corniche de Raouché. Une Volvo blanche et une Mercedes avaient alors surgi en trombe, déversant un groupe d'hommes en armes auxquels Paul Marchand, prenant la fuite dans une ruelle, avait échappé par miracle. Roger Auque n'avait pas eu cette chance, cueilli par le commando sous les yeux du chauffeur de taxi.

Aux Français encore présents à Beyrouth-Ouest, n'avait-il pas été assez recommandé de plier bagage ? Rester sur place, c'était à la fois risquer sa vie et placer la France en mauvaise posture, chaque nouvel enlèvement marquant une victoire de plus pour les auteurs du chantage exercé sur sa diplomatie. Dans un Liban déserté par la plupart des journalistes occidentaux, Roger Auque et Paul Marchand faisaient partie du dernier carré de réfractaires. En l'absence de concurrence, ils occupaient le terrain, plaçant leurs piges un peu partout dans les médias francophones.

Esbroufe, inconscience coupable, art de se jeter dans la gueule du loup ? Depuis Paris, les voix sont nombreuses qui s'élèvent pour dénoncer l'imprudence de ces « mercenaires du reportage ». Cette fois, la coupe est pleine. Va-t-on encore longtemps imposer à l'opinion cette litanie usante, ce dossier sans fin et ces libérations au compte-gouttes, en attendant le prochain enlèvement ?

Et chaque midi, chaque soir, ces photos d'otages en ouverture du journal télévisé d'Antenne 2, la froide et précise comptabilité de leur calvaire, comme un clou enfoncé sans relâche dans la conscience des Français, « rappels incessants, lancinants comme une complainte, un gémissement interminable », écrit à ma mère une habitante de Saint-Nazaire [2]… Charles Pasqua fait pression sur la direction de la chaîne pour que soit mis fin à cette éphéméride de l'impuissance, le meilleur moyen de faire le jeu des ravisseurs, dit-il [3].

Quant au ministre de la Justice, Albin Chalandon, il dénonce cette « publicité parfois complaisante et larmoyante », estimant qu'avec sa rengaine sur les otages,

« Antenne 2 diminue un peu plus leurs chances d'être libérés [4] ». Que certains préfèrent alors zapper sur TF1 ou sur La Cinq, que d'autres éprouvent un pincement au cœur, versent une larme, fassent un vœu ou encore rouspètent contre ce défilé de photos, toujours les mêmes, venu plomber l'ambiance à l'heure d'attaquer le dîner, c'est une immense lassitude qui gagne l'opinion.

Le logo des otages est devenu aussi banal que la météo en fin de journal – au moins la météo annonce-t-elle parfois le beau temps quand les otages, eux, « n'ont toujours pas été libérés ». Comme une présence douloureuse au fond de la psyché française, comme un remords, une punition. Les otages du Liban, ou le reproche chaque jour adressé à soi-même et aux autres d'être libres quand Kauffmann et ses compagnons de chaîne, là-bas, paient pour toute la communauté nationale. Et comment répondre aux enfants qui posent des questions sur l'éternel retour de ces visages à l'heure du JT ? Personne ne sait en réalité pourquoi on les retient prisonniers.

« Et si l'intérêt du public retombait ? » questionne Jean Lebrun dans une interview de Jean-Francis Held pour *La Croix*. Réponse du codirecteur de rédaction de *L'Événement du jeudi* : « Il est sûr que les "unes" que nous avons consacrées à Kauffmann ne sont pas celles qui ont fait vendre le plus le journal [5]. » Par ce qu'il révèle, trois semaines après la libération d'Aurel Cornea, du pourrissement de la situation, l'enlèvement de Roger Auque exaspère un peu plus ce sentiment d'impuissance et de grande lassitude face à un dossier qui n'en finit pas de s'enkyster dans l'univers mental des Français.

De cette usure de l'opinion qui n'a que trop entendu parler des otages, Jacques Chirac est parfaitement conscient lorsqu'il commet sa fameuse déclaration sur la « gloriole ». Le 27 janvier 1987, en visite à Strasbourg, le Premier ministre lâche au sujet des reporters encore présents à Beyrouth : « Les journalistes sont forcément particulièrement visés. C'est un peu facile, lorsqu'on est irresponsable, d'aller s'exposer pour la gloriole, de se faire piquer et ensuite d'engager un processus dont toute la nation pâtit. Ce n'est pas un endroit fréquentable pour les journalistes. Si je parle des journalistes, c'est que ça cavale dans tous les sens. Ça ne reste pas dans un endroit déterminé. Si encore on pouvait les tenir en laisse ! » Commentaire du *Canard enchaîné* : « À la niche, les reporters [6] ! » De Claude Sarraute dans *Le Monde* : « Au pied, les chiens [7] ! » Et de Joëlle Kauffmann dans *Le Dauphiné libéré* – elle est alors en meeting à Lyon : « [Ces propos] sont outrageants pour les otages. Que le Premier ministre demande aux journalistes de la prudence, c'est une chose. Mais qu'il dise qu'ils agissent pour la gloriole, c'est outrepasser ses droits. Cela remet en cause le droit de l'information, la présence de tous ceux qui travaillent au Liban et même les soldats de la Finul. C'est comme si on demandait des justifications à une femme violée [8]. »

Ma mère n'a jamais été aussi à la peine, le comité aussi isolé, le dossier des otages aussi désespérant. Paraît alors, dans *Le Nouvel Observateur* du 6 février 1987, un éditorial intitulé « Otages : taisons-nous ! ». Deux colonnes serrées en page 23, vécues par ma mère et Cantal comme le coup de pied de l'âne. Il est envoyé par une publication qui n'avait jamais manifesté beaucoup d'emballement pour la cause des otages, se contentant de relayer a minima les initiatives du comité. À leurs yeux, on aurait dû compter sur l'hebdo de Claude Perdriel, fondateur du *Matin de Paris* où avait travaillé mon père. Ne faisait-il pas partie de la « famille », associé qu'il était au grand bouillonnement culturel des années post-68 ?

Le Nouvel Observateur, à cette époque, est une puissance, tirant à quelque 350 000 exemplaires, véritable moniteur, avec *Libération*, de la gauche non communiste, de plain-pied avec les réseaux de pouvoir socialistes où les oracles de Jean Daniel, le directeur, sont de ceux qui comptent. « Faire fortune sous Mitterrand », titrait l'hebdomadaire en Une au printemps 1985 [9]. Mais l'élection de Mitterrand n'avait pas fait les affaires du *Nouvel Obs*, la proximité du magazine avec le nouveau Président ayant atteint un tel degré de complaisance que bien des lecteurs avaient résilié leur abonnement. La cohabitation avait requinqué le titre, plus à son aise dans son rôle d'opposant à un gouvernement de droite toujours soupçonné d'accointances avec les idées du Front national. Jean Daniel sortira bientôt un livre sur François Mitterrand, *Les Religions d'un président*. « C'est en témoin critique et complice, proche et distant, mais toujours attentif, que Jean Daniel observe depuis longtemps l'énigmatique François Mitterrand », prévient la quatrième de couverture [10].

L'éditorial « Otages : taisons-nous ! » est signé Jacques Julliard. Entrée en matière : « Jusques à quand nous autres journalistes allons faire semblant de croire que nous n'avons aucune responsabilité dans les prises d'otages ? Jusques à quand accepterons-nous avec empressement de nous faire les complices objectifs de maîtres-chanteurs, qui constituent une des catégories les plus méprisables de malfaiteurs, en une époque qui en compte tant ? Depuis que les guerres les plus sanglantes tendent toutes à se doubler de guerres de communiqués, les journalistes sont devenus les petits soldats de ces combats civils et symboliques. Enlevez, rackettez, faites chanter, il en restera toujours quelque chose au journal de 20 heures. »

Suit une série d'exemples, un détournement d'avion par des terroristes, des prises d'otages dans une banque, visant à démontrer que, dans la hiérarchie des souffrances, ces actions d'éclat remporteront toujours la palme auprès du public. Mais « au nom de quoi l'enlèvement d'un professeur à Beyrouth est-il plus important que le meurtre d'une petite vieille dame dans le XVIIIe arrondissement de Paris ? ». La faute aux médias, au dieu Audimat, au voyeurisme des journalistes.

Après avoir quelque peu tourné autour de la cible, Jacques Julliard entre enfin dans le dur. « Rappeler inlassablement le sort des otages, n'est-ce pas le meilleur moyen de contribuer à leur libération ? Quand un homme croupit injustement dans un cachot, est menacé jusque dans son existence, n'est-ce pas la rumeur montante de l'opinion qui permet de l'arracher aux griffes de ses bourreaux ? Ne l'a-t-on pas observé cent fois dans les pays de l'Est ou en Amérique latine ? Sans doute. Distinguons pourtant. Un Pinochet, un Gorbatchev souhaitent avant tout le silence sur leurs prisonniers. Il convient donc, dans l'intérêt de ceux-ci, de faire à leur sujet le plus de bruit possible. Un Khomeini, ou ses sous-traitants, souhaitent au contraire le tapage maximal autour de leurs opérations pirates. Faut-il, fût-ce pour des raisons diamétralement opposées, entrer délibérément dans leur jeu ? Au prix de la minute de publicité à 13 et à 20 heures, calculez un peu le montant de la subvention biquotidienne que nous versons depuis plus d'un an aux ravisseurs de Marcel Carton, Marcel Fontaine, Jean-Paul Kauffmann, Jean-Louis Normandin et les autres. Si les terroristes devaient payer à leur prix réel toutes les mentions écrites et orales qui sont faites de leurs exploits, tous les puits de pétrole de l'Arabie n'y suffiraient pas. Tant que durera cette manne publicitaire gratuite, pourquoi, je vous le demande, se presseraient-ils de les libérer ? »

Et Julliard de finir : « J'en appelle ici à nos camardes d'Antenne 2. Tous les soirs, à la même heure, un grand moment de gêne descend sur la France et sur la famille réunie autour du fricot ou de la quiche lorraine, à la pensée des hommes qui passeront cette nuit en prison. Mais à la pensée aussi que ce rite du souvenir, si généreux soit-il, contribue à faire le jeu des geôliers et peut-être à prolonger la détention des prisonniers. Cette gêne, vous la partagez, cela se sent à votre ton. Alors, je vous le demande, dans l'intérêt de notre métier et de la démocratie elle-même, le moment n'est-il pas venu de décréter le service minimum ? »

Il n'est pas un seul de ces arguments que ma mère et Cantal n'aient déjà entendu. La surprise provient du fait qu'ils ne figurent pas, cette fois, dans les colonnes du *Figaro Magazine* ou de quelque autre titre détenu par Robert Hersant, mais sous la plume d'un éditorialiste de gauche, connu, écouté. Après Jean Daniel, il est l'homme qui incarne le plus incontestablement auprès du public la ligne éditoriale du *Nouvel Obs.* La consternation est d'autant plus vive que la flèche est décochée au pire des moments. Elle provient d'un auteur qui, jusqu'alors, n'avait jamais dit mot des otages français au Liban, silencieux, comme ruminant, en attente de la circonstance favorable pour sortir du bois et ajuster son tir.

Le fond de l'article peut s'entendre : parler des otages, c'est à coup sûr entrer dans le jeu des ravisseurs, élever les enchères, retarder peut-être le jour de leur libération. Joëlle Kauffmann en est toujours convenue, préférant néanmoins le vacarme au silence, les manifs et les pétitions au black-out, la stratégie du diamant à celle du plat de lentilles, qui mène au fatalisme et à l'oubli. Ce qui la blesse surtout, dans l'éditorial de Jacques Julliard, c'est cette manière de ramener le sort des otages à une logique comptable, les termes de « manne publicitaire gratuite », de « subvention biquotidienne », cette comparaison avec l'argent des puits de pétrole. Et cette expression glaçante, « rite du souvenir », d'ordinaire utilisée pour parler d'un défunt…

C'est aussi cette insistance à nommer la « gêne » des journalistes, palpable, grandissante, mais quelque peu honteuse, presque taboue. D'un trait de plume, Julliard le brise, ce tabou, portant le fer dans la plaie de la profession invitée à faire le « service minimum » – autre expression d'une violence inouïe pour les familles d'otages, quand bien même certaines d'entre elles préféreraient la discrétion au tapage. Aux yeux de ma mère mortifiée par tant d'absence d'empathie, il ressort de cet article une brutalité, une sécheresse de cœur, un mépris qu'elle reçoit alors comme un coup de poignard.

Qui est alors Jacques Julliard ? Il fait partie de ces « pragmatiques » qui ont applaudi au tournant de la rigueur, crié haro sur les nationalisations, félicité Mitterrand d'avoir fait triompher, au bout du compte, « l'esprit d'entreprise [11] ». Enfin délivrée de sa gangue marxiste, la gauche s'est, dit-il, « convertie au réel », est « redescendue sur terre ». Et de proposer, comme horizon d'attente pour le mitterrandisme, un bariolage lénifiant d'énoncés performatifs plus ou moins liés à la tradition autogestionnaire, gloubi-boulga social-libéral cuisiné par les hommes d'affaires et les intellectuels de la Fondation Saint-Simon : conforter « l'aspiration des individus à devenir sujet de leur propre action », encourager « l'acculturation sociale de notre liberté individuelle [12] », appuyer la « reconquête de l'autonomie des individus et des groupes [13] ». Et lorsque les ouvriers cégétistes de Renault, affrontant la police, manifestent contre la dégradation de leurs conditions de travail et les licenciements, Jacques Julliard les juge « seulement sectaires et stupides [14] ».

Sitôt publié l'article qui fâche, Cantal et ma mère demanderont un rendez-vous avec Jean Daniel. Le patron du *Nouvel Obs* les reçoit dans son bureau du quartier de la Bourse. Il tente de calmer le jeu : « Jacques » exagère souvent. Que Joëlle Kauffmann en soit assurée : il ne recommencera plus.

De fait, Julliard n'abordera plus le dossier des otages dans les colonnes du *Nouvel Obs*.

39

LES VAUTOURS

Le comité de soutien des Amis de Jean-Paul Kauffmann a-t-il été placé sur écoute ? On entend parfois des cliquetis bizarres sur la ligne, des retours de voix, des bruits de fond. Et à la maison, rue Didot, à quoi riment ces appels au beau milieu de la nuit ? Ma mère n'a pas voulu mettre notre numéro sur liste rouge. Qui sait ? Un messager tombé du ciel pouvait toujours chercher à la joindre en retrouvant notre nom dans l'annuaire. Il y a parfois des menaces de mort sur le répondeur. L'un de ces messages m'avait marqué ; une voix de femme à l'accent arabe criait : « Nous sommes le front islamique des martyrs ! Nous allons tuer le petit Grégoire, et enlever le petit Alexandre et votre autre enfant ! » Le roulement des « r » de « votre autre » faisait flipper. Le troisième enfant devait désigner Rozen.

Il y aussi les nostalgiques de la chambre à gaz qui rêvent tout haut d'exterminer la famille Kauffmann. Ces lettres anonymes arrivent le plus souvent au comité, mais parfois aussi rue Didot. Exemples. « Vous comprenez donc pas que votre Kauffmann est Juif et non Français ! Il faudrait un 2e Hitler !... pour évacuer les Juifs de l'Europe ! [...] Je souhaite qu'il crève [1] ! » « Qu'il crève ce sale JUIF avec la clique au pouvoir BADINTER FABIUS HANIN ZITRONE

GOLDMAN et les autres. La pute est crevée (SIGNORET) au tour des autres. ISRAEL, les Américains seront rayés de la carte. [Croix gammée]. 6 000 000 de JUIFS au four c'est pas assez. Bientôt le monde sera libéré de la bête immonde "les JUIFS". Comité de Salubrité Publique. Vous entendrez bientôt parler de nous pourritures de JUIFS. Passe le mot à tes potes. Vive les ARABES [2]. » « Si tu ne veux pas qu'on enlève Grégoire et Alexandre, si tu les aimes vraiment, arrête de faire des interviews ! Sale sioniste ! Organisation de la justice révolutionnaire [3]. »

Quand la menace est jugée sérieuse, ma mère est prévenue du dispositif de protection mis en place devant chez nous par des policiers en civil. Leur discrétion est telle que ni mon frère ni moi n'avons jamais senti leur présence. Les faits et gestes du comité sont en même temps tenus à l'œil par la DST, où le colonel Philippe Rondot, expert de la scène proche-orientale, suit à la loupe le dossier des otages. C'est accompagné de Michèle, son épouse, elle-même officier de renseignements, qu'il surgit le plus souvent quai des Grands-Augustins sur sa moto. Leurs gros casques intégraux, l'irradiante blondeur de Michèle – née le 8 août 1944 comme mon père – marquent les esprits. Là, Philippe Rondot hume l'ambiance, se mêle aux conciliabules de la petite bande, briefe ma mère sur les derniers développements de l'affaire.

Jeu équivoque mené par le maître espion qui ne dit pas le centième de ce qu'il sait [4] et en profite peut-être pour manipuler tous ces béotiens, mais présence chaleureuse, sécurisante, jouant aussi les vigies quand de troubles personnages s'approchent un peu trop près du réacteur. Ma mère et Cantal lui disent tout, quêtent son approbation dès lors qu'ils s'aventurent en *terra incognita* – contacts avec des intermédiaires étrangers, déplacements au Proche-Orient, réponses aux « offres de service » venues d'émissaires surgis de nulle part et dont le pedigree s'avère souvent invérifiable… sauf à faire appel à la science de Philippe Rondot, qui tranche dans l'instant : allez-y, n'y allez pas.

Par courrier, par téléphone, où tout simplement en venant toquer au hublot de la péniche ouverte au grand vent des oiseaux de passage, car on y entre comme dans un moulin, c'est toute une procession de personnages louches qui défile. En échange de leurs « services », ils réclament une somme d'argent, quelquefois aussi un passeport. Un certain Amer S., se présentant comme franco-libanais et orthophoniste à Toulouse, se dit ainsi prêt à faire libérer les otages, à condition que sa « mission secrète » soit défrayée et que soit assurée, pendant son absence, la « subsistance » de sa femme enceinte de sept mois [5]… Une habitante de Saint-Cyr-sur-Loire recommande à ma mère d'entrer en relation avec une banque saoudienne de l'avenue Hoche, à Paris, pour « obtenir le financement nécessaire au rapatriement » de Jean-Paul Kauffmann [6]. Un détenu de Fleury-Mérogis affirme, lui, appartenir à l'organisation qui détient mon père ; il promet d'intervenir auprès des commanditaires, mais, pour cela, il faudrait d'abord qu'on le sorte de prison [7]…

Cantal et ma mère ont pour principe de ne négliger aucune piste. Certaines propositions semblent plus sérieuses que d'autres. Ainsi de cet homme manifestement bien renseigné, en contact avec les ravisseurs, dit-il. Moyennant rétribution, il dit pouvoir rapporter une lettre de mon père, voire intervenir sur le cours des négociations grâce aux puissants réseaux dont il disposerait au sein de la nébuleuse pro-Hezbollah de Beyrouth. Comme il le fait toujours en pareil cas, le tandem prévient Philippe Rondot. L'officier de la DST donne son feu vert. Et répète la consigne pour « tester » ce type d'interlocuteur : exiger une preuve, un indice du chemin qui mènerait jusqu'aux geôliers de Jean-Paul Kauffmann. Par exemple, en rapportant une anecdote intime, un secret, un très vieux souvenir que seuls mon père et ma mère pourraient partager.

Rendez-vous est donc pris avec le mystérieux intermédiaire qui a choisi le lieu de la rencontre : 71, avenue des Champs-Élysées, sous le porche de la Maison de l'Iran. À demi rassurés, ma mère et Cantal s'y rendent sous la surveillance de deux agents de la DST qui patientent dans une petite voiture garée à proximité. Sur place, l'homme les retrouve avec, dit-il, la preuve demandée, celle qui attesterait le sérieux de sa démarche. Joëlle Kauffmann serait affublée, dans l'intimité de son ménage, d'un tendre surnom auquel mon père serait très attaché : « Bébé ». C'est évidemment faux. La supercherie prêterait à rire si, au même instant, ne s'était évanoui tout l'espoir que ma mère avait fondé sur cette rencontre digne d'un très mauvais polar. La DST identifiera l'auteur de cette tentative d'enfumage : un petit escroc de la grande couronne déjà condamné pour vol et trafic de drogue.

D'authentiques barbouzes font aussi irruption à la maison, comme ce vieux copain connu par ma mère lors de ses vacances étudiantes à l'UCPA. En affaire avec les Comores, il lui fera rencontrer les mercenaires de Bob Denard prêts à tenter, assure-t-il, une opération « commando » pour extraire les otages de leur prison. Il s'en explique dans une lettre à en-tête de la Compagnie comorienne de construction. « Si tu es toujours décidée à employer tous les moyens, notre Ami est toujours disposé à te rencontrer et étudier l'Affaire à fond si tu le désires. Pour le financement, il m'a dit qu'il ne nous demanderait rien : opération humanitaire sauf les frais c'est normal. [...] Joëlle, cette opération, une fois lancée, sera dangereuse pour nous tous. Car tu le sais mieux que personne, les gens d'en face sont tous des Fous et des Fanatiques qui peuvent frapper n'importe où. Le silence sera d'or. [...] Brûle cette lettre [8]. »

Et comment oublier « Jean-Louis le marchand d'armes », pour reprendre l'expression de mon frère dans une lettre écrite depuis sa colonie de vacances [9] ? Tout droit sorti des *Tontons flingueurs*, doté d'une forte corpulence, la tignasse blonde, une gourmette en or, Jean-Louis Gantzer débarque le plus souvent rue Didot où, entre deux avions, il se fait servir un scotch et passe des coups de fil. Il vient parfois avec des cadeaux pour Alex et moi, qui l'aimons bien. N'a-t-il pas promis de ramener papa ? En plus de vendre des armes, il dit s'occuper d'une association internationale d'aide aux enfants aveugles.

Avec lui, ma mère et Cantal iront jusqu'à Vienne pour rencontrer, dans une brasserie, un groupe d'Iraniens prétendument liés aux ravisseurs de mon père. Jean-Louis avait donné une consigne : comme préalable aux discussions, ces importants personnages apprécieraient qu'on leur offre des flacons de *Poison*, le célèbre parfum de Dior. Mais Cantal s'était trompé de marque, emportant dans sa valise du *N° 5* de Chanel. Jean-Louis avait piqué une colère.

« Rappeler Jean-Louis », « appel Jean-Louis », « rdv Jean-Louis », est-il souvent mentionné dans l'agenda de ma mère en 1986. Le 13 mars de cette année, dans une lettre à en-tête de la Pan American World Airways adressée à « Joëlle et les enfants », Gantzer donne de ses nouvelles. « Contrairement à mon voyage prévu, les barbus m'ont expédié aux US. Je serai de retour à Téhéran mardi. Ils m'ont placé la barre très très haut, mais je pense la passer. J'ai prévenu les services français et ils observent. [...] Medhi et ses amis font le maxi pour Jean-Paul. Lorsque je vous appellerai de Téhéran et vous dirai que j'ai mal au dos vous comprendrez que ça va bien [10]. »

À l'automne 1987, Jean-Louis Gantzer sera mis en cause dans le volet français de l'Irangate – cette obscure affaire de vente d'armes américaines à l'Iran. Il donnera une interview au *Matin de Paris* en menaçant les services français de révélations fracassantes, livrant une version – fausse – sur la mort de Michel Seurat [11].

On n'entendra plus jamais parler de lui.

40

LE SPECTACLE A ASSEZ DURÉ

« Pourrissement », « inaction », « immobilisme », « échec », « gouffre », « lâchage », « abandon ». Déprimants, les mêmes mots reviennent sous la plume des journalistes qui parlent encore des otages français au Liban. Effet pervers du « spot » en ouverture du journal d'Antenne 2 : il invite les autres rédactions à se taire, puisque les confrères de la télévision, et c'est déjà bien assez, martèlent chaque jour le fameux décompte. Ma mère doit batailler pour obtenir un rendez-vous avec Jacques Chirac. À quoi bon perdre son temps avec les familles ? Il y a Michel Roussin pour cela. La vérité est qu'il ne se passe rien, strictement rien, sur le front des négociations, rien, en tout cas, qui puisse être confié à Joëlle Kauffmann. L'affable Jean-Bernard Raimond ne cesse de se défiler, reporte souvent les rendez-vous. Mais il assure que les familles « peuvent [lui] téléphoner quand elles veulent [1] ». Ma mère cherche aussi à rencontrer Pasqua, qui la reçoit au moins une fois. « Mme Kauffmann, allez plutôt vous occuper de vos deux petits », déclare-t-il en substance à celle qui est désormais surnommée dans les ministères « la mouche dans le bocal [2] ».

Au mois de février 1987, ma mère a renoué, à mi-temps, avec son activité de médecin libéral. « Pour reprendre une vie normale, plus structurante pour les enfants », dit-elle,

« et dans la mesure où il y a moins d'actions qu'auparavant »[3]. Au collège, c'est le grand décrochage pour Alex et moi. Nous rapportons à la maison les plus désastreuses notes qui soient. Durant toute mon année de 4e, je resterai le dernier de la classe. Le prof de français, M. Aubin, me mène la vie dure. Il nous fait étudier *La Grande Peur dans la montagne* de Ramuz. Prenant les autres élèves à témoin, il me harcèle : « Non mais dites-donc, mon jeune ami, je comprends vos problèmes, mais tout de même ! »

Au terme de la 4e, c'est aux parents que revient d'accepter ou non la proposition de redoublement. Je passerai donc en 3e. Les petits cancres à demi voyous qu'Alex et moi sommes devenus, ma mère préfère les idéaliser en vaillants fantassins de la cause. Il faut dire qu'elle n'est pas souvent à la maison. En mars 1987, elle écrit dans une énième lettre à mon père : « Tes fils sont à la mesure de ce combat. Ils sont tels que tu les voudrais et tels que nous les imaginons. Grégoire perdu dans ses rêves, l'imagination galopante, écrit des choses merveilleuses entre la flûte et la guitare. Alexandre fait preuve d'une activité débordante retournant hier au lycée à vélo huit jours après une appendicite opérée sans histoire. Ils vivent à l'heure du Liban[4]. » Depuis longtemps, j'ai pourtant abandonné la guitare classique, très exactement depuis l'enlèvement de mon père.

À force d'insistance, les familles d'otages sont reçues par Chirac le 12 mai 1987. Il n'en ressort aucune avancée : jamais les espoirs de libération n'ont été aussi minces. La « normalisation » des relations avec l'Iran est au point mort. « Je ne vous en voudrai jamais de vos échecs. Je vous en voudrais simplement d'arrêter d'entreprendre », aurait dit ma mère au Premier ministre[5]. Chirac « a voulu faire comprendre à l'opinion publique qu'il n'oubliait pas ce délicat dossier même si l'on n'en parlait plus guère », résume *Le Parisien* [6]. Quant au guide spirituel du Hezbollah libanais, Mohammad Hussein Fadlallah, il déclare que l'affaire des otages a été « gelée par les pays occidentaux, qui n'en tirent plus de profit ». Il ajoute que les ravisseurs « profitent et acceptent ce gel jusqu'aux élections présidentielles américaine et française de 1988 [7] ». Ce qui revient à peu près à dire, comme le relève Cantal, que « les ravisseurs sont maintenant prisonniers de leurs otages [8] ».

Pour l'anniversaire des deux ans de détention, une « nuit de l'espoir » est organisée dans les rues de Rennes, avec distribution de petites bougies ; à Lyon, sur la façade d'une maison, les journalistes du Club de la presse imaginent une grille de mots croisés géante en soutien aux otages ; à l'École supérieure de journalisme de Lille, en présence de Philippe Rochot, ma mère assiste au baptême de la 61e promotion, qui choisit le nom de mon père.

L'Événement du jeudi fait publier une lettre dans *L'Orient-Le Jour* : « Nous t'attendons, et Dieu que c'est long ! Deux ans aujourd'hui, deux ans d'amitié impuissante. Tiens bon. [...] Rue Christine ? Le journal marche. [...] L'Écluse, en bas du journal, a été rachetée par *L'Événement* et transformée en restaurant, on aurait besoin de toi pour la carte des vins ! [...] Si tu savais le nombre de fois qu'on s'est dit "Seul Jean-Paul aurait pu faire ça !". [...] Et combien de fois Garcin a-t-il la nostalgie des plongées campagnardes et littéraires dont tu as le secret, sur les traces d'un écrivain. Quoi encore ? *L'Amateur de Bordeaux*, ton canard, continue grâce à tes amis écrivains. Au Festival de Cannes, il n'y a plus de stars, du coup les vedettes de la télé y prennent des poses avantageuses... À propos, sais-tu qu'il y a deux chaînes en plus ? Sais-tu ceci, cela... Dérisoire, face à ce que tu endures. Nous le savons bien. Vivement que tu reviennes [9]. »

La « guerre des ambassades » va commencer. Une bataille des nerfs entre Paris et Téhéran qui élève d'un cran la menace sur la vie des otages français au Liban. 21 et 22 mars 1987 : arrestation à Paris des auteurs présumés des attentats de 1985 et 1986, commandités par l'Iran, comme les services français en ont désormais la preuve. 2 juin : chargé de l'enquête, le juge Boulouque demande l'audition de Wahid Gordji, officieusement simple traducteur, en réalité numéro deux de l'ambassade d'Iran à Paris [10]. 28 juin : la mise en état de siège de l'ambassade, où Gordji s'est réfugié, devient la grande affaire médiatique de l'été, avec barrages de sécurité, chevaux de frise et déclarations va-t-en-guerre de Pasqua. 14 juillet : à Téhéran, le consul de France, Paul Torri, est accusé d'espionnage et convoqué par le procureur de la Révolution islamique. 17 juillet : rupture des relations diplomatiques entre la France et l'Iran. Ma mère note l'événement d'une écriture rageuse dans son agenda.

Et si Pasqua, en faisant monter la pression sur Gordji, piégé dans son ambassade et sommé de se rendre à la justice française, cherchait à en faire une monnaie d'échange contre les otages ? C'est en tout cas l'impression qui domine dans la presse, bien des commentateurs jugeant la ficelle un peu grosse, et le jeu de Pasqua à très haut risque pour la vie de Marcel Carton, Marcel Fontaine, Jean-Louis Normandin, Roger Auque et Jean-Paul Kauffmann.

Pendant ce temps, le procès de Klaus Barbie touche à sa fin. Le 4 juillet 1987, l'ancien officier SS âgé de soixante-quatorze ans écope de la peine maximale : réclusion criminelle à perpétuité pour le « boucher de Lyon ». Madonna cartonne au Top 50 avec « La Isla bonita », Vanessa Paradis avec « Joe le Taxi ».

Je suis pour ma part en Irlande avec Erwan et Leila, la fille de Cantal. Le principe est le même que celui de l'été précédent en Angleterre : accueil dans une famille, cours le matin, excursion ou sport l'après-midi. À ceci près que, cette fois, je suis accompagné de mes deux meilleurs amis. J'ai treize ans et nous sommes réunis au même endroit : Carrigaline, comté de Cork, province de Munster. Une ville-rue, un peu moins de 10 000 habitants, un parc de 25 hectares où, chaque soir, nous retrouvons les autres Français qui participent comme nous au programme linguistique.

Les adolescentes de Carrigaline sont curieuses des petits Frenchies. Dans le champ d'herbes hautes où elles nous entraînent, Erwan et moi, pour nous embrasser, les choses vont souvent beaucoup plus loin qu'avec les Françaises du même âge. Je suis logé dans une grande maison cossue, chez un amiral à la retraite dont l'épouse me bichonne. Un peu plus âgés que moi, les enfants du couple me font faire des tours de scooter dans le lotissement. Dans ce cocon familial, pour la première fois depuis deux ans, je me sens bien. Je lis : les *Contes italiens* d'Italo Calvino, *Shining* de Stephen King, qui deviendra mon idole.

Ma mère, au téléphone, ne dit pas un mot de la photo communiquée le 23 juillet 1987 à une agence de presse beyrouthine et qui fait la Une de *France-Soir*. Mon père y est exhibé barbu, vieilli. « L'odieux chantage : "Aucun otage français ne sortira vivant si nos exigences ne sont pas remplies", écrivent les ravisseurs au gouvernement », titre le quotidien [11]. Elle ne fera pas non plus mention de la nouvelle vidéo – la quatrième – envoyée une semaine plus tard par l'Organisation du Jihad islamique. Encore plus maigre que sur la photo, mais rasé, mon père jette de temps en temps un regard sur le texte qu'il semble tenir en main. « À vous qui nous regardez ou qui apercevez le visage de nos proches, je ne demande qu'une chose : que le spectacle de cette souffrance ne devienne pas pour vous une habitude. Or j'ai bien peur qu'avec notre histoire qui n'en finit pas, nous ne faisions partie à présent du paysage français, un peu comme les prévisions météo ou le Conseil des ministres du mercredi, et c'est ça qui est horrible. Il ne faut pas que vous nous abandonniez. Il ne faut pas que vous preniez pour argent comptant les déclarations du gouvernement. [...] Grégoire, Alexandre, je ne cesse de penser à vous. Malgré tout, essayez de passer de bonnes vacances. Essayez de vous amuser comme tous les garçons de votre âge, il le faut. [...] Que Dieu fasse, que Dieu permette que nous nous revoyions tous un jour. Je le prie quotidiennement. Je vous aime. »

En pleine « guerre des ambassades », et alors que ces nouvelles des otages sont les premières depuis Noël, le président du Parlement iranien Hachemi Rafsandjani choisit son moment pour voler dans les plumes du gouvernement français. Dans une interview au journal de Téhéran *Etelaat*, l'hodjatoleslam soutient qu'avant les élections de mars 1986, l'opposition chiraquienne a très méthodiquement torpillé les négociations engagées pour la libération des otages, promettant aux Iraniens des contreparties beaucoup plus avantageuses une fois qu'elle serait au pouvoir. L'accusation n'est pas nouvelle. *Le Matin de Paris*, notamment, s'en était fait l'écho en janvier 1987. Mais, tombée de la bouche d'un haut dignitaire de la République islamique, c'est une première et elle fait désordre.

Dans l'opposition, les socialistes attaquent bille en tête. À supposer que Rafsandjani dise vrai, l'affaire serait « d'une très exceptionnelle gravité », réagit Lionel Jospin le 1er août 1987. Jack Lang, de son côté, demande l'ouverture d'une « enquête parlementaire ». Jacques Chirac relève le gant sur le plateau du *Forum RMC-FR3*. Aux propos du dirigeant iranien, il oppose « le démenti le plus catégorique, le plus formel ». Et menace : que les socialistes ne viennent pas lui chercher des poux, car lui aussi détient des dossiers embarrassants. Par exemple, sur les Irlandais de Vincennes et sur le Carrefour du développement...

« Le Premier ministre a une curieuse manière de déplacer les problèmes. Il réagit de façon puérile et simpliste », commente Roland Dumas. Comme par miracle, la polémique se dégonfle aussitôt. « Nous devons être extrêmement prudents. Il ne suffit pas qu'une autorité à Téhéran s'exprime pour qu'immédiatement nous entrions dans des conflits internes », tempère le député socialiste de l'Isère Louis Mermaz [12]. Tout le monde va enfin pouvoir profiter des vacances.

Mais ma mère s'insurge dans une tribune publiée dans *L'Événement du jeudi* du 6 août 1987. Titre : « Le spectacle a assez duré ».

Joëlle Kauffmann aussi a besoin de vacances. Ces trois dernières semaines d'août 1987, nous les passerons ensemble en Corse du Sud, dans une villa au bord de la mer. Erwan et Rozen seront de la partie. Fleurie d'arbousiers et de lauriers roses, la propriété nous est louée à prix cassé. Des grappes d'amis du comité passent nous voir, restent quelques jours, seuls, en couple, avec ou sans enfants. Ils dorent leur peau sur la grande terrasse blanche qui surplombe la Méditerranée ou sur la petite crique au pied de la maison.

Ma mère fera deux allers-retours à Paris, nous laissant à la garde des copains. Le premier, prévu depuis le début du mois, pour assister à la prestation d'Harlem Désir sur le plateau de *L'Heure de vérité* ; le second, en catastrophe, pour visionner une nouvelle vidéo de mon père – encore une, trois semaines après la précédente, comme si les ravisseurs essayaient de lancer « un appel à la négociation [13] », veut croire ma mère. Ce sera la dernière, et la plus sinistre de toutes. Nageant dans une chemise blanche à liseré bleu, une sorte de qamis, il est assis devant un mur couvert d'affiches du Jihad, cheveux très courts, joues creuses, pommettes proéminentes. Le visage, rasé de près, est osseux, comme anémié, d'une pâleur effrayante. Le message des ravisseurs réside autant dans la détresse physique de leurs otages que dans les revendications qu'ils leur font réciter. Très écrit, son texte dit le terrible engourdissement de l'âme et du corps, sa vie emmurée, l'épuisant face-à-face avec les souvenirs, l'angoisse, le chagrin, les moments de « panique affreuse ». « Vous qui regardez le soleil, vous qui respirez le vent, vous qui regardez les arbres, eh bien ! tout cela est absent de ma vie depuis vingt-sept mois. La lumière du monde s'est éteinte. »

La diatribe sans concession accuse le gouvernement français d'avoir abandonné les otages au fond de leur enfer. Et de rappeler la revendication, ancienne déjà, des ravisseurs : que la France use de son influence pour que soient libérés les dix-sept prisonniers chiites détenus au Koweït. « Grégoire et Alexandre, ça ne doit pas être très exaltant, ça ne doit pas être très beau à voir, pour vous, cet abandon général, cette hypocrisie, cet égoïsme, cette débandade. Heureusement, il y a le spectacle de votre mère et de quelques-uns qui doit vous éviter de mal juger la nature humaine. Vous avez le bonheur, Grégoire et Alexandre, de vivre dans un pays civilisé, très civilisé, mais qui s'est malheureusement un peu desséché à force de ne plus se soucier que de son bonheur privé, et à force aussi de considérer autrui comme une gêne. [...] Ces mots que vous entendez, ce sont peut-être les derniers. Si le gouvernement continue ainsi à rester immobile, vous ne nous verrez plus, vous ne nous entendrez plus. Que Dieu vous protège ! »

En Corse, Alex est tombé amoureux d'une belle Parisienne de son âge, Fanny, en vacances avec sa famille dans la maison d'à côté. Il lui demande de tracer des lettres avec le sable sur son dos, mais Fanny n'est pas intéressée.

41

COMMUNISTES ET SOLIDAIRES

Il fera grand soleil, cette année, au-dessus du parc paysager de La Courneuve, qui accueille depuis quinze ans la Fête de l'Humanité. Tous les ingrédients du succès sont réunis : il y aura Joëlle Kauffmann, les cheminots organiseront une exposition pour le cinquantenaire de la SNCF, et, au stand de la *Pravda*, on pourra visionner des émissions diffusées en direct depuis l'Union soviétique. Pour célébrer le soixante-dixième anniversaire de la révolution d'Octobre, l'orchestre philharmonique de Moscou interprétera la Symphonie n° 12 de Chostakovitch, *L'Année 1917*, dédiée à Lénine. Au menu de la partie musicale aussi, Bernard Lavilliers, Carmel, Kim Wilde, Touré Kunda, Murray Head.

Au milieu des parasols, fidèle à son rituel de rentrée, Georges Marchais répond aux questions d'Yves Mourousi pour TF1. Fin d'une époque : à la prochaine élection présidentielle, un autre que lui portera les couleurs du Parti. Cette Fête de l'Huma marque l'entrée en lice de son poulain, André Lajoinie, le président du groupe communiste à l'Assemblée nationale. Georges Marchais dit sa confiance dans l'avenir. Selon lui, tous les indicateurs attestent un « progrès de l'influence communiste ». Face à un Parti socialiste qui cherche désormais des alliances au centre, face à la politique de la droite qui « privilégie la spéculation financière au détriment de l'intérêt national et de la productivité », le seul vote utile à gauche, c'est le vote communiste, insiste Georges Marchais [1].

Ma mère s'était déjà rendue à la Fête de l'Huma en 1985 et 1986. Sur le stand de *Révolution*, elle avait dédicacé des exemplaires d'*Écrits pour Jean-Paul Kauffmann* et figurait parmi les personnalités invitées sous le dais pour assister à l'interview de Marchais. En 1986, Alex et moi étions venus avec elle. Un journaliste du *Drapeau rouge*, le quotidien du Parti communiste en Belgique, avait alors écrit à notre sujet : « Ils ont l'âge du début du lycée et assument d'être les fils de Kauffmann. Pas toujours simple de résister à la pression de la sympathie mais aussi de la curiosité [2]… » Cette année-là, il pleuvait des hallebardes. Dans les allées transformées en boue, Georges Marchais allait d'un stand à l'autre, radieux, le bas du pantalon de costume tirebouchonnant à l'entrée de ses grosses bottes en caoutchouc. Un bref instant, il m'avait serré contre lui, prenant aussi ma mère dans ses bras avec émotion.

Allié fidèle pour elle que Georges Marchais, présence débonnaire et chaleureuse qu'à hauteur d'enfant, Alex et moi regardons alors comme une sorte de bon géant dont les manières sans chichis, le côté affectueux et émotif, la tchatche, l'abord rigolo tranchent avec le commun des adultes. J'ai l'impression qu'il est insubmersible, que rien ne lui résiste. Le secrétaire général du Parti communiste français est pourtant le capitaine d'un bateau en train de couler.

Qui se souvient que, dix ans plus tôt, le même Georges Marchais passait encore pour l'homme du changement, le chantre d'un socialisme réformé, requinqué, enfin émancipé du modèle soviétique ? Avec sa série de meetings intitulés « Dites-moi, M. Marchais » où seul sous un chapiteau, au milieu d'une foule souvent jeune et pleine d'allant, il affrontait le feu roulant des questions que chacun voulait poser, le secrétaire général avait dépoussiéré l'image du Parti. Marchais avait gagné ses galons de « modernisateur ». Les communistes semblaient alors à l'offensive, portés par un vent nouveau. C'était encore l'époque où, pour faire du stop, il suffisait de lever son pouce d'une main, de brandir un numéro de *L'Humanité* dans l'autre : on était sûr qu'un camarade ou un sympathisant finirait par s'arrêter.

Puis vint le temps de la désaffection dans les urnes et de l'hémorragie dans les fédérations. À mesure que le PS, tirant à lui la couverture du Programme commun – signé en 1972, rompu par le PC en 1977 –, engrangeait sans trembler les dividendes de la stratégie mitterrandienne, le Parti communiste s'était fermé, sclérosé. Réaffirmation du « centralisme démocratique », reprise des vieilles antiennes sur le « parti unique de la classe ouvrière », soutien à l'intervention soviétique en Afghanistan, exclusion des « rénovateurs » : Marchais fut aussi l'homme de ce grand retour en arrière.

Aux élections législatives de 1986, le PCF n'avait récolté qu'à peine 10 % des voix, soit deux fois moins qu'en 1978. Il continuait pourtant à nourrir les fantasmes, la droite menant toujours campagne contre les « socialo-communistes ». De leur côté, Fabius, Delors, Rocard n'en finissaient pas d'annoncer sa mort, mais l'agonie était lente, le corps avait encore des réflexes, pouvait encore mordre. Tant que le grand frère soviétique serait debout, il ne faudrait pas crier victoire. Et il n'était pas près de s'effondrer, à en croire le philosophe Cornelius Castoriadis. Le 13 décembre 1986, invité à s'exprimer sur le sujet au micro d'Alain Finkielkraut dans *Répliques*, l'auteur de *L'Institution imaginaire de la société* avait prophétisé une « glaciation » de l'Empire soviétique [3]. Signe des temps, le jingle qui ouvrait alors l'émission était un air de charleston dans le genre échevelé ; en février 1989, il sera remplacé par un extrait des *Variations Goldberg* de Bach, resté inchangé depuis lors.

L'immense élan de solidarité des communistes envers ma mère fait entendre un monde qui résiste encore, raconte les derniers feux d'une sociabilité militante à nulle autre pareille, enveloppante, fraternelle, renforcée à chacun des obstacles dressés sur le chemin des « Amis ».

La défense des grandes causes, les combats pour la liberté ont toujours fait partie de l'identité communiste, quand bien même le Parti préfère détourner le regard voire dénoncer un complot de la CIA, dès lors que les droits de l'homme se choisissent pour champions un Soljenitsyne, un Sakharov ou les militants polonais de Solidarnosc.

La mobilisation pour les otages français au Liban est contemporaine des grandes campagnes orchestrées par le PCF pour la libération de Nelson Mandela et celle de Pierre-André Albertini, jeune coopérant français détenu dans le bantoustan sud-africain du Ciskei pour avoir transporté des armes destinées à l'ANC.

Mobilisation par le haut, d'abord. C'est tout l'appareil du Parti qui se met en branle pour soutenir la cause des otages et alerter l'opinion publique. C'est Georges Marchais qui écrit à ma mère, le 8 septembre 1986 : « Je suis à votre disposition pour participer à tout moment à toute initiative que vous décideriez ou qui aurait votre soutien [4]. » C'est Roland Leroy, le directeur de *L'Humanité*, qui l'assure de sa « détermination [5] » et multiplie les Unes sur Kauffmann et ses compagnons de chaîne. « Il y a autour du problème des otages une sorte de conspiration du silence, que s'évertue à briser à grand-peine Joëlle Kauffmann. Mais le Parti communiste n'a jamais trempé dans cette conspiration », rappelle le quotidien en mars 1988 [6]. Ce sont, sans faiblir, les députés et les sénateurs communistes qui harcèlent le gouvernement sur les otages quand plus personne ne veut parler d'eux.

Question en séance du député de l'Allier André Lajoinie à Jacques Chirac, le 8 octobre 1986 : « Vous leur devez d'agir. Le gouvernement ne peut se désintéresser du sort de nos malheureux compatriotes que certains dans votre majorité conseillaient il y a peu d'oublier [7]. » 5 juin 1987, question de Georges Hage, député du Nord, au secrétaire d'État auprès du ministre des Affaires étrangères, Didier Bariani : « La manifestation de bons sentiments ne saurait suffire. [...] Ne parler des otages qu'aux anniversaires de leur enlèvement [...] serait entrer dans un processus tragique de banalisation [8]. » 4 novembre 1987, interpellation du ministre des Affaires étrangères, Jean-Bernard Raimond, par le député des Hauts-de-Seine Guy Ducoloné : « "Marcel Carton, Marcel Fontaine, Jean-Paul Kauffmann, Jean-Louis Normandin et Roger Auque n'ont toujours pas été libérés." Chaque jour, au début de ses bulletins d'information, Antenne 2 répète cette phrase, et c'est bien. Mais est-ce suffisant ? N'en résulte-t-il pas une certaine accoutumance ? Le Gouvernement est-il conscient que ce rappel multi-quotidien s'adresse aussi à lui ? » Interruption de Maurice Jeandon, député RPR des Vosges : « Vous êtes mal placé ! » De Jean-Pierre Roux, député RPR du Vaucluse : « Parlez-nous des goulags ! » « Pas vous, M. Ducoloné ! » lance à leur suite le député RPR du Haut-Rhin, Jean Ueberschlag [9].

Solidarité de la base, aussi. Le PCF, ses centaines d'organisations satellites quadrillent alors toute la France via des sections d'entreprise, associations de quartier, amicales, patronages, comités des fêtes, monde syndical... Derniers refuges d'une culture ouvrière en voie de disparition, ultimes espaces de convivialité militante où chacun et chacune se sent appartenir à une même communauté élective, à la même grande famille.

UFF (Union des femmes françaises) : le sigle revient souvent dans les archives landaises. Si l'association, née de la Résistance communiste, n'a plus rien du mouvement de masse qu'elle était dans les années 1950, l'énergie de ses militantes reste intacte. À partir de 1986, le combat de Joëlle Kauffmann devient l'un des grands étendards de l'UFF, qui vénère à jamais le nom des résistantes Danielle Casanova, Berthie Albrecht, Mathilde Gabriel-Péri… « Nous sommes toujours à vos côtés. Nous sommes toujours disponibles pour faire ce qui pourrait vous aider. Un signe de votre part… nous sommes là », écrit à ma mère Sylvie Jan, la rédactrice en chef du magazine de l'UFF, *Clara* [10]. Le combat des femmes n'est pas un vain mot pour les militantes communistes, qui aiment à rappeler que Joëlle Kauffmann fut aussi, dans les 1970, une militante du droit à l'avortement.

Les communes de la banlieue rouge sont nombreuses qui manifestent leur solidarité par la tenue de soirées-débats où ma mère est invitée, par l'organisation de pétitions et le vote de subventions au comité de soutien, voire simplement, comme à Grigny, par l'installation d'un panneau avec la photo des otages dans le hall de la mairie [11].

Aussi sincère soit-il, cet élan de solidarité porté par la base, partagé par la direction, mis en scène dans *L'Humanité*, n'exclut pas l'existence d'arrière-pensées stratégiques et une part d'instrumentalisation. Le soutien aux otages offre d'abord aux communistes un angle d'attaque idéal contre le gouvernement ainsi renvoyé à son incompétence et à ses « intrigues [12] ». Il rejoint surtout, dans leur discours, une critique plus générale de la politique de la

France au Proche-Orient, un terrain où le Parti affiche des positions bien tranchées : dénonciation des ventes d'armes à l'Irak, soutien au peuple palestinien, accusation d'alignement sur les positions israélienne et américaine…

Ma mère semble parfois épouser ces vues, en tout cas devant la presse du PC ou face à des auditoires qui partagent la même sensibilité. Venue à Clermont-Ferrand pour participer à une soirée-débat organisée par la section CGT de l'École nationale des impôts, elle déclare par exemple : « Si le terrorisme part du Liban, ce n'est pas un hasard. La question palestinienne sans règlement depuis la fin de la Seconde Guerre mondiale, ainsi que le comportement impérialiste d'un État comme Israël, est un élément d'explication [13]. » Et dans une interview à *L'Humanité Dimanche* : « En tant que femme d'otage, je n'ai pas voulu politiser le débat […] mais, en tant que citoyenne, j'ai certainement mon mot à dire sur notre politique étrangère de marchands de canons qui nous met dans une situation de guerre [14]. » Coup de sang de Cantal à la lecture de cet entretien accordé depuis la Corse, où nous sommes alors en vacances : en « politisant le débat » et en faisant écho aux revendications des ravisseurs, justement, elle tend le bâton pour se faire battre ! Que les communistes ne l'entraînent surtout pas sur ce terrain ! Ma mère en sera quitte pour une vive admonestation téléphonique.

Enfants, Alex et moi avons toujours lu *Pif Gadget*, un organe de presse qui troublait parfois la paix des familles, certains parents en interdisant la lecture. Mon amoureuse du Pouldu, Charlotte, s'était fait punir pour avoir bravé cet oukase. Son père avait une dent contre les communistes, et donc contre Pif le chien. La proximité du magazine avec le PCF donnait de l'urticaire aux droitards de son espèce. Dans le numéro du 8 septembre 1987, à la rubrique « Pif infos », mon frère et moi apparaissons en photo sur une pleine page sous ce titre : « Exclusif : avec Grégoire et Alexandre, fils d'otage ». L'encadré explique : « Grégoire et Alexandre, 13 ½ et 12 ans, sont les enfants de Jean-Paul Kauffmann, journaliste détenu en otage au Liban depuis plus de deux ans. Collégiens à Paris, ils ont accepté de parrainer l'initiative Pif/Secours Populaire Français, pour envoyer une ambulance à Beyrouth, au Secours Populaire Libanais. "Pif" les a rencontrés. »

Dans l'interview, Alex se montre le plus prolixe. À la question « Comment expliqueriez-vous le Liban à d'autres enfants qui ne savent pas ? », plus rien ne l'arrête. « Le gros problème au Moyen-Orient, c'est la Palestine et Israël. Comme les Juifs avaient beaucoup souffert, le monde entier a décidé de leur donner un pays, mais c'était un pays déjà habité par les Palestiniens. S'il y a des otages français, c'est aussi à cause de la guerre Iran-Irak. Comme la France livre des armes à l'Irak, je suis persuadé que l'Iran n'est pas innocent et joue un rôle dans les prises d'otages au Liban. » Mon petit frère est devenu un expert.

L'opération « Une ambulance pour le Liban » sera couronnée de succès. Il fallait acheter 10 000 ambulances miniatures pour en équiper une vraie. Or 17 000 petits lecteurs de *Pif* répondent à l'appel ! Pour la clôture de la campagne, en remerciement de notre parrainage, Alex et moi serons conviés à un raout de *Pif* sous le chapiteau du cirque Pinder.

Pour les communistes français, le soleil se lève toujours à l'Est, et c'est au-delà du rideau de fer, jusqu'à Sofia, que ma mère et Cantal vont aussi plaider la cause des otages. À la manœuvre, Gérard Gatinot, le président du Syndicat national des journalistes CGT, dont le soutien sera immuable. Il a pris en main tous les détails du voyage et joué de ses contacts à l'ambassade de Bulgarie pour épargner au duo les fastidieuses démarches d'obtention de visa[15]. Ma mère est attendue par les 220 délégués de l'Organisation internationale des journalistes (OIJ), qui réunit son dixième congrès dans la capitale bulgare du 21 au 23 octobre 1986.

Pure création de la guerre froide, longtemps inféodée au Conseil mondial de la paix d'obédience communiste, l'OIJ pratique toujours la novlangue héritée du temps du Kominform ou de la crise des missiles. En septembre 1986, son bulletin dénonce « les forces réactionnaires, impérialistes [qui] se sont activées dans un effort pour arrêter le progrès social, déclenchant une campagne contre les forces de la paix, du socialisme authentique et les mouvements de libération nationale[16] ». Devant les congressistes, ma mère lance un appel aux journalistes du monde entier et fait diffuser la dernière vidéo de son mari captif[17]. L'année suivante, au siège de l'Unesco à Paris, elle recevra solennellement le « prix international du journalisme » décerné par l'OIJ à Jean-Paul Kauffmann pour les cinq messages « adressés au monde » depuis son enlèvement.

En juin 1987, invitée à Moscou pour participer au Congrès mondial des femmes, ma mère annulera au dernier moment sa venue – l'UFF avait pourtant déjà réservé les billets[18]. Michel Cantal-Dupart lui aurait-il conseillé de leur faire faux bond ? Ni l'un ni l'autre ne s'en souvient.

42

UN MONDE D'AÉROPORTS

À Sofia, ma mère croit marcher dans une ville piétonne. Cantal se moque d'elle et lui ouvre les yeux : en République populaire de Bulgarie, posséder une voiture est un luxe que peu de citoyens peuvent s'offrir. Au Caire, le duo se fait arnaquer par un chauffeur de taxi. À Tunis, Cantal sent ses douleurs aux pieds qui se réveillent : souvenir dans sa chair des prisons de Bourguiba. À Athènes, c'est l'étuve, ni Cantal ni ma mère ne ferment l'œil de la nuit, car la climatisation de l'hôtel est en panne. Mésaventure à Amman : les gros bras du service d'ordre de la Ligue arabe retiennent longuement Joëlle Kauffmann à l'entrée d'une salle de conférence. Les petits cylindres blancs qu'elle transporte au fond de son sac leur semblent suspects. Ils n'avaient jamais vu de tampon hygiénique... « Je continuerai inlassablement à courir le monde de Genève à Amman, et pourquoi pas Téhéran, monde d'aéroports où je finirai bien par te retrouver », écrit ma mère dans une lettre ouverte à l'absent [1].

Joëlle Kauffmann et Michel Cantal-Dupart voyagent donc beaucoup. L'heure n'est plus à la « diplomatie parallèle » que, dans les tout premiers mois du comité, les deux inséparables croyaient pouvoir mener sous le regard dédaigneux d'un Roland Dumas qui les laissait faire tout en cherchant peut-être à les égarer. Une époque où Joëlle Kauffmann, avec le plus grand sérieux, pouvait affirmer à la radio que ses initiatives auprès de l'ambassadeur de Syrie avaient contribué à réchauffer les relations entre Paris et Damas [2]... Mais entretemps, la droite avait changé les règles du jeu : que les familles d'otages ne s'avisent plus d'empiéter sur le pré carré de la diplomatie. Restent alors les organisations humanitaires. Rien n'interdit à Joëlle Kauffmann de faire appel à elles. Peine perdue avec le Comité international de la Croix-Rouge (CICR) et Amnesty International. C'est que les affaires d'otages « n'entrent pas dans leurs statuts », se fait à chaque fois répondre ma mère, qui prend la presse à témoin de ces fins de non-recevoir jugées pitoyables [3]. « On ne ferait que s'y salir les mains », lui aurait signifié un délégué du CICR rencontré au congrès de Sofia [4].

Le Croissant-Rouge palestinien se montre plus solidaire. Cantal et ma mère rencontrent l'une de ses déléguées à Genève, puis, dans cette même ville, le président de l'organisation, qui n'est autre que le Dr Fatih Arafat, frère de Yasser [5]. C'est grâce au Croissant-Rouge palestinien qu'à deux reprises, ils seront reçus par le chef de l'OLP en personne, Yasser Arafat, la première fois à Alger, la seconde à Amman. Rendez-vous entourés du plus grand secret et donnant lieu à d'invraisemblables changements de dernière minute, Arafat ayant pour règle de n'être jamais là où on croit qu'il est. Que peut-il faire pour les otages français au Liban ? Sans doute pas grand-chose, le leader palestinien n'étant pas précisément en odeur de sainteté chez les mollahs iraniens. Cependant, il promet l'appui de ses amis au Liban et se montre chaleureux avec ma mère. Il lui assurera que les otages français ne sont pas enchaînés – ce qui est faux.

L'accueil est également amical du côté de la Ligue arabe et de son secrétaire général, Chedli Klibi, qui la reçoit à Tunis avec Cantal en juin 1985. C'est à son invitation qu'en novembre 1987, à Amman, ils se rendront au sommet de la Ligue arabe dans l'espoir de « dialoguer avec les autorités islamiques [6] ». « On sentait bien que sa présence, dans cette assemblée sans femmes et sans Occidentaux, était incongrue, d'une touchante insolence », relate alors *Le Monde* au sujet de ma mère [7].

Permission du gouvernement ou pas, le tandem s'invite en outre dans l'agenda de chefs d'État africains en visite en France, comme Denis Sassou-Nguesso, président de la République du Congo, ou Abdou Diouf, président de la République du Sénégal. Tous les contacts au sommet sont bons à prendre, dussent-ils n'avoir qu'un lien très indirect avec le dossier des otages. Quoique, au Sénégal, l'importante diaspora libanaise pourrait ouvrir des pistes prometteuses. Abdou Diouf promet en tout cas de faire jouer ses soutiens dans la communauté.

À l'aéroport de Genève, de retour d'un rendez-vous avec l'ancien président de la République algérienne Ahmed Ben Bella, ma mère et Cantal tombent par hasard sur Roland Dumas. Salutations de politesse, mots échangés. De cette rencontre à la sauvette entre deux avions, le duo retiendra cette phrase, lâchée le plus naturellement du monde par l'ancien ministre de François Mitterrand : « Ah ! Vous êtes toujours sur cette affaire ? »

43

ENCORE TROIS

Lui à Matignon, c'en serait fini des « émissaires officieux », avait promis Jacques Chirac. Dans l'affaire des otages, disait-il, les voies éprouvées de la diplomatie, des négociations d'État à État, l'engagement des services officiels du Quai d'Orsay étaient seuls susceptibles d'aboutir à un règlement d'ensemble. Mais, au fil du temps, les équipes du ministre des Affaires étrangères sont laissées sur la touche [1]. À l'heure de la « guerre des ambassades », de la traque aux terroristes, des contrôles aux frontières, à l'heure aussi où tous les regards se tournent vers la reine des élections, en mai 1988, c'est Charles Pasqua qui a repris en main l'épineux dossier franco-iranien, et donc celui des otages français au Liban. Et les hommes de Pasqua ne figurent pas forcément dans les organigrammes officiels…

Un mystérieux Alexandre Stefani se serait ainsi vu confier la conduite des tractations avec les émissaires iraniens, syriens, algériens. L'homme serait allé « au contact » des ravisseurs sur leur terrain, en plein fief du Hezbollah. Dans les pays arabes, ses relations seraient nombreuses au sein du monde des affaires et des officines de renseignements. Mais les bureaux du ministère de l'Intérieur, ceux du Quai d'Orsay prétendent ne pas le connaître. Alexandre

Stefani existe-t-il vraiment ? Pourrait-il s'agir d'un pseudonyme collectif[2] ?

Sa véritable identité sera finalement dévoilée par le journaliste d'investigation Pierre Péan dans son livre *La Menace*, publié le 19 novembre 1987[3]. Ancien du SDECE reconverti dans le privé, ce voyageur très pressé et insaisissable n'est autre que Jean-Charles Marchiani. Il n'appartient en effet à aucun service officiel, pur électron libre des réseaux de Charles Pasqua – les deux hommes, dit-on, se parlent en corse. Depuis l'automne 1986, son nom est sorti dans *Le Canard enchaîné*, *Le Monde*, *Libération*, *L'Événement du jeudi*. Ces journaux ont déjà souligné son rôle de négociateur officieux dans l'affaire des otages et colporté bien des rumeurs sur son compte. *Le Monde* : « Sacré phénomène de société que de constater le remplacement de la diplomatie par le retour des barbouzes – même si ce sont les seuls à obtenir des résultats – dans l'indifférence totale du Parlement, tous groupes politiques confondus[4]. »

« Barbouze au milieu des barbus » ? L'expression sera utilisée dans *Le Nouvel Observateur*[5]. Comme l'ensemble de la presse de gauche, l'hebdomadaire de Jean Daniel tient désormais Jean-Charles Marchiani dans sa ligne de mire.

Et quand le 26 novembre 1987, l'Organisation de la justice révolutionnaire (OJR) – en réalité le Hezbollah – annonce qu'elle s'apprête à libérer deux otages français dans les vingt-quatre heures, c'est le nom de Stefani qui apparaît dans son communiqué. Elle exige sa présence à la chancellerie française de Beyrouth quand y seront conduits les deux prisonniers, Jean-Louis Normandin et Roger Auque, effectivement relâchés le 27. Et si, à l'aéroport d'Orly, Jean-Bernard Raimond est au côté de Jacques Chirac pour les accueillir, c'est bien Charles Pasqua qui capte la lumière. Cette double libération intervient alors que, depuis Noël 1986, le dossier des otages semblait dans l'impasse la plus totale.

Manifestement, le dialogue a repris avec l'Iran. Quarante-huit heures après le retour des deux prisonniers, Wahid Gordji, retranché dans son ambassade depuis six mois, est disculpé faute de preuves. L'Iranien décolle aussitôt pour Karachi. Il y sera échangé contre Paul Torri, le diplomate français accusé d'espionnage à Téhéran. C'est la fin de la « guerre des ambassades ».

Comme le résume Marc Kravetz dans *Libération*, « la situation des otages [...] redevient ce qu'elle était à la veille des élections de mars 1986 ». Marcel Carton, Marcel Fontaine, Jean-Paul Kauffmann n'ont toujours pas été relâchés... Mais, après le long surplace de l'année 1987, le retour de Roger Auque et de Jean-Louis Normandin ressuscite l'espoir d'un prompt dénouement pour les trois plus anciens otages français au Liban. Avant l'élection présidentielle de mai 1988 ? Jacques Chirac en sortirait grandi.

À la fin de l'année 1987, conjuguant ses efforts avec ceux de Pasqua, Jean-Bernard Raimond va faire pression sur Antenne 2 pour que soit mis fin au fameux décompte qui ouvre chacune des éditions du journal télévisé. Pourquoi continuer à montrer ces visages, puisque, avec le retour de Normandin, tous les otages de l'équipe d'Antenne 2 sont désormais libres ? La direction de la chaîne tiendra bon.

Faut-il, à peine Auque et Normandin revenus en France, se joindre à la manifestation parisienne organisée par SOS Racisme et l'Unef-ID « contre le racisme et la xénophobie » ? Pour l'occasion, le comité Kauffmann réunit une cinquantaine d'amis, dont Jean Vautrin, Michel Guillard, mes tantes Armelle et Pascale, la bande des copains nantais.

Ils défilent reliés par des chaînes, maillons autour des mains.

La connivence des « potes » avec le Parti socialiste s'affiche désormais au grand jour. Dans le cortège, Lionel Jospin, Michel Rocard, Jean-Pierre Chevènement, Laurent Fabius, Paul Quilès, Jack Lang sourient aux caméras, alors qu'aucun membre du gouvernement, aucun parlementaire de droite n'a répondu présent. Et pour cause : depuis le mouvement étudiant contre la loi Devaquet, en contradiction avec l'« apolitisme » revendiqué à ses débuts, SOS Racisme fait feu de tout bois contre le gouvernement de Jacques Chirac en général et contre Charles Pasqua en particulier. Dans le viseur de l'association, le projet de réforme du Code de la nationalité porté par le ministre, les « bavures » de sa police, ses appels du pied aux électeurs du Front national. Montent des rangs de la manif, note *Le Monde*, « des slogans de combat associant Jean-Marie Le Pen et Charles Pasqua ». Par exemple : « Pasqua, Chirac, Pandraud, Le Pen, tout ça à la poubelle [6] ! »

Les images de ma mère enchaînée entre Cantal et Michel Guillard susciteront des réactions mitigées. Un habitant d'Asnières s'indigne. Il joint à sa lettre une coupure de presse du *Figaro*. Joëlle Kauffmann y apparaît mains entravées, banderoles antiracistes en arrière-plan. « Dans les circonstances actuelles votre attitude est grotesque. [...] Observez votre allure [7]... » Une téléspectatrice écrit de son côté à la rédaction d'Antenne 2 : « Lors de la manifestation de SOS Racisme de dimanche dernier, on a vu Mme Kauffmann enchaînée. On sait qu'elle souffre pour son mari, de le savoir en captivité, mais n'a-t-elle pas pensé à tous les autres de par le monde qui eux aussi souffrent ? [...] Malheureusement, Mme Kauffmann est loin d'être la seule. La France fait tout ce qu'elle peut, se montrer avec des chaînes c'est un peu déshonorant pour la France, il ne faut pas tomber dans l'extrême [8]. »

Pour Noël, ma mère va repartir seule à Beyrouth. Cette fois, aucune démarche auprès des responsables libanais pendant ce séjour de quarante-huit heures. « Je suis venue pour que Jean-Paul sache que je suis là [9]. »

Je fêterai sans elle et sans lui l'anniversaire de mes quatorze ans.

44

SQUARE OZANAM

À Henri-IV, les parents d'élèves de la PEEP en ont plus qu'assez des bruits qui leur reviennent sur les frères Kauffmann. S'ils se contentaient au moins d'être des cancres, mais non, ce sont aussi de jeunes trublions sans limites qui empêchent les autres enfants de se concentrer sur leur travail. Ils se battent, traînent dans la rue, taguent. Peut-être même se droguent-ils. Ils s'incrustent dans les boums et, à chaque fois, c'est le souk. Plusieurs collégiennes sont rentrées en pleurs à la maison pour s'être fait insulter, harceler par le duo et leur bande, d'ailleurs composée pour l'essentiel d'éléments extérieurs à l'établissement. Faudra-t-il tolérer longtemps pareils manquements à la discipline ? Il en va de la réputation d'Henri-IV.

Les parents de la PEEP sont vent debout contre les deux perturbateurs. Une pétition est organisée pour nous faire exclure du collège. Vive émotion chez leurs concurrents de la FCPE : parents si remontés, avez-vous donc une âme ? Honte à vous ! N'ignorez-vous pas que ces deux enfants vivent une tragédie familiale qui oblige la communauté nationale tout entière et vous en première instance, pères et mères d'élèves du même collège, nantis de la vie, bourgeois tibéristes, grande méchante droite. Les parents de la PEEP battent en retraite. L'affaire en restera là.

« Tu sais, Henri-IV, ce n'est pas cool du tout », écrivait ma mère par euphémisme dans la lettre adressée à mon père depuis l'hôtel Cavalier de Beyrouth en décembre 1986. Elle aussi se frotte désormais aux trois Corses qui font la loi dans le collège. Plusieurs fois, ils la convoquent pour lui faire la leçon et la menacer. Un matin de cassette vidéo, alors que le visage de mon père otage s'affiche partout sur les kiosques du quartier, elle reçoit un appel furibard du censeur, M. Escamilla : j'avais encore oublié mon carnet de correspondance.

Une autre fois, la proviseure du lycée Henri-IV en personne, Mme Christienne, la fait venir dans son bureau avec Bernard Kouchner. Motif : Camille et Alexandre ont été surpris par un cyrard, dans le bus 84, en train de s'embrasser sur la bouche. Ils ne sont qu'en 6e ! Il serait temps de leur inculquer un minimum de discipline, le sens de la décence. Sur le coup, Kouchner et ma mère n'en reviennent pas : se retrouver ainsi dans cette pièce, morigénés comme des galopins par la proviseure. Vieilles connaissances des années post-68, réseau des médecins gauchistes oblige, ils se croisent souvent depuis l'enlèvement. Le fondateur de Médecins du monde et sa compagne, Christine Ockrent, sont des alliés fidèles du comité Kauffmann. Alex et moi traînons parfois chez eux, rue Guynemer. Le collège Henri-IV, c'est aussi cette ambiance d'entre-soi qui finit par se révéler pesante : une constante porosité entre l'univers des personnalités sollicitées par ma mère et le monde des enfants.

Tant qu'à faire, puisque nous avons la fille du président de la République sous la main, ce chef de la France qui n'a pas réussi à faire revenir papa, pourquoi se priver ? Une joie mauvaise nous pousse à tourmenter Mazarine, à crier le plus fort possible, devant toute la cour, qu'en dépit de ses dénégations, son père n'est autre que Mitterrand, que son patronyme n'est qu'un leurre, que les types qui l'attendent à la sortie du collège ne sont pas ses « oncles », comme elle le prétend, mais bel et bien ses gardes du corps – l'une de ses meilleures copines, Julie, a vendu la mèche.

La tête du fils de Bernard Tapie mériterait bien aussi qu'on se la paie, mais il fait partie des sportifs qui passent leur temps sur le terrain de foot, le genre de nerveux en survêt qui vous inflige un low-kick pour une peccadille. Quant à Erwan, il se fait harceler par la bande du petit-fils Pompidou, copain du fils Chevènement. Il finira par leur « mettre la misère »... Venue de loin, cette violence est aussi sa façon de survivre.

Notre bande, à Alex, Erwan et moi, ne traîne pas autour d'Henri-IV mais devant le lycée Montaigne, de l'autre côté du jardin du Luxembourg. Des amitiés de boum nous ont conduits vers cette terre promise. Les filles, la baston, la politique, la musique y vibrent d'une vie qui surpasse en intensité l'ambiance de n'importe quel autre établissement du Quartier latin. La sortie de midi et demi, le samedi, est un spectacle avec ses rituels et ses imprévus. Dans un nuage de fumée de cigarettes et de joints, la foule des collégiens et des lycéens se déverse rue Auguste-Comte. Des grappes d'élèves venus d'autres quartiers les attendent sur le trottoir d'en face, adossés négligemment aux grilles du Luxembourg. C'est le moment pour trouver les meilleurs plans de concerts, grâce aux flyers qui circulent d'un groupe à l'autre.

Les trotskistes, les anars viennent souvent tracter. Ils sont pris en chasse par les skinheads, les militants du Gud et de l'Action française descendus de la faculté d'Assas, à deux pas. La violence atteint son climax quand les redskins débarquent à leur tour. Ils portent l'écusson rouge frappé de la faucille et du marteau, cassent du « faf » et comptent parmi leurs chefs un champion de boxe thaï, Kim.

Les « chasseurs de skins » sont associés à tout un bouillonnement musical croisant influences punk, rock alternatif, ska, psychobilly. Albums produits par une kyrielle de petits labels indépendants que Rozen et Olivier Lanfranchi, mon nouveau copain de Montaigne, connaissent sur le bout des doigts. Au sommet de notre panthéon trônent les Bérus, OTH, Washington Dead Cats, Ludwig von 88, Parabellum. Nous écumons leurs concerts chargés d'adrénaline. Ces soirées ont parfois lieu dans des squats ou des MJC, au fin fond de la banlieue. Quelquefois aussi à l'Élysée Montmartre. Et même au Zénith, où, avec Alex et Rozen, j'assisterai au show, devenu mythique, de Bérurier noir le 3 mars 1988. Adieu Kepper, Burberry et Burlington, la mode associée à cette musique fait triompher bombers, teddys, Harrington, creepers et docs coquées. Les cheveux se portent ras, avec houppette sur le devant. Notre danse est le pogo.

Mais, si les parents de la PEEP et leurs enfants nous regardent comme des voyous, les vrais voyous, eux – ceux de la dalle Montparnasse et des squats de la rue de l'Ouest –, nous tiennent pour des bouffons et des fils de bourges tout juste bons à dépouiller. La zone de frottement entre ces deux mondes se situe square Ozanam, au flanc de l'église Notre-Dame-des-Champs, longé par le boulevard Montparnasse d'un côté, la rue Stanislas de l'autre. Nous y passons la plupart de nos samedis après-midi, en bande, à sniffer du poppers, à fumer, à tuer le temps en attendant que tombe l'adresse d'une fête ou un plan de concert.

Souvent livrés à eux-mêmes par des parents tout aussi déserteurs, d'autres « fils de » rencontrés devant Montaigne nous accompagnent dans ce square, enfants Jospin, nièce d'Édouard Balladur… Et aussi Samuel Todd, notre grand copain, qui court se réfugier villa Jamot quand il fugue. Les Ducky Boys ou les Zoulous débarquent parfois pour nous rançonner ou nous mettre la pression. Heureusement, il y a Jean-Marie Racon, surnommé aussi « Mozent », son tag. Brassant des relations dans les deux mondes, il nous évitera bien des embrouilles.

Joëlle Kauffmann, interviewée par Bernard Broustet pour *Sud-Ouest*, le 22 mai 1987 : « Je fais en sorte que la maison tienne debout. Jean-Paul la retrouvera comme il l'a laissée [1]. » La vérité est qu'elle branle dangereusement. À un autre journaliste qui, six mois plus tard, l'interroge sur les études de ses enfants, ma mère convient à demi-mot que la situation laisse à désirer. « Grégoire finissait sa sixième quand Jean-Paul a été enlevé. Il commence sa troisième ! Que vous dire, sinon qu'ils sont privés de leur père ! [...] Je sais qu'ils enfouissent beaucoup en eux pour me protéger. Je sais aussi qu'ils restent imprégnés de la violence qui vient de Beyrouth [2]. » En mars 1988, elle raconte à *La Renaissance du Val-d'Oise* : « Je ne suis pas chiante. Mais il y a tout de même des choses auxquelles je tiens dans l'éducation, c'est qu'ils travaillent à l'école. Ce n'est pas facile pour eux cette espèce de vie où leur mère est toujours par monts et par vaux à la recherche de son mari [3]. »

Insensiblement, l'image des deux parfaits petits soldats affrontant l'orage avec courage et stoïcisme se fendille pour laisser la place à une description plus conforme à la réalité. Depuis la libération de Roger Auque et Jean-Louis Normandin, en novembre 1987, ma mère confesse que la vie à la maison est sur la corde raide. Ainsi au micro d'Antoine Spire sur France Culture, le 19 mars 1988 : « En pleine adolescence, ils ont besoin de leur père. Là, depuis la sortie des derniers otages, ils ne vont pas bien, je le sens très bien. Dans les périodes de grand calme, ils se restabilisent un petit peu. Mais là, il y a eu la sortie des deux. Ils se disent : "Pourquoi pas Jean-Paul ?" Ils sentent qu'il y a des choses qui bougent. Ils sont très énervés en ce moment [4]. »

45

LE RELAIS DES QUIMPERLOIS

La dernière bataille. Après deux ans de soutiens au conditionnel, d'appuis en demi-teinte, de dénis, dédits, petites et grandes esquives face aux éternelles sollicitations de Joëlle Kauffmann, ils vont ranimer la flamme, proclamer l'union sacrée, jeter toutes leurs forces dans cet ultime baroud. Comme une revanche sur la trop longue et quelque peu humiliante soumission des leurs aux consignes de silence martelées par le gouvernement depuis des mois. Il ne sera pas dit que les journalistes ont failli.

D'un seul coup, c'est une déferlante d'images, de voix sur les ondes, de tribunes, d'interviews. Une grande vague replace les otages au centre du jeu. Elle marquera d'une pierre blanche ce 16 février 1988. La mobilisation sera encore plus massive qu'aux premiers temps du combat, en 1985.

Ce mardi 16 février 1988 est un jour supplémentaire de la détention de Jean-Paul Kauffmann. Mais pas n'importe quel jour : le millième. Passage à quatre chiffres dont les journalistes vont se saisir pour réveiller les consciences endormies. L'opération « 1 000 jours » a été soigneusement préparée. Cette fois, les « Amis » et *L'Événement du jeudi* ne sont pas seuls à la manœuvre. C'est à la fin du mois d'octobre 1987, sans doute à l'initiative de Denis

Perier Daville [1], soixante-douze ans, ancien pilier du *Figaro*, un temps président du Syndicat national des journalistes (SNJ), qu'a été fondé le comité des journalistes pour la libération des otages français au Liban. L'action bien pensée de ce collectif va réunir les conditions d'une vaste remobilisation des médias. Il se distingue d'abord par son œcuménisme : toutes les sensibilités politiques y cohabitent, à l'exception de l'extrême droite. S'y trouvent surtout réunies les figures de la profession les mieux dotées en capital de notoriété, l'élite du journalisme. André Fontaine est le patron du *Monde*. André Passeron, par ailleurs président de l'Association de la presse parlementaire, écrit dans le même titre. André Frossard est une plume célèbre du *Figaro*. Entre autres casquettes, Jean Lacouture officie au *Nouvel Observateur*. Dominique Jamet est le rédacteur en chef du *Quotidien de Paris*. Noël Copin dirige *La Croix*. On ne présente plus Jean-François Kahn, ni Jean Boissonnat, la voix des éditoriaux économiques sur Europe 1. Michel Castex préside la Société des journalistes de l'AFP, Yves Loiseau, un ami de mon père, l'Union nationale des syndicats de journalistes.

La presse communiste n'est pas oubliée. Gérard Gatinot, secrétaire général du Syndicat des journalistes CGT, compte parmi les membres fondateurs du collectif – c'est lui qui avait organisé le voyage de ma mère à Sofia, en 1986. Plusieurs noms célèbres de la télévision viennent en renfort : Georges Bortoli, Christine Ockrent, Anne Sinclair. Ce sera à Bernard Pivot, en sa qualité de porte-parole, que reviendra la tâche de faire vivre l'action du comité des journalistes devant les caméras.

Comment comprendre ce retour de flamme ? La cause que toutes et tous, par le passé, avaient eu à cœur de défendre, mais avec plus ou moins de ferveur, plus ou moins de conviction selon les périodes et les aléas du dossier, mobilise enfin l'ensemble des médias. La proximité de l'élection présidentielle au mois de mai suivant a naturellement joué. Sans doute les représentants de la profession ont-ils senti que le moment offrait une occasion unique, la fenêtre de tir parfaite pour faire enfin basculer le dossier des otages, en exerçant une pression maximale sur le gouvernement de Jacques Chirac avant le premier tour. Comme si, après bientôt trois ans de détention pour Kauffmann, Carton, Fontaine, et alors que la France s'apprête à entrer dans une nouvelle ère politique, la coupe était pleine, le calvaire des otages décidément trop insupportable pour se prolonger au-delà de la fin du premier septennat de François Mitterrand. Rebond de solidarité par-delà les frontières partisanes, ressaisissement de la profession par elle-même et occasion, pour ses membres, de réaffirmer la force des principes, le poids du collectif.

L'objectif est de recentrer la mobilisation médiatique vers une « task force » ouverte aux seuls détenteurs d'une carte de presse, de professionnaliser la campagne d'opinion en ayant recours aux seuls professionnels qui vaillent, les journalistes... On synchronisera les actions et les messages par le labourage en amont de toutes les rédactions, de tous les bureaux de presse de tous les ministères. Si on veut enfin sortir Kauffmann, l'heure est peut-être venue d'autonomiser le champ d'intervention des journalistes, d'en finir avec l'artisanat et les initiatives parfois brouillonnes des « Amis » en direction des médias. De laisser faire les pros. En associant évidemment Joëlle Kauffmann et Michel Cantal-Dupart à chacune des étapes de l'opération.

De fait, la déferlante du 16 février 1988 va atteindre une amplitude telle qu'il sera impossible, ce jour-là, de regarder un journal télévisé, d'écouter une radio généraliste, de lire un journal d'information sans échapper au rappel de la captivité de Jean-Paul Kauffmann.

Et pour marquer le millième jour, Bernard Pivot a convaincu le ministre de l'Éducation nationale, René Monory, d'adresser une circulaire à tous les rectorats de France pour que soit lu, dans les collèges et les lycées, l'appel du comité des journalistes. « 16 février 1988 : cela fait mille jours que notre confrère Jean-Paul Kauffmann, enlevé et séquestré alors qu'il arrivait au Liban pour exercer son métier de journaliste, est retenu en otage en violation de toutes les règles de la justice et du droit et au mépris de toutes les valeurs religieuses et morales. Nous, journalistes représentant l'ensemble des médias français de toutes opinions, tenons en ce sinistre anniversaire à exprimer notre indignation et notre colère. [...] Mille jours de souffrance pour les uns ; mille jours de honte pour les autres. Nous en appelons à l'opinion publique et à la conscience internationale. »

Le texte sera reproduit dans la presse, lu sur les ondes. Toujours à l'initiative du comité des journalistes, les sénateurs réunis en séance, ce 16 février, interrompent pour quelques minutes leurs travaux en signe de solidarité avec les otages. Même Charles Pasqua se sent tenu d'associer à ce geste le soutien du gouvernement [2]. Pour y avoir siégé pendant presque dix ans, le ministre connaît la force des symboles au sein de la Haute Assemblée.

Toute la journée, ma mère est omniprésente sur les ondes et à la télévision. Bernard Pivot se dépense beaucoup, lui aussi, enchaînant les interviews. Il déclare par exemple sur France Inter : « Kauffmann [...] est le jeu de forces malsaines épouvantables, et maintenant je crois qu'il faut dire carrément les choses, que c'est intolérable et qu'il faut que ça finisse. »

Sur France Inter, la matinale de 7 heures diffuse aussi un sujet sur moi. « Cela fait aussi mille jours que deux jeunes garçons attendent le retour de leur père. [...] À l'exemple de leur mère, ils font preuve d'un magnifique courage. Ensemble, ils essaient de surmonter cette épreuve. Grégoire, que vous allez entendre maintenant, s'est très rarement exprimé sur des antennes. Il a cependant aujourd'hui accepté de le faire pour qu'on n'oublie pas son père. »

Lancement : « Quand mon père est parti, j'avais onze ans, maintenant j'en ai quatorze. Je pense que, pendant ce stade de la vie, la présence d'un père c'est indispensable. Déjà, mon père c'est quelqu'un qui lisait beaucoup, qui avait beaucoup de culture et je pense que, s'il avait été là, il aurait pu élever mon niveau intellectuel. » La journaliste : « Ça te dérange d'être le fils Kauffmann par rapport aux autres élèves, à l'extérieur ? » Moi : « Justement, j'essaie d'en parler le moins possible. Je me dis que c'est peut-être difficile pour moi, mais c'est encore plus difficile pour mon père. Je vais pas pleurer toute la journée, vaut mieux que j'essaie de vivre normalement. » La journaliste : « Tu penses que ton père serait fier de toi ? » Moi : « Je sais pas. J'espère. »

Est-ce à cet entretien qu'une auditrice anonyme fait allusion dans une lettre à ma mère postée depuis la Bretagne ? Ou à une intervention d'Alexandre sur une autre fréquence ? En tout cas, la présence de la famille Kauffmann sur les ondes commence à en agacer plus d'un : « Il faudrait peut-être que le gamin qui a parlé à la radio soit plus poli, que ce môme réfléchisse que beaucoup d'autres ne reverront jamais leur père, un peu plus de correction. Quant à vous, prenez modèle sur la dignité cachée de Mmes Carton et Fontaine, vous ne cherchez qu'à vous mettre en avant, comme vous l'a dit Marie Seurat, je souhaite que vous n'êtes pas bretonne [*sic*], ce serait bafouer notre dignité légendaire, en plus vous faites plus de tort que de bien, nous ne vous comprenons qu'à moitié [3]. »

Mais le point d'orgue de la journée, c'est l'arrivée des Galouperien, à 11 h 30, devant la péniche Kauffmann. Partis l'avant-veille, ils viennent de parcourir 550 kilomètres depuis Quimperlé, la ville de ma mère. Cette association de coureurs à pied n'en est pas à sa première action d'éclat. En 1982, les Galouperien avaient joggé jusqu'en Allemagne pour célébrer le jumelage de leur commune avec Geilenkirchen (Rhénanie-du-Nord-Westphalie). Mon oncle Jean-Pierre Brunerie et son copain Jean-Luc Le Liboux, qui animent le collectif de soutien quimperlois, ont eu l'idée de cette course-relais, organisée au cordeau avec équipe médicale, service de cantine, camion-vestiaire et mobilisation de toute la presse locale.

Le top départ avait été donné le 14 février 1988 à Quimperlé, place Saint-Michel, par un lâcher de 5 000 ballons et une mosaïque humaine formée par les enfants des écoles et composant les mots « JPK 1 000 jours ». Sur la route, treize équipes de deux s'étaient relayées toutes les quarante-cinq à soixante minutes jusqu'à Paris. Ils étaient passés par Corps-Nuds – où mon grand-père Marcel Kauffmann leur avait offert le café –, Le Mans, Nogent-le-Rotrou, Rambouillet, Issy-les-Moulineaux. Pour cette avant-dernière étape, André Santini, le maire de la ville, avait accueilli les Galouperien par un buffet consistant. À chaque fois, un « anneau de la liberté » avait été remis aux élus des communes traversées.

Malheureusement, la Seine est en crue, chahutant la péniche et obligeant le comité d'accueil des Galouperien à se serrer sur la rampe d'accès au quai. Y sont attendus journalistes et personnalités. Mille crêpes, une par jour de détention, ont été préparées par l'Union des sociétés bretonnes. Elle a installé son chapiteau contre la rambarde et a fait venir des sonneurs de biniou. Depuis le rassemblement place du Palais-Bourbon en mars 1986, jamais acteurs politiques de tout bord ne s'étaient retrouvés si nombreux au même endroit en soutien d'une même cause. Dans le désordre : Lionel Jospin, François Léotard, Laurent Fabius, Jacques Chaban-Delmas, Harlem Désir, Danielle Mitterrand, Georges Marchais, Jack Lang, Jacques Toubon, Pierre Méhaignerie, André Rossinot, Dominique Strauss-Kahn. Pour le monde du spectacle, Guy Bedos, Enrico Macias, Jean-Michel Jarre. Il serait tentant d'y ajouter Imelda Brunerie, en majesté dans son costume de Bretonne qui fait sensation. Ma grand-mère récite à la cantonade les poèmes de sa composition dédiés à son gendre. Chaban plaisante avec elle : « Vous n'avez pas le calot réglementaire, je ne vous demande donc pas de vous mettre au garde-à-vous [4] ! » Clin d'œil à leur passé commun de résistants, ma grand-mère ayant été nommée caporal par les anciens du maquis de Quimperlé.

Il est 11 h 30. En sueur dans leurs joggings Reebok, les premiers Galouperien apparaissent enfin quai des Grands-Augustins. Depuis son atelier d'Émancé (Yvelines), le peintre Alfred Manessier s'est joint aux coureurs. Un tonnerre d'applaudissements les accueille. « Bravo, les enfants ! » lance Chaban [5].

Ces images illustreront les JT d'Antenne 2 et de TF1, respectivement présentés ce soir-là par Henri Sannier et Patrick Poivre d'Arvor. Tous deux ouvriront leur édition du 20 heures avec les manifestations du millième jour. Sur Antenne 2, Henri Sannier reçoit aussi Jacques Chirac. Il y a un mois jour pour jour, le Premier ministre a déclaré sa candidature à l'élection présidentielle. François Mitterrand, lui, observe les sondages et attend. Le chef du gouvernement aurait aimé profiter de ce 20 heures pour défendre son bilan, réaffirmer l'union de sa majorité, dissiper les rumeurs qui empoisonnent sa campagne sur les chamailleries entre RPR et UDF – Raymond Barre s'est lui aussi lancé dans la course. Il le fera, mais après treize longues minutes consacrées au millième jour, avec Marcel Kauffmann en duplex depuis son salon de Corps-Nuds. L'oreillette de mon grand-père fonctionne mal. Le direct est un peu laborieux.

Seule anicroche aux « 1 000 jours », et de taille : l'annulation par Patrick Le Lay, vice-président de TF1, de l'émission spéciale prévue pour être diffusée ce soir-là sur la chaîne. Très investie dans le comité des journalistes pour la libération des otages, Christine Ockrent avait eu l'idée de ce format d'une heure. Les images devaient montrer la famille Kauffmann à Corps-Nuds, la mobilisation du maire et du curé, l'école où mon père avait usé ses culottes, la boulangerie de son enfance. L'équipe était venue faire les repérages. Mes grands-parents, ma tante, mes oncles avaient libéré leur journée pour le tournage. On n'attendait plus que Christine Ockrent.

Et voilà qu'au dernier moment, d'un coup de fil, Patrick Le Lay élimine le programme de la grille. Les techniciens sont priés de rentrer fissa rue Cognacq-Jay. Motif ? « Une telle émission pouvait poser un problème et avoir des conséquences néfastes sur le sort des otages », avance la direction de la chaîne [6].

Il n'échappe à personne que, si des pressions ont aussi pu être exercées par le gouvernement, la vérité est que « Jean-Paul Kauffmann a été sacrifié à TF1 sur le sacro-saint autel des indices d'écoute », comme le résume Fajardie dans une tribune à *Télérama*. « Tu ne vaux plus un clou, Jean-Paul. Après un bon départ, voilà que ta cote fléchit au Wall Street des médias. Tu t'effondres au Cashbox. L'indice d'écoute t'a fait la peau mieux que le Hezbollah et le Jihad islamique n'auraient pu le faire [7]. »

Le Monde ne dit pas autre chose, alertant aussi sur les menaces qui pèseraient sur le rappel des jours de détention en ouverture des éditions du journal d'Antenne 2 : « Seule A2, inexorablement, malgré le retour de ses propres otages, continue de diffuser les portraits des trois prisonniers du Liban en ouverture de tous ses journaux. Les spécialistes du marketing de la chaîne se sont inquiétés de cette "rengaine" : il paraît qu'on "zappe" sur ces photos. Toujours les mêmes [...] : ça lasse ! C'est en quelque sorte la justification, par les indices d'écoute, des partisans du silence. "Si on continue de faire moins de x % entre vingt heures et vingt heures deux, coco, on trappe les otages !" C'est exactement ce qui s'est passé à TF1 lorsque Christine Ockrent, contrainte et forcée, a annulé l'émission spéciale qu'elle souhaitait réaliser pour le jour anniversaire, très journalistiquement [8]. »

Joëlle Kauffmann : « J'aurais pu appeler Le Lay. Je ne m'abaisse pas devant une telle indécence [9]. »

La mobilisation médiatique organisée autour des mille jours signe la fin d'une époque. Cet élan retrouvé de la profession appartient déjà au monde d'avant, quand les journalistes pouvaient prendre leurs aises à l'antenne pour défendre une cause, leur cause, sans avoir à se soucier des courbes d'audience et de la concurrence pour les parts de marché. Mais, depuis l'explosion du PAF en six chaînes, l'essor de la télévision commerciale, l'invasion de la publicité et du sponsoring dans les programmes, les règles ont changé.

TF1, privatisée depuis presque une année, est désormais propriété du groupe Bouygues. À chaque étage du 13-15, rue Cognacq-Jay sont affichés les résultats d'audience des émissions de la vieille, de même que la cotation en bourse de l'action TF1. « La course au rendement ne laisse plus qu'un choix restreint : l'audience maximale pour tous les moyens », écrit Noël Mamère, qui parle en connaissance de cause, au sujet de la première chaîne dans son livre *La Dictature de l'Audimat*, publié en 1988 [10].

Jean Vautrin se fâche très fort dans *L'Humanité* : « Que celui qui a décidé qu'un otage ne représente pas assez de taux d'écoute face à la bourriquerie dont on nous abreuve quotidiennement ose lever la main ! Il a gagné l'indignité nationale. Je vomis sur ses grolles [11] ! »

Le 16 février 1988 à 20 h 40, en lieu et place de l'émission prévue sur les mille jours de Jean-Paul Kauffmann, TF1 diffusera *Les Canons de Navarone* (1961), avec Gregory Peck et Anthony Quinn. Un film de guerre qui fit les délices de mon père en sa jeunesse.

46

RUMEURS

Une « maison des morts » ? Un « entonnoir » ? Une « cloche à fromage » ? Elle en a subi des offenses, des sarcasmes. On l'accusait de pousser telle une verrue au cœur du vieux Paris, de faire injure au bon sens, à l'harmonie, aux canons de l'esthétique. François Mitterrand n'a rien lâché. Cette pyramide, il en a fait une affaire personnelle, le symbole de ses Grands Travaux. La voilà achevée, avec son maillage de nœuds, de barres, de losanges, de triangles de verre. Épure dressée au milieu des pavillons qui abritent les collections du plus célèbre musée du monde. Prouesse de la transparence, les parallélogrammes réverbèrent idéalement les grès de la cour Napoléon.

Ce vendredi 4 mars 1988, François Mitterrand inaugure la pyramide en compagnie de François Léotard, le ministre de la Culture. Édouard Balladur a été convié lui aussi, en voisin. Quitte à retarder les travaux du Grand Louvre, le ministre des Finances n'a pas souhaité déménager à Bercy. Ses bureaux occupent toujours l'aile nord du palais, côté rue de Rivoli. Invité, donc, à la cérémonie d'inauguration, Édouard Balladur a fait savoir qu'il ne viendrait pas. « Inutile mesquinerie », note Jacques Attali dans son *Verbatim* [1].

À l'intérieur de sa chère pyramide, sous l'apex, c'est un François Mitterrand de belle humeur, presque familier, qui répond aux questions de Patricia Charnelet et William Leymergie pour Antenne 2. Oui ou non, sera-t-il candidat à sa réélection ? Le premier tour aura lieu dans un mois et demi ! Mitterrand : « Ma décision est prise, naturellement... » Mais il ne la dévoilera pas ici, pas aujourd'hui. « Je ne suis pas candidat ? Je veux garder mon autorité le plus longtemps possible, notamment sur la scène internationale. Je le suis ? Cette nouvelle que vous désirez connaître, vous n'attendrez plus très longtemps avant de l'apprendre. »

Et d'envoyer une petite rosserie à Jacques Chirac. Voilà bientôt deux mois que le chef du gouvernement et maire de Paris est entré en campagne. « Je fais mon métier de président. Si je ne le fais pas, est-ce que l'État se trouvera en déshérence ? Le Premier ministre fait du travail, mais il est quand même très pris par sa situation de candidat [2]. » Réponse de l'incriminé le soir même devant ses troupes, lors du dîner-débat organisé sur l'hippodrome de Longchamp. « C'est un peu sournois, comme appréciation. La différence entre le Président et moi, c'est qu'il n'a pas à assumer la charge du gouvernement, ce qui lui laisse beaucoup de loisirs. Et même s'il n'est pas candidat, il fait beaucoup campagne. Moi, j'ai un peu plus de travail [3]. »

François Mitterrand attendra le 22 mars 1988 pour officialiser sa candidature. Ce soir-là, il déclare sur le plateau d'Antenne 2 : « Je veux que la France soit unie, et elle ne le sera pas si elle est prise en main par des esprits intolérants, par des partis qui veulent tout, par des clans et par des bandes qui exercent leur domination sur le pays au risque de déchirer le tissu social et d'empêcher la cohésion sociale [4]. » « Clans », « bandes » : des mots qui évoquent irrésistiblement Charles Pasqua.

De son côté, le ministre de l'Intérieur aurait promis d'« offrir la libération des trois otages français dans la corbeille électorale de Jacques Chirac », affirmeront José

Garçon et Dominique Garraud dans *Libération*[5]. Les rumeurs à ce sujet se font de plus en plus insistantes. Jean-Charles Marchiani est ainsi reparti en mission. L'ancien du SDECE aurait été aperçu à Damas et dans la vallée de la Bekaa, l'un des fiefs du Hezbollah libanais. Il se murmure même que Jacques Chirac se serait envolé secrètement pour Alger, le 29 mars 1988, pour négocier en personne le retour des otages avec de mystérieux dignitaires étrangers – Matignon démentira. Et pourquoi Charles Pasqua a-t-il soudain abrégé sa tournée en Afrique ? Ce retour précipité à Paris aurait-il pour cause l'organisation du comité d'accueil de Carton, Fontaine et Kauffmann ?

Et la gauche, à quoi joue-t-elle ? Copiant la droite en 1986, chercherait-elle à son tour à torpiller les négociations de la dernière chance ? Le président du Parlement iranien, Hachemi Rafsandjani, accrédite en tout cas cette hypothèse devant un groupe de journalistes étrangers : « En France, la fraction du président Mitterrand essaie d'empêcher le groupe du Premier ministre, M. Jacques Chirac, d'obtenir la libération des otages et de remporter une carte gagnante[6]. » Rumeur, toujours : Roland Dumas manigancerait dans l'ombre. Fort de ses contacts avec les Iraniens, l'ancien ministre des Relations extérieures les aurait convaincus d'attendre la réélection de Mitterrand pour faire libérer les otages. Cantal voudrait en avoir le cœur net. Il rend visite à l'intéressé dans son bureau du quai de Bourbon, sur l'île Saint-Louis. Badin, Dumas l'accueille tout sourire. Les manœuvres qu'on lui attribue sont fausses, se défend l'avocat, mais elles auraient été « de bonne guerre », prend-il soin d'ajouter avec un air de mystère. Cantal n'en saura pas davantage.

Le 5 avril 1988, plusieurs médias français, britanniques, syriens annoncent que l'heureux dénouement pourrait intervenir « dans les prochains jours[7] ». Interrogé à ce sujet sur France Inter, Charles Pasqua déclare : « Si vous souhaitez que les otages soient libérés, je ne saurais mieux vous conseiller que de parler d'autre chose. Nous en parlerons lorsqu'ils seront revenus. »

Mais l'affaire du vol 422 de Kuwait Airways, ce même 5 avril, va soudain compliquer la donne. Va-t-on devoir tout reprendre à zéro ? Parti de Bangkok, le Boeing est détourné au-dessus de l'Inde avec 112 passagers à son bord. Parmi eux, trois membres de la famille de l'émir du Koweït. L'avion se pose sur l'aérodrome de Mechhed, en Iran, d'où il redécollera pour Larnaka avant une dernière étape à Alger. Faut-il encore y voir la main du Hezbollah ? Les pirates de l'air formulent en tout cas la même revendication que celle des ravisseurs de Kauffmann, Carton et Fontaine : que soient libérés les dix-sept prisonniers chiites condamnés au Koweït pour la série d'attentats commis en 1983. Mauvais signe, mauvais souvenirs. Et nouvelle frayeur le 10 avril : en cas d'intervention militaire contre le Boeing, l'Organisation du Jihad islamique menace d'exécuter ses cinq otages français et américains. À l'appui de son communiqué, deux photos : l'une de mon père, l'autre de l'Américain Terry Anderson, enlevé à Beyrouth en 1985.

Pour autant, les tractations secrètes de Jean-Charles Marchiani ne sont pas rompues. Le guide spirituel du Hezbollah, Fadlallah, ne vient-il pas d'affirmer que les trois otages français seraient libres « avant ou pendant » l'élection présidentielle ? Pasqua ne laisse-t-il pas entendre que la situation est sous contrôle ? Les rumeurs de libération reprennent de plus belle. Le 23 avril, veille du premier tour, la presse révèle qu'un mystérieux Falcon 50 immatriculé en Suisse, mais affrété par la France, s'est posé à Beyrouth. À son bord, Jean-Charles Marchiani et le Libanais Iskandar Safa. L'homme d'affaires maronite suit l'émissaire de Pasqua comme son ombre – à moins que ce ne soit l'inverse. Ils seraient venus chercher les otages. Mais le Falcon repart bredouille. Partie remise. Joëlle Kauffmann : « C'est la première fois en trois ans [...] où j'ai dit aux enfants, vous n'allez pas au cinéma ou vous promener comme vous faites toujours le samedi après-midi, parce que je ne saurai pas où vous joindre si Jean-Paul revient [8]. »

Pour Marc Kravetz, « Charles Pasqua détient seul le dossier complet des otages et des négociations qui se mènent dans une ombre de mauvais polar dont peu d'informations filtrent [9]. » *Libération* accuse Marchiani de lâcher des boules puantes pour faire barrage à la gauche. Le négociateur de Pasqua aurait manipulé un journal koweïtien pour accréditer la thèse du torpillage des négociations par l'ancien pouvoir socialiste. À suivre la version dudit journal, dix millions de dollars auraient été proposés aux ravisseurs pour reporter la libération des otages après l'élection présidentielle ! Vrai ? Faux ?

Pendant ce temps, les Français votent. Au soir du premier tour, le 24 avril 1988, François Mitterrand obtient 34 % des suffrages, contre 20 % pour Jacques Chirac. Mais quid des 14,5 % de Jean-Marie Le Pen ? Et des 16,5 % de Raymond Barre ? Le 8 mai, Jacques Chirac pourra-t-il compter sur ces réserves de voix ? Le second tour pourrait se jouer dans un mouchoir de poche. Ah ! si Carton, Fontaine, Kauffmann pouvaient être libérés d'ici là...

Alors que tous les services de Pasqua sont à la manœuvre pour faire revenir les trois derniers otages, que toute la presse glose sur l'« obsession » d'un Chirac engagé, sur ce dossier, dans une véritable course contre la montre avant le gong du 8 mai, alors que montent encore et encore les rumeurs sur l'imminence d'une libération avant la fin de la semaine, voilà que Joëlle Kauffmann choisit de s'afficher publiquement... dans les réunions électorales de François

Mitterrand. Son attachement historique, tripal, à la « gauche » lui laisse penser que le Président va gagner l'élection et finira par reprendre la main sur l'affaire des otages. Difficile, en tout cas, d'être davantage à contretemps.

Le 23 avril 1988, je l'accompagnerai au grand meeting mitterrandien du Bourget. Dans le « car des intellectuels » où Monique Lang nous a fait monter, Claude Mauriac s'enquiert de mes études. Dans la salle, on nous place à quelques sièges de Jane Birkin, juste en face de la tribune. Crépitement des flashs. Le regard de Birkin, celui d'Elli Medeiros s'embuent à l'instant où Mitterrand cite Jaurès. Le 2 mai, nouveau meeting du candidat socialiste à Strasbourg. Ma mère s'y rend avec Cantal. Dans le carré VIP, il y a aussi Charles Trenet et Michel Piccoli.

Renaud chauffe la salle en attendant l'arrivée du Président. Il va interpréter son titre le plus célèbre : « Charles Trenet, tout à l'heure, vous a chanté "Douce France". Je voudrais chanter une autre France, beaucoup moins douce. La France des Versaillais, la France de Vichy, la France des collabos, la France de la bêtise et de la haine, la France de Le Pen. Voici "Hexagone". »

47

4 MAI 1988

Il fait partie des journalistes sur lesquels ma mère sait pouvoir compter. À *Télérama*, c'est lui qui suit le dossier des otages. Relais précieux, à en juger par les dizaines de lettres de soutien envoyées au comité à chacun de ses articles sur elle. En 1986, avec le réalisateur Jacques Tréfouël, il a signé un portrait de mon père pour l'émission *Taxi*, sur FR3. Titre : « Kauffmann : la vie malgré tout ». Alexandre et moi l'aimons bien. Avec son accent chantant, sa dégaine de grand ado à la fois austère et souvent dans la lune, avec ce mélange de retenue et de douceur dont il fait preuve avec nous, Jean-Claude Raspiengeas a su gagner notre confiance et se faire accepter. Ce mercredi 4 mai 1988, en fin d'après-midi, il a rendez-vous avec ma mère, villa Jamot. En prévision du 22 mai, il prépare un nouveau papier sur l'action du comité. Cette date doit marquer le troisième anniversaire de l'enlèvement.

Raspiengeas raconte : « J'étais arrivé vers 17 heures. Joëlle était aux prises avec un mytho miteux qui proposait ses services. Un commerçant arabe un peu paumé, sans le sou : "Je vais aller à Beyrouth, abattre les murs, et rappeler aux ravisseurs que c'est le ramadan. Qu'ils n'ont pas le droit de garder les otages." Il ne connaissait personne à

Beyrouth… Il s'était pointé sans prévenir. Des illuminés comme lui, elle en avait déjà vu défiler pas mal… »

Et les enfants, accepteraient-ils de se confier ? Raspiengeas lance l'idée. D'habitude, c'est plutôt Alex qui se porte volontaire. « Et puis, d'où était venue cette soudaine envie, Grégoire, l'aîné, avait ressenti le besoin de parler. » Je m'installe avec Raspiengeas sur le canapé de la pièce télé, au sous-sol de la maison. L'entretien commence. Je me sens en complicité avec lui, il a l'art de pianoter sur les bonnes touches pour lever mes inhibitions. Auprès de lui, je m'épanche. Puis il remonte dans le salon, et Alex me rejoint devant la télé.

19 h 50. En haut, le téléphone sonne. Ma mère met l'appareil sur haut-parleur. Raspiengeas ne perd pas une miette de la conversation.

« Allo, Mme Kauffmann ? Je suis Mme Marchiani. Vous me reconnaissez ?
– Euh, oui, non…
– Écoutez, je vous appelle pour vous dire que votre mari est libre. Il est en bonne santé. Il m'a parlé au téléphone et m'a donné votre numéro.
– Écoutez, je ne comprends pas. Si c'est une blague…
– Oh, madame, comment pouvez-vous penser… »

Des coups de fil comme celui-ci, ma mère en a souvent reçu. Raspiengeas : « Mais il y a soudain dans le ton de cette "Mme Marchiani" un je-ne-sais-quoi de sincère qui autorise le doute. Et même les espoirs les plus fous. Je l'avoue : j'ai la chair de poule. L'alternative est effrayante : soit c'est une saloperie, soit c'est la vérité [1]. »

En bas, mon frère et moi pressentons qu'il se trame quelque chose au rez-de-chaussée, dans le salon. Mais nous ne bougeons pas, scotchés comme d'habitude au petit écran. Pas question de lâcher la télécommande et de quitter notre canapé. Nous attrapons le journal télévisé de 20 heures qui a commencé depuis une dizaine de minutes. Soudain, ma mère et Raspiengeas entendent nos cris très excités. Quatre à quatre, ils descendent les marches, le temps de saisir au vol les mots de Patrick Poivre d'Arvor sur TF1 : « À l'instant, j'apprends qu'à Beyrouth, selon les gardiens de l'hôtel Summerland, deux ou trois otages auraient été libérés. »

À 20 h 23, Poivre d'Arvor l'affirme : selon une dépêche de l'AFP, confirmée quelques minutes plus tard par le ministère de l'Intérieur, Marcel Carton, Marcel Fontaine et Jean-Paul Kauffmann viennent de retrouver la liberté.

Les voisins de notre allée vont surgir en premier. Puis des nuées de journalistes, la bande du comité, les sœurs de ma mère, Rozen, les copains de Montaigne, d'Henri-IV. Et Cantal, enfin – on l'avait cherché partout. Cohue, embrassades, pleurs. Mon frère, treize ans, coupe de champagne à la main, en direct sur Antenne 2 : « C'est le plus beau jour de ma vie. » Avec les autres ados, nous trouvons refuge dans les deux petites chambres aménagées sous les combles et enfin sur le toit. À cet endroit, nous pouvons fumer loin du regard des adultes. Un jeune type se mêle à notre groupe, partage des cigarettes pour nous amadouer. Il brandit un petit appareil photo devant mon frère et lui propose un marché : qu'Alexandre immortalise les retrouvailles avec notre père, en échange de quoi il pourra garder le Nikon. Il sera payé « comme un vrai journaliste ». C'est un pigiste de *Paris Match*. Alex prévient ma mère. Fajardie attrape ce drôle d'oiseau et le flanque dehors *manu militari*. La nuit sera longue.

Le lendemain, jeudi 5 mai, 10 h 25. Le Falcon 50 se pose sur la base aérienne de Villacoublay. Regroupés sur le tarmac, nous guettons la porte du petit avion. Elle s'ouvre. Marcel Carton sort le premier. Puis Marcel Fontaine. Enfin mon père.

48

TRENTE ANS APRÈS

4 mai 2018, Auriac, Corrèze. D'habitude, en fin de soirée, ils chantent. « L'Internationale », « Gloria in excelsis Deo » font partie des incontournables. En 1998, pour l'anniversaire des dix ans, ma mère avait interprété « J'ai une bonne amie à Quimperlé ». Et Claudine Derôme un aria de Mozart, comme le veut chaque dîner du 4 mai depuis 1989. De tous les convives, Michel Cantal-Dupart est celui qui a le plus de coffre. Baryton accompli, il parcourt avec entrain un répertoire illimité allant des chansons paillardes à l'air du toréador dans *Carmen*.

Le 4 mai tombe parfois au beau milieu de la semaine, mais qu'importe. Le travail des parents, les études des enfants s'arrêtent impérativement ce jour-là pour célébrer l'anniversaire de la libération. Les retrouvailles ont lieu à tour de rôle chez les Marchiani en Corse, chez les Cantal-Dupart dans les Landes, dans le village corrézien des Tillinac, en Sologne chez les Derôme et sur l'île aux Moines, où se trouve la thébaïde de Jean-Louis Normandin. Chez les Kauffmann aussi, naturellement, aux Tilleuls, dans la « maison du retour » située à une quinzaine de kilomètres de la demeure de Cantal, au cœur des Landes. Il suffit qu'il y ait un piano pour que, de sa voix éraillée de fumeur,

Denis Tillinac improvise des accords en chantant « Blue Suede Shoes » d'Elvis Presley.

Les aléas de la vie ont éloigné l'ancien complice de mon père à *L'Amateur de Bordeaux*, Michel Guillard, des célébrations du 4 mai. Assidu dans les premières années, Jean Vautrin s'est lui aussi retiré à la suite d'un accrochage sur la politique entre sa femme, Anne Doat, et Jean-Charles Marchiani. De même, Frédéric H. Fajardie, après une dispute avec Cantal – un « social-traître », mot lâché au cours du dîner –, a fini par déserter le petit rassemblement annuel. Fajardie s'éteindra à l'âge de soixante ans le 1er mai 2008.

Certains n'ont fait que passer. Ainsi le général Philippe Rondot et sa femme Michèle, au début des années 2000, avaient-ils été de la partie. En 1994, l'ancien coordinateur du renseignement avait réussi le plus grand coup de sa carrière en capturant le terroriste Carlos, réfugié au Soudan. Avec Jean-Charles Marchiani, les apartés sont fréquents. Les deux hommes ont appartenu au SDECE. Ils connaissent la part d'ombre de chacun. S'ils n'ont pas toujours officié du même côté, ils s'estiment et donnent l'impression de se ménager. La grosse voix de Cantal et ses clowneries ont le don d'égayer Rondot, qui peine parfois à garder son sérieux. Plus tard, les miasmes de l'affaire Clearstream, conjuguées à la longue maladie de son épouse, inciteront l'ancien officier du renseignement à une forme de réclusion volontaire et de misanthropie accentuées par la disparition de Michèle.

À la fin des années 2000, Roger Auque s'est lui aussi invité aux soirées du 4 mai. Il a gardé sa flamboyance et son aplomb légendaire. Après l'invasion américaine, il était resté à Bagdad malgré les enlèvements de journalistes et finira, sarkozyste, ambassadeur en Érythrée. Autour de la table, Marchiani était le seul à partager son secret : l'ancien otage, journaliste free-lance, tombeur et baroudeur, était le père biologique de Marion Maréchal-Le Pen, née en 1989. Le fait ne sera dévoilé qu'en 2013, quelques mois avant la mort d'un Roger Auque atteint d'une tumeur au cerveau. Dans des mémoires posthumes [1], il révélera avoir travaillé pour les services secrets français et le Mossad.

Toujours en retrait, mon père participe à l'anniversaire en observateur. S'il savoure le moment présent et prend part activement aux réjouissances, en particulier dans le choix et le service des vins, il refuse à chaque fois de faire un discours, comme si l'on fêtait une autre personne. Les anecdotes d'anciens combattants de ma mère, de Cantal, des Derôme suscitent en lui un mélange de gêne, d'ennui. L'aventure du comité n'était pas la sienne. Dans le monde souterrain de Beyrouth, il menait un autre combat.

Depuis la libération des otages, Jean-Charles Marchiani a connu plusieurs vies : pasquaïen conquérant lancé en politique, préfet du Var en délicatesse avec les rappeurs du groupe NTM, député européen, mis en examen dans l'Angolagate, enfin patriarche assagi et grand-père tranquille. Dans le cercle amical de mes parents, dire qu'il détonne serait un euphémisme. Mais, depuis que le 4 mai 1988, revolver au poing face aux miliciens du Hezbollah armés jusqu'aux dents, l'ancien du SDECE a récupéré mon père dans le parking d'un hôtel beyrouthin, les Kauffmann le considèrent comme un membre de la famille.

« Jean-Charles, as-tu déjà shooté quelqu'un ? » lui ai-je un jour demandé, encore adolescent, dans notre airial des Landes. « Hé, va jouer, tu me ferais plaisir », m'avait-il répondu avec son accent corse inimitable. Mon père adore ses bons mots, son espièglerie et son sens de la dérision. Jean-Charles Marchiani pose un regard sans illusions sur le monde et les hommes. Il aime provoquer : sa manière à lui de bien se faire comprendre, de tester et de pousser autrui dans ses retranchements.

Ses opinions politiques jurent avec celles des Kauffmann, des Derôme, des Cantal et des Normandin – ces « droits-de-l'hommistes », se gausse-t-il. Pour Jean-Charles, Jean-Marie Le Pen ferait presque figure de modéré. Les soirs de 4 mai, des empoignades homériques l'opposent parfois à ma mère. Par exemple, quand il prétend avoir lu dans une revue médicale que le sida se transmettait uniquement par les hommes. Néanmoins, tout le monde finit par se réconcilier en entonnant un cantique ou un chant révolutionnaire.

Politiquement, le compagnon de Charles Pasqua n'a qu'un seul allié autour de la table, Denis Tillinac, encore que le gaullisme nostalgique du Corrézien paraisse bien inoffensif en comparaison de la radicalité marchianiennne. Et puis, Denis a beau se dire de droite, il n'en fait pas moins la bise à Laure Adler quand il la croise devant Les Deux Magots. Les gens de gauche raffolent de ce réac aussi divertissant qu'inspiré. Auprès de ce conteur percutant et plein de verve – volontiers cancanier –, on ne s'ennuie jamais.

À la fin des années 1980, l'auteur de *Spleen en Corrèze* s'était lancé à la conquête des réseaux parisiens. Devenu le patron des éditions de La Table Ronde, il avait indirectement inspiré le thème chiraquien de la « fracture sociale », mantra du candidat RPR à l'élection présidentielle de 1995. C'est lui qui avait fait venir Jacques Chirac devant les intellectuels du club Phares et Balises, censé réunir les républicains « des deux rives ». Et c'est à cette occasion que le démographe Emmanuel Todd avait soufflé au maire de Paris son fameux leitmotiv sur la société fracturée. Plus tard, Tillinac fera des infidélités à « Chirac le Gaulois » –

c'est le titre de son livre publié en 2002 – pour se rapprocher d'un Nicolas Sarkozy qui finira par le décevoir. Qui aurait-il choisi en 2022 ? Valérie Pécresse ou un autre candidat ? Denis n'eut pas à affronter ce dilemme, décédé en 2020 à l'âge de soixante-treize ans.

En 2008, il avait consacré l'une de ses chroniques à l'anniversaire du 4 mai : « C'était le tour de Jean-Louis Normandin de nous accueillir pour ces retrouvailles rituelles, qui permettent d'évaluer la fuite du temps. Il y a vingt ans, nous étions tous des quadras plus ou moins dynamiques, affligés d'ados plus ou moins erratiques. Désormais nous abordons aux rivages de la "retraite", avec quelques cancers et autres disgrâces à la clef, tandis que nos rejetons s'avisent de procréer. Enfin, pas tous : certains ramènent d'un printemps l'autre de gracieuses inconnues, otages l'espace d'un week-end d'une bande de sexas un peu perclus et enclins à la nostalgie. Ça ressemble à un film de Sautet, on se souvient des premières fois. [...] Certains couples ont failli à la tradition, d'autres ont divorcé ; les survivants ont le sentiment d'avoir emporté une victoire contre l'oubli [2]. »

La confrérie du 4 mai apprécie particulièrement le rendez-vous de l'île aux Moines. Solitaire, face à l'océan, la maison de Jean-Louis Normandin semble questionner les éléments, à l'image du ténébreux maître des lieux perdu dans sa rêverie, mais attentif aux sautes d'humeur de la météo.

Le 4 mai 2018, chez les Tillinac à Auriac, l'ambiance est chaleureuse, mais moins chantante que d'habitude. D'année en année, le nombre de participants s'accroît. Il faut non seulement compter avec les enfants des membres fondateurs, mais aussi avec d'innombrables petits-enfants, quelques nièces et neveux, sans exclure compagnes et compagnons, épouses et maris de toutes les générations. Pour la puissance invitante, qui doit parfois accueillir jusqu'à une quarantaine de convives, la logistique devient de plus en plus compliquée.

À la fin du dîner, Cantal et moi tentons de réveiller la petite assemblée en interprétant l'hymne des *Mariés de l'An II*, « Gloire à la République ». Mais personne ne nous écoute, pas même Marie-Do, la nouvelle épouse de Cantal. Les anciens sont allés se coucher, les jeunes occupés à siffler la vieille prune de Denis.

Ce trentième anniversaire sera le dernier fêté entre anciens otages, famille Marchiani et vétérans des « Amis ». La mort de Paul Derôme, pilier de la confrérie, champion du calembour freudien, jointe à un hébergement s'avérant un casse-tête, va convaincre mon père que le rituel a fait son temps.

Désormais, Joëlle et Jean-Paul Kauffmann célèbrent le 4 mai en petit comité, dans la « maison du retour », en compagnie de leurs deux fils, leurs belles-filles et leurs trois petits-enfants. De temps à autre, Rozen se joint à nous avec sa fille Anna, filleule de mon père.

« Labib », comme l'avait surnommé ses geôliers, se vit comme un rescapé. Il ne peut plus échanger avec Marcel Fontaine, trop tôt disparu en 1997, ni avec Marcel Carton, décédé en 2014.

Retrouvé par hasard à l'automne 2005 dans la banlieue sud de Beyrouth, le corps de Michel Seurat a été rapatrié en France le 7 mars 2006. Pour Alexandre et moi, ses deux filles, Zalfa (Alexandra) et Laetitia (Leila), sont comme nos petites sœurs. Nous dînons régulièrement chez Mary Seurat, en famille, pour déguster son fameux « risotto de l'Euphrate ».

Quant aux archives landaises, Yann Potin a rempli toutes les démarches pour en faire don aux Archives nationales. En attendant qu'il vienne les chercher, les papiers du comité reposent sous les bâches du grenier.

Notes

1. Les Braudières

1. « Krivine (LCR) : le socialisme nouveau c'est "touche pas à mon patron" », *Libération*, 27 mai 1985 ; Daniel Schneidermann, « La majorité doit gagner les élections », *Le Monde*, 28 mai 1985. 2. Joëlle Brunerie-Kauffmann, *À voix nue*, France Culture, entretien avec Antoine Spire, 3e partie, 10 septembre 1997.

2. Les archives dans la maison

1. Joëlle Kauffmann, « Lettre à Jean-Paul », *Elle*, 21 décembre 1987.

3. L'enfant du placard

1. Françoise Colpin, « Les mille jours de Joëlle Kauffmann », *Révolution*, 12 février 1988. 2. Jean-François Bernard, « Joëlle Kauffmann : la rage au ventre », *Le Courrier*, 12 septembre 1985. 3. Mary Seurat a toujours préféré cette orthographe au « Marie » de la presse et de l'édition françaises, voir p. 133. 4. Joëlle Kauffmann, « Je vis en permanence avec la souffrance de Jean-Paul », interview par Henri Fabre, *L'Indépendant*, 2 novembre 1987. 5. Archives du comité de soutien des Amis de Jean-Paul Kauffmann (désormais arch. comité), Laurence Chataignier, « Joëlle Kauffmann : 1 000 jours sans lui », s.d.

[mars 1988], périodique non sourcé. 6. « Joëlle Kauffmann contre la loi du silence », *Non-Violence Actualité*, mai 1987, propos recueillis par C. Brunier et P. Richer.

4. Une tragédie sans importance

1. Patricia Gandin, « Alexandre et Grégoire Kauffmann attendent leur père depuis six mois », *Elle*, 2 décembre 1985. 2. Claire Brière, « Joëlle Kauffmann : "Femme d'otage, un vrai boulot" », *Femina*, 4 août 1986 ; arch. comité, Pierre-Marie Cortella, « Kauffmann : on l'attend à Bordeaux », s.d., périodique non sourcé.

5. Choisir d'être mère

1. Irène Jouannet, *Mes années MLAC*, Vulaines-sur-Seine, Éditions du Croquant, 2020, p. 25.

6. Disparus

1. Gilles Kepel, « Préface » à Michel Seurat (dir.), *Syrie, l'État de barbarie*, Paris, Presses universitaires de France, coll. « Proche-Orient », 2012, p. 7-8. 2. *Id.*, « La libération : une affaire de volonté », *Le Monde*, 23 août 1985. 3. Marie Seurat, *Les Corbeaux d'Alep*, Paris, Gallimard, 1988, p. 20-21. 4. Arch. comité, « Chronologie des événements », s.d. ; Patrick Séry, « Mardi, 22 h : pas de nouvelles de Jean-Paul… », *L'Événement du jeudi*, 30 mai 1985. 5. Jean-Paul Kauffmann, « Liban : le cessez-le-feu est respecté », *Le Matin de Paris*, 27 septembre 1983. 6. Antenne 2, journal de 20 heures, 26 mai 1985.

7. La revendication

1. *L'Événement du jeudi*, 30 mai 1985. 2. Si, dans leurs communiqués, les ravisseurs se réclament du « Jihad islamique », il est plus approprié de parler du « Hezbollah ». Fusion de plusieurs groupes chiites dissidents du mouvement Amal et proches de l'Iran, le Hezbollah existe officiellement depuis 1984. Si cette officialisation n'implique guère la dissolution des organisations

fondatrices (dont le Jihad islamique), reprendre l'appellation « Jihad islamique » risque de disculper le Hezbollah et de tomber dans le piège du discours des acteurs, certes pluriels, mais tous institutionnalisés sous l'égide du Hezbollah. Aussi sera-t-elle utilisée le moins souvent possible dans les pages qui suivent. **3.** « La nébuleuse du Hezbollah, “Soldats de Dieu épris de la mort…” », *Le Monde*, 3 août 1989. **4.** Arch. comité, communiqué de l'Organisation du Jihad islamique, 29 mai 1985.

8. Gymkhanas

1. Bernard Langlois, « J'ai ri, d'abord, en apprenant son enlèvement », *L'Événement du jeudi*, 5 novembre 1987. **2.** Joëlle Kauffmann, « Joëlle Kauffmann : je veux finir ma vie aux côtés de Jean-Paul », *Panorama. Le mensuel chrétien*, mars 1987. **3.** Daniel Le Gac [pseudonyme d'Ignace Dalle] et Jean-Paul Kauffmann, *Juifs et Arabes en Palestine*, Paris, Le Centurion, 1975. **4.** Jean-Paul Kauffmann, « Liban : la canonnade, encore et toujours… », *Le Matin de Paris*, 22 septembre 1983. **5.** *Id.*, « Les Druzes ne paraissent pas prêts à un cessez-le-feu », *Le Matin de Paris*, 12 septembre 1983. **6.** *Id.*, « Liban : le cessez-le-feu est respecté », *Le Matin de Paris*, 27 septembre 1983. **7.** *Id.*, « Liban : la canonnade, encore et toujours… », *Le Matin de Paris*, 22 septembre 1983. **8.** Arch. comité, lettre de Michel Leprêtre à la rédaction de *L'Événement du jeudi*, 21 mai 1987 ; Jean-Paul Kauffmann, « Liban : la canonnade, encore et toujours… », *Le Matin de Paris*, 22 septembre 1983. **9.** Jean-Paul Kauffmann, « Arafat : oui, c'est l'assaut final », *Le Matin de Paris*, 5-6 novembre 1983. **10.** Sorj Chalandon in Jean-Pierre Amette, Tahar Ben Jelloun, Alphonse Boudard, Pascal Bruckner *et al.*, *Écrits pour Jean-Paul Kauffmann*, Paris, Mazarine, 1986, p. 29-30 ; interview de Sorj Chalandon dans « Kauffmann : la vie malgré tout », *Taxi*, FR3, 7 novembre 1986. **11.** Arch. comité, lettre de Michel Leprêtre à la rédaction de *L'Événement du jeudi*, 21 mai 1987. **12.** Arch. comité, M.J.D., « Joëlle Kauffmann : “Non, les journalistes au Liban n'agissent pas pour la gloriole" », 30 janvier 1987, périodique non sourcé. 13. Jean-Paul Kauffmann, « Les Druzes ne paraissent pas prêts à un cessez-le-feu », *Le Matin de Paris*, 12 septembre 1983. 14. Jean Vautrin, interview dans *Effraction*, FR3, 17 décembre 1985 ; interview dans *7 sur 7*, TF1, 22 décembre 1985. 15. Arch. comité, « Joëlle Kauffmann à Strasbourg », s.d., périodique non sourcé. 16. Claire Brière, « Joëlle Kauffmann : "Femme d'otage, un vrai boulot" », *Femina*, 4 août 1986. 17. Jean-Claude Raspiengeas, « Un otage en liberté », *Télérama*, 21 janvier 1987. 18. Pierre Marin, « Les cathos et les Bretons », *Lettre de Lille. Tiens bon Jean-Paul !*, 22 mai 1987. 19. Jean-François Kahn, *Mémoires d'outre-vies*, t. 1. *Je me retourne, sidéré...*, Paris, Éditions de l'Observatoire, 2021, p. 587. 20. *Id.*, *Les Français sont formidables*, Paris, Balland, 1987, p. 37. 21. Laurent Greilsamer, « Le pari du "Matin" », *Le Monde*, 3 juillet 1984. 22. Jean-François Kahn, *Les Français sont formidables*, *op. cit.*, p. 45. 23. *Ibid.*, p. 73. 24. *Ibid.*, p. 51 et 64. 25. *Id.*, « Ne pas vous plaire à tout prix », *L'Événement du jeudi*, 6 novembre 1984. 26. Annick Cojean, « Mille lecteurs-propriétaires de "L'Événement" tiennent leur première assemblée », *Le Monde*, 30 mars 1985.

9. Une amie intime

1. Jean Cau, *La Barbe et la rose*, Paris, La Table ronde, 1982, 4e de couverture. 2. *Journal officiel de la République française. Débats parlementaires, Assemblée nationale*, séance du 29 mai 1985. 3. « L'indomptable Joëlle Kauffmann : parler ? ne pas parler ? "Moi, je crie !"», *L'Événement du jeudi*, 22 mai 1986, interview par Liliane Sichler. 4. *Ibid.* 5. Joëlle Brunerie-Kauffmann, *À voix nue*, France Culture, entretien avec Antoine Spire, 3e partie, 10 septembre 1997. 6. Michel Cantal-Dupart, « Réveillons-nous ! », *Le Matin de Paris*, 6 juin 1985. 7. « Kauffmann-Seurat, 16e jour de détention : ils sont "correctement traités" », *Le Matin de Paris*, 6 juin 1985.

10. Quelque chose a changé

1. Guy Hocquenghem, *Lettre ouverte à ceux qui sont passés du col Mao au Rotary* [1986], Marseille, Agone, 2014, p. 51. 2. Jacques Julliard, « Réhabiliter la production ? », *Le Nouvel Observateur*, 26 octobre 1984. 3. *Libération*, 17 mai 1985. 4. M. A.-R., « Banlieues 89 quand même », *Le Monde*, 12 juillet 1986. 5. Cité par Alice Sotgia et Thibault Tellier, « Banlieues 89 et la construction du Grand Paris (1983-1991) », https://www.inventerlegrandparis.fr/article/banlieues-89-et-la-construction-du-grand-paris-1983-1991/ 6. Caroline Brizard, « Elle danse, la banlieue », *Le Nouvel Observateur*, 3 août 1984. 7. Marc Kravetz, « Joëlle Kauffmann : de la libération des femmes à celle de son mari », *Libération*, 7-8 septembre 1985.

12. Leila

1. Jérôme Perrier, « La parenthèse libérale de la droite française des années 1980. Le phénomène politique de la “bande à Léo” ou l'échec de la promotion d'un libéralisme contre l'État », *Histoire@Politique*, n° 25, janvier-avril 2015. 2. « Les journalistes se mobilisent pour Jean-Paul Kauffmann », *Le Quotidien de Paris*, 3 juin 1985. 3. TF1, journal de 20 heures, 6 juin 1985. 4. Claire Brière, « Joëlle Kauffmann : “Femme d'otage, un vrai boulot” », *Femina*, 4 août 1986. 5. « Jean-Paul Kauffmann par Joëlle Kauffmann : un an déjà », *Révolution*, 23 mai 1986, interview par Dominique Vidal. 6. Denis Tillinac, « Vu de ma fenêtre. Grâce pour Marchiani ! », *Valeurs actuelles*, 9 mai 2009. 7. Arch. comité, Jean Vautrin, « Lettre ouverte à Jean-Paul Kauffmann », s.d. [juin 1985]. 8. *Le Masque et la Plume*, France Inter, 9 juin 1985. 9. Joëlle Kauffmann, *Voix du silence* : « Droits des otages, droits des familles », France Culture, 19 mars 1988. 10. Sabine Chalvon-Demersay, *Le Triangle du XIVe. Des nouveaux habitants dans un vieux quartier de Paris*, Paris, Éditions de la Maison des sciences de l'homme, coll. « Ethnologie de la France », 1984, p. 23-30.

13. Le Président

1. « L'indomptable Joëlle Kauffmann : parler ? ne pas parler ? "Moi, je crie !" », *L'Événement du jeudi*, 22 mai 1986, interview par Liliane Sichler. 2. *Ibid.* 3. France Inter, journal de 19 heures, 7 juin 1985. 4. Arch. comité, addition de L'Alsace à Paris, 7 juin 1985.

14. Le voile

1. Arch. comité, lettre de Joëlle Kauffmann à Jean-Paul Kauffmann, 31 août 1985. 2. Joëlle Brunerie-Kauffmann, *À voix nue*, France Culture, entretien avec Antoine Spire, 3e partie, 10 septembre 1997. 3. Richard Binet, « Joëlle Kauffmann : ma vie de femme d'otage », *La Vie*, 27 novembre 1985. 4. *Ibid.* 5. TF1, journal de 20 heures, 13 juin 1985. 6. Marc Kravetz, « Joëlle Kauffmann : de la libération des femmes à celle de son mari », *Libération*, 7-8 septembre 1985. 7. Michel Cantal-Dupart, « Notre mission à Beyrouth », *L'Événement du jeudi*, 20 juin 1985. 8. « Un avion américain détourné sur Alger », *Le Monde*, 15 juin 1985. 9. Patricia Gandin, « Alexandre et Grégoire Kauffmann attendent leur père depuis six mois », *Elle*, 2 décembre 1985.

15. Le badge

1. Arch. comité, « Jean-Paul Kauffmann à l'école Michelet : "la fidélité, c'est quelque chose de merveilleux" », s.d., périodique non sourcé. 2. *7 sur 7*, TF1, 3 février 1985. 3. François Cusset, *La Décennie. Le grand cauchemar des années 1980*, Paris, La Découverte/Poche, 2008 (1re éd., Paris, La Découverte, 2006), p. 104. 4. Interview de Roland Dumas par Emmanuel Blanchard et Grégoire Kauffmann, « Le diable de République : 40 ans de Front national », France 3, novembre 2011 ; Emmanuel Faux, Thomas Legrand et Gilles Perez, *La Main droite de Dieu. Enquête sur François Mitterrand et l'extrême droite*, Paris, Le Seuil, coll. « L'Épreuve des faits », 1994. 5. François Bazin,

Le Sorcier de l'Élysée. Histoire secrète de Jacques Pilhan, Paris, Plon, 2009. **6**. Marie Bordet et Laurent Telo, *« C'est toujours moi qui fais le sale boulot »*, Paris, Fayard, 2019, p. 72 ; Jean-Louis Bianco, *Mes années Mitterrand*, Paris, Fayard, 2015, p. 171. **7**. Vincent Martigny, *Dire la France. Culture(s) et identités nationales, 1981-1995*, Paris, Les Presses de Sciences Po, 2016, p. 159-204. **8**. Philippe Juhem, *SOS-Racisme, histoire d'une mobilisation « apolitique ». Contribution à une analyse des transformations des représentations politiques*, thèse de doctorat, Paris X-Nanterre, 1998, p. 71. **9**. Cité par Philippe Juhem, *op. cit.*, p. 211-212. **10**. Arch. comité, lettre de Joëlle Kauffmann à Jean-Paul Kauffmann, 31 août 1985.

16. Le festival de Kahn

1. Arch. comité, lettre de Joëlle Kauffmann à Jean-Paul Kauffmann, 3 août 1986. **2**. Arch. comité, circulaire de P. Antoine et J.L. George, 4 juin 1985. **3**. Arch. comité, lettre de Jean-Michel Cazes à Joëlle Kauffmann, 21 août 1985. **4**. *7 sur 7*, TF1, 23 juin 1985 ; « Appels en faveur de Jean-Paul Kauffmann et Michel Seurat », *Le Monde*, 24 juin 1985. **5**. Denis Tillinac, « Mélancolie », *Quatre lettres à Jean-Paul Kauffmann*, Série grise 93 K, Paris, 1987, p. 47. **6**. *Id.*, in Jean-Pierre Amette, Tahar Ben Jelloun, Alphonse Boudard, Pascal Bruckner *et al.*, *Écrits pour Jean-Paul Kauffmann*, *op. cit.*, p. 129. **7**. Bernard Frank, « Digressions », *Le Monde*, 3 juillet 1985. **8**. « Paris est au centre des tractations sur le règlement de la crise des otages. Une libération simultanée des détenus ? », *Le Monde*, 28 juin 1985 ; France Inter, journal de 13 heures, 29 juin 1985. **9**. « Démarche de Mme Joëlle Kauffmann auprès de l'ambassadeur d'Israël en France », dépêche AFP, 2 juillet 1985. **10**. Arch. comité, lettre de Joëlle Kauffmann à Jean-Paul Kauffmann, 5 juillet 1985. **11**. « "Seuls leurs ravisseurs savent où ils se trouvent", déclare un dirigeant d'Amal aux familles », *Le Monde*, 12 juillet 1985. **12**. Jean-François Kahn, *Les Français sont formidables*, *op. cit.*, p. 165-170 ; *id.*, *Mémoires d'outre-vies*,

t. 2., *Malgré tout, on l'a fait, on l'a dit !*, Paris, Éditions de l'Observatoire, 2022, p. 144-149 ; « "Nous sommes en guerre avec Paris" », *Le Monde*, 15 juillet 1985 ; conférence de presse de Jean-François Kahn, TF1, journal de 20 heures, 14 juillet 1985 ; interview de Jean-François Kahn sur Antenne 2, journal du matin,15 juillet 1985 ; France Inter, journal de 13 heures, 13 juillet 1985. **13.** Jean-François Kahn, *Les Français sont formidables*, *op. cit.*, p. 169. **14.** Arch. comité, lettre de Joëlle Kauffmann à Jean-François Kahn, 20 août 1985.

17. GARDEN-PARTY

1. Claude Jacquemart, « Sous les ombrages de l'Élysée », *Le Figaro*, 15 juillet 1985. Voir aussi Françoise Berger, « Garden-party : tiens voilà du Gainsbourg », *Libération*, 15 juillet 1985 ; Maurice Ulrich, « La cohabitation au bout du chemin », *L'Humanité*, 15 juillet 1985.

18. SOUVENIRS DU LIBAN

1. Arch. comité, lettre de Dominique Grange-Tardi à Joëlle Kauffmann, 15 août 1985. **2.** Joëlle Kauffmann, « Joëlle Kauffmann : je veux finir ma vie aux côtés de Jean-Paul », *Panorama. Le mensuel chrétien*, mars 1987. **3.** Archives privées Jean-Noël Jeanneney, lettre de Jean-Noël Jeanneney à Joëlle Kauffmann, 1er août 1985 ; lettre de Joëlle Kauffmann à Jean-Noël Jeanneney, 13 août 1985. **4.** « Le comité Kauffmann au bout du fil », *Libération*, 4 septembre 1985. **5.** Antenne 2, journal de 13 heures, 8 août 1985. **6.** Arch. comité, panel d'audimat CEO-SECODIP, jeudi 29 août 1985. **7.** Joëlle Kauffmann, « La diplomatie et la crise : le Moyen-Orient et la question des otages français », *Nuits magnétiques*, France Culture, 29 janvier 1986 ; *id.*, interview par Geneviève Dermerch, « Joëlle Kauffmann, femme d'otage », *La Voix du Nord*, 5 juin 1986 ; « Joëlle Kauffmann, la "folle du 22 mai" », *Nouvelles. Bulletin hebdomadaire de l'Agence femmes information*, 26 mai-1er juin 1986.

8. Joëlle Kauffmann, « La diplomatie et la crise : le Moyen-Orient et la question des otages français », *Nuits magnétiques*, France Culture, 29 janvier 1986. 9. « M. Assad “met tout en œuvre” pour que les otages français soient libérés », *Le Monde*, 30 juillet 1985. 10. Arch. comité, lettre de Joëlle Kauffmann à Hafez el-Assad, 14 août 1985. 11. Joëlle Kauffmann, interview par Geneviève Dermerch, « Joëlle Kauffmann, femme d'otage », *La Voix du Nord*, 5 juin 1986. 12. Joëlle Kauffmann, « La diplomatie et la crise : le Moyen-Orient et la question des otages français », *Nuits magnétiques*, France Culture, 29 janvier 1986. 13. Annie Kriegel, « Terrorisme : le temps perdu », *Le Figaro*, 15 juillet 1985. 14. Joëlle Brunerie-Kauffmann, *À voix nue*, France Culture, entretien avec Antoine Spire, 3e partie, 10 septembre 1997. 15. Karen Lajon, « Celles qui ne renoncent jamais », *Le Journal du Dimanche*, 26 octobre 1986. 16. « L'indomptable Joëlle Kauffmann : parler ? ne pas parler ? “Moi, je crie !” », *L'Événement du jeudi*, 22 mai 1986, interview par Liliane Sichler.

19. POURQUOI ? COMMENT ?

1. Bernard Brigouleix, « Un entretien avec Joëlle Kauffmann », *Le Monde*, 29 juillet 1985. 2. Antenne 2, journal de 13 heures, 27 juillet 1985. 3. « Jean-Paul Kauffmann par Joëlle Kauffmann. Un an déjà », entretien avec Dominique Vidal, *Révolution*, 23 mai 1986. 4. Arch. comité, lettre de Jean-Paul Kauffmann à Joëlle Kauffmann, 19 juillet 1985. 5. Arch. comité, lettre de Joëlle Kauffmann à Jean-Paul Kauffmann, 5 juillet 1985.

20. MARY SEURAT

1. Arch. comité, lettre de Joëlle Kauffmann à Jean-Paul Kauffmann, 13 août 1985. 2. Marie Seurat, *Les Corbeaux d'Alep*, *op. cit.*, p. 49. 3. *Ibid.*, p. 84-85. 4. *Ibid.*, p. 210-213. 5. Marie Seurat, entretien avec Dominique Mobailly, « Marie Seurat. L'adieu à Michel », *La Vie*, 17 mars 1988. 6. *Id.*, *op. cit.*, p. 61 et 68. 7. André Raymond, « Michel Seurat »,

Revue de l'Occident musulman et de la Méditerranée, n° 40, 1985, p. 173. **8.** Gilles Kepel, « Préface » à Michel Seurat (dir.), *op. cit.*, p. 7-10. **9.** S.N., « Michel Seurat : un sociologue, excellent connaisseur du terrain », *Libération*, 5 juin 1985. **10.** « Tous otages », *Infovision*, TF1, 3 avril 1986. **11.** Marie Seurat, *op. cit.*, p. 84. **12.** Entretien de l'auteur avec Mary Seurat, 6 septembre 2022. **13.** Mary Seurat, TF1, journal de 13 heures, 5 septembre 1985. **14.** Entretien de l'auteur avec Mary Seurat, 6 septembre 2022. **15.** Marie Seurat, *op. cit.*, p. 87-88. **16.** « Michel Seurat a pu rendre visite à sa famille vendredi dernier », *Le Monde*, 6 septembre 1985. **17.** Marie Seurat, *op. cit.*, p. 91. **18.** *Id.*, « Tous otages », *Infovision*, TF1, 3 avril 1986. **19.** *Ibid.* **20.** *Id.*, *op. cit.*, p. 90. **21.** *Ibid.*, p. 91.

21. Christo

1. Bruno Frappat, « Agressions », *Le Monde*, 9 septembre 1985. **2.** Antenne 2, journal de 13 heures, 21 octobre 1985. **3.** Richard Binet, « Joëlle Kauffmann : ma vie de femme d'otage », *La Vie*, 27 décembre 1985. **4.** Arch. comité, lettre de Joëlle Kauffmann à Jean-Paul Kauffmann, 31 août 1985. **5.** Pierre Desproges, *Chroniques de la haine ordinaire*, France Inter, 24 février 1986.

22. Le collège Henri-IV

1. Claire Brière, « Joëlle Kauffmann : "Femme d'otage, un vrai boulot" », *Femina*, 4 août 1986. **2.** Marc Ambroise-Rendu, « Les pistonnés d'Henri-IV », *Le Monde*, 5 février 1986.

23. Le diamant

1. Marc Kravetz, « Otages français : le miracle n'a pas eu lieu », *Libération*, 25 septembre 1985. **2.** Bernard Langlois, éditorial, *Résistances*, Antenne 2, 5 septembre 1985. **3.** Flammarion, 2018. **4.** « Les ravisseurs de MM. Carton et Fontaine ont fait parvenir une lettre au gouvernement français », *Le Monde*,

10 septembre 1985. 5. Edwy Plenel, « Le rôle ambigu du docteur Raad », *Le Monde*, 11 mars 1986. 6. Arch. comité, note de Joëlle Kauffmann, octobre 1985. 7. Hervé Gattegno, « Écoutes : la cellule de l'Élysée face à des preuves accablantes », *Le Monde*, 19 février 1995. 8. Arch. comité, télex de Mohsen Slim à Joëlle Kauffmann, 9 septembre 1985. 9. Sylvie Caster, « Les Arlésiennes n'ont pas de pot », *Le Canard enchaîné*, 2 octobre 1985. 10. Françoise Germain-Robin, « Joëlle Kauffmann : la rage de libérer », *L'Humanité*, 7 octobre 1985. 11. Arch. comité, lettre de Joëlle Kauffmann à Rouhollah Khomeini, 8 octobre 1985. 12. Joëlle Brunerie-Kauffmann, *À voix nue*, France Culture, entretien avec Antoine Spire, 3e partie, 10 septembre 1997. 13. Richard Binet, « Joëlle Kauffmann : ma vie de femme d'otage », *La Vie*, 27 novembre 1985. 14. *Ibid.* 15. Joëlle Kauffmann, « Le journal de 1985 : acteur et témoin », France Inter, 23 décembre 1985. 16. Arch. comité, lettre de Joëlle Kauffmann à Jean-Paul Kauffmann, 3 août 1985. 17. Jean-François Bernard, « Joëlle Kauffmann : la rage au ventre », *Le Courrier*, 12 septembre 1985. 18. Bruno Frappat, « Le diamant de Joëlle Kauffmann », *Le Monde*, 21 octobre 1985. 19. Arch. comité, Laurence Chataignier, « Joëlle Kauffmann : 1 000 jours sans lui », s.d. [mars 1988], périodique non sourcé. 20. Joëlle Brunerie-Kauffmann, *À voix nue*, France Culture, entretien avec Virginie Bloch-Lainé, 4e partie, 29 novembre 2012. 21. J.-P. G. [Jean-Paul Géné], « Le Bordelais offre une cave à Jean-Paul Kauffmann », *Libération*, 25 septembre 1985. 22. Arch. comité.

24. Gagner

1. France Inter, journal de 19 heures, 7 octobre 1985. 2. « "Moi, les commandos, je connais !" », *Le Monde*, 10 octobre 1985 ; Jean-Yves Lhomeau, « M. Mitterrand exalte "la France qui gagne" », *Le Monde*, 8 octobre 1985 ; « Une demi-heure chez Bridel », *Ouest-France*, 8 octobre 1985 ; Patrick Gourlay « Les voyages du président Mitterrand dans le

Finistère (1981-1994) », in Christian Bougeard (dir.), *Un siècle de socialismes en Bretagne. De la SFIO au PS (1905-2005)*, Rennes, Presses universitaires de Rennes, 2008, p. 267-282. 3. Arch. comité, lettre d'Imelda Brunerie à Joëlle Kauffmann, 7 juin 1985. 4. *Ouest-France*, 28 avril 2016. 5. Arch. comité, « Visite du président François Mitterrand aux parents de Jean-Paul Kauffmann le 7 octobre 1985 à Corps-Nuds », s.d. 6. *Ibid.* 7. Jean-Paul Kauffmann, « À Château-Chinon : "Depuis le temps..." », *Le Matin de Paris*, 11 mai 1985. 8. « Un arrêt inattendu à Corps-Nuds », *Ouest-France*, 8 octobre 1985. 9. Cité in « PC et CGT s'en prennent à M. Mitterrand », *Le Monde*, 11 octobre 1985.

25. Cri d'une femme, il fut poignant

1. Arch. comité, lettre de Simone Veil à Joëlle Kauffmann, s.d. [mars 1986]. 2. Joëlle Kauffmann, « La semaine en Aquitaine », FR3, 30 novembre 1985. 3. « La classe politique approuve la fermeté du gouvernement », *Le Monde*, 12 mars 1986. 4. FR3, « Normandie Soir », 10 août 1987. 5. Arch. comité, lettre de Jean-Marie Le Pen à Jacqueline Westercamp, présidente de l'ACAT, 18 avril 1988. 6. France Inter, journal de 13 heures, 4 septembre 1986. 7. Arch. comité. 8. Arch. comité. 9. Olivier Buttin, « Joëlle Kauffmann à La Roche-sur-Yon : "Le 22 mai, on m'a piqué Jean-Paul" », *Presse Océan*, 19 novembre 1985. 10. Arch. comité, lettre de Gérard Kauffmann à Joëlle Kauffmann, s.d. [novembre 1985]. 11. TF1, journal de 13 heures, 26 février 1986. 12. « Le frère de J.-P. Kauffmann s'insurge », *Le Matin de Paris*, 28 novembre 1985 ; « Le frère de Kauffmann accuse Paris de "laxisme" », *L'Orient-Le Jour*, 27 novembre 1985.

26. Deuxième génération

1. Joëlle Kauffmann, France Inter, journal de 19 heures, 22 décembre 1985 ; *id.*, TF1, journal de 13 heures, 23 décembre 1985 ; « Le sort des otages de Beyrouth », *Le*

Monde, 24 décembre 1985. 2. François Luizet, « Liban : le voyage d'amour de la famille Kauffmann », *Le Figaro*, 25 décembre 1985. 3. TF1, journal de 20 heures, 25 décembre 1985. 4. Marie Seurat, *op. cit.*, p. 129. 5. Arch. comité, M.J.D, « Joëlle Kauffmann : "Non, les journalistes au Liban n'agissent pas pour la gloriole" », 30 janvier 1987, périodique non sourcé.

27. Vivement demain

1. Alexandre Borrell, « Affiche de couverture : novembre 1985, le RPR promeut une nouvelle génération », *Parlement[s], Revue d'histoire politique*, n° 3 HS 5, 2009, p. 133-140. 2. *Ibid.* 3. Laurent Greilsamer, « Petites phrases et grandes affiches », *Le Monde*, 3 février 1986. 4. TF1, 25 novembre 1985. 5. Interview de Jacques Séguéla par Patrice Thomas, « Le journal d'il y a trente ans. Législatives 1986, la guerre des affiches », europe1.fr, 28 novembre 2015. Voir aussi François Brune, « Ce "marketing" que l'on dit politique. Le silence de la cible », *Le Monde diplomatique*, mars 1986. 6. Jean-Marie Angelini, « Joëlle Kauffmann nous dit... », *Bulletin du Syndicat national des personnels de l'éducation surveillée*, juin 1986. 7. Jacques Attali, *Verbatim I*. Deuxième partie, *1983-1986*, Paris, Le Livre de Poche (1re éd. Paris, Fayard, 1993), 1995, p. 1380. 8. « L'indomptable Joëlle Kauffmann : parler ? ne pas parler ? "Moi, je crie !" », *L'Événement du jeudi*, 22 mai 1986, interview par Liliane Sichler. 9. Jean-Charles Deniau, « Le temps des otages, Liban 1985-1988 », France 2, 9 avril 2009 ; Sylvain Cypel, « L'autre affaire des otages », *Le Monde*, 17 janvier 2002. 10. Pierre Desproges, *Chroniques de la haine ordinaire*, France Inter, 24 février 1986. 11. *Côte d'Azur Actualités*, FR3, 21 février 1986. 12. Entretien de l'auteur avec Mary Seurat, 6 septembre 2022. 13. Rush à la « Conférence de presse de Joëlle Kauffmann », *Rennes soir*, FR3, 21 février 1986. 14. Archives personnelles, carnet de notes du collège Henri-IV, année scolaire 1985-1986 ; bulletin du 1er trimestre du collège Heni-IV, année 1985-1986. 15. Arch.

comité, lettre de Joëlle Gallois à Joëlle Kauffmann, 22 octobre 1985. **16**. Patricia Gandin, « Alexandre et Grégoire Kauffmann attendent leur père depuis six mois », *Elle*, 2 décembre 1985. **17**. Arch. comité, lettre de Joëlle Kauffmann à Jean-Paul Kauffmann, 21 mai 1986. **18**. Victor Franco, « Kauffmann : l'espoir », *Jours de France*, 11 janvier 1986. **19**. « 6 questions à Joëlle Kauffmann », *Télé 7 jours*, 9 septembre 1985 ; Richard Binet, « Joëlle Kauffmann : ma vie de femme d'otage », *La Vie*, 27 novembre 1985. **20**. « Du monde et du soleil à Saint-Denis pour le pardon régional », *Le Pays breton*, n° 310, juin 1986.

28. Mars 1986

1. France Inter, journal de 13 heures, 6 mars 1986. **2**. Arch. comité, agenda de Joëlle Kauffmann pour l'année 1986. **3**. Arch. comité, lettre d'Axel Naccache à Joëlle Kauffmann, 4 mars 1986. **4**. Arch. comité, lettre de Jacques Laloë à Joëlle Kauffmann, 4 mars 1986. **5**. Arch. comité, « Crainte de torture : crainte d'exécution », communiqué d'Amnesty International, Londres, 27 février 1986. **6**. Edwy Plenel, « L'affaire des deux Irakiens expulsés. Le lourd silence du ministère de l'Intérieur », *Le Monde*, 7 mars 1986. **7**. Françoise Colpin, « Les mille jours de Joëlle Kaufffmann », *Révolution*, 12 février 1988. **8**. « Liban-otages. Mme Kauffmann : "C'est pas possible" », Associated Press, 5 mars 1986. **9**. Joëlle Kauffmann, interview par Geneviève Dermerch, « Joëlle Kauffmann, femme d'otage », *La Voix du Nord*, 5 juin 1986. **10**. Antenne 2 Midi, 6 mars 1986 ; TF1, journal de 13 heures, 6 mars 1986 ; Françoise Colpin, « Les mille jours de Joëlle Kaufffmann », *Révolution*, 12 février 1988. **11**. Frédéric H. Fajardie, « Les otages du Liban », *Nuits magnétiques*, France Culture, 12 mars 1986. **12**. « M. Dumas : "Je n'exclus aucune hypothèse" », *Le Monde*, 7 mars 1986. **13**. AFP, « Liban-otages », texte du communiqué de l'Organisation du Jihad islamique, 6 mars 1986. **14**. « Les torturées », *Paris Match*, 21 mars 1986. **15**. Claire Brière, « Joëlle Kauffmann : "Femme d'otage, un vrai boulot" »,

Femina, 4 août 1986. **16**. Jean-Claude Raspiengeas, « Joëlle Kauffmann : sa parole contre l'oubli », *Télérama*, 20 mai 1987. **17**. Marie Seurat, *op. cit.*, p. 142-143. **18**. « M. Dumas : "Je n'exclus aucune hypothèse" », *Le Monde*, 7 mars 1986. **19**. Antenne 2, édition de la nuit, 6 mars 1986. **20**. Claire Brière, « Joëlle Kauffmann : la colère et l'horreur », *Le Nouvel Observateur*, 14 mars 1986. **21**. Antenne 2, édition de la nuit, 8 mars 1986. **22**. TF1, journal de 20 heures, 9 mars 1986. **23**. France Inter, journal de 22 heures, 9 mars 1986. **24**. FR3, Soir 3, 10 mars 1986 ; Pierre Blanchet, « Comment le Hezbollah a conquis Beyrouth », *Le Nouvel Observateur*, 14 mars 1986. **25**. Serge July, « La guerre du doute », *Libération*, 11 mars 1986. **26**. Marie Seurat, *op. cit.*, p. 150. **27**. Jean-Louis Remilleux, « La déchirante colère de Mary Seurat », *Le Figaro Magazine*, 15 mars 1986 ; Jean-Claude Goudeau, « Un grand coup de balai pour la "carpette" de l'Élysée », *Minute*, 14 mars 1986. **28**. Arch. comité, lettre de Michèle Ménargues à Joëlle Kauffmann, 12 mars 1986. **29**. France Inter, journal de 13 heures, 11 mars 1986. **30**. Jean-Louis Remilleux, « La déchirante colère de Mary Seurat », *Le Figaro Magazine*, 15 mars 1986. **31**. « Le Djihad islamique menacerait de tuer un diplomate français », *Le Monde*, 10 mars 1986. **32**. Edwy Plenel, « Michel Seurat aurait été assassiné avant l'expulsion des deux Irakiens », *Le Monde*, 14 mars 1986. **33**. Éric Favreau, « La France bouge pour ses otages », *Libération*, 13 mars 1986. **34**. TF1, journal de 20 heures, 12 mars 1986. **35**. « Les otages du Liban », *Nuits magnétiques*, France Culture, 12 mars 1986. **36**. France Inter, journal de 19 heures, 12 mars 1986. **37**. « Les manifestations de solidarité à Paris et en province : "Je vous en supplie, arrêtez !" », *Le Monde*, 14 mars 1986. **38**. « Tous otages », *Infovision*, TF1, 3 avril 1986. **39**. « Le Djihad islamique accentue sa pression sur Paris à la veille des élections », *Le Monde*, 15 mars 1986. **40**. Jean Hatzfeld, « Les télés expliquent leur censure », *Libération*, 15-16 mars 1986. **41**. André Weil-Curiel, *Le Monde*, 21 mars 1986. **42**. Alain Pacadis, « Nightclubbing. Quinze-tonnes John », *Libération*, 20 mars 1986.

29. Sophie Deval

1. Arch. comité, Éditions Mazarine, relevé des droits du 1er janvier au 31 décembre 1986. 2. Arch. comité, lettre d'Olivier Cohen à Joëlle Kauffmann, 2 avril 1986. 3. Jérôme Garcin, « Pour Jean-Paul Kauffmann », *Le Provençal*, 30 mars 1986. 4. J. G. [Jérôme Garcin], « Pour Jean-Paul », *L'Événement du jeudi*, 20 mars 1986. 5. « Une aussi longue absence », *Le Nouvel Observateur*, 20 mars 1986 ; Pierre Ysmal, « Les Fanatiques », *L'Yonne républicaine*, 7 mars 1986 ; Bruno Frappat, « Coupable innocence », *Le Monde*, 17 mars 1986 ; « Un livre pour la liberté », *Le Quotidien du médecin*, 12 mars 1986 ; A. de G. [Antoine de Gaudemar], « Soixante écrivains pour Kauffmann », *Libération*, 14 mars 1986 ; D. V. [Dominique Vidal], « Pour Kauffmann », *Révolution*, 21 mars 1986 ; Denis Tillinac, « La balade romanesque de Denis Tillinac », *La Dépêche du Midi*, 23 mars 1986. 6. Frédéric H. Fajardie, « Les otages du Liban », *Nuits magnétiques*, France Culture, 12 mars 1986. 7. Thérèse Fournier, « Lettre à Joëlle Kauffmann », *La Vie mutualiste*, mars 1986. 8. Gabriel Matzneff, « Carnets », *Impact médecin*, 25 mai 1988. 9. Hervé Deroissard, « Écrits pour Jean-Paul Kauffmann », *Journal Rhône-Alpes*, 20 mars 1986. 10. Geneviève Dermerch, « Joëlle Kauffmann, femme d'otage », *La Voix du Nord*, 5 juin 1986. 11. Jean-Louis Remilleux, « Le cri d'indignation et de désespoir d'Éliane Fontaine », *Le Figaro Magazine*, 15 mars 1986. 12. « Tous otages », *Infovision*, TF1, 3 avril 1986. 13. Arch. comité, dossier de la procédure contre Sipa Press et Cogedipresse. 14. Arch. comité, lettre de Joëlle Kauffmann à Me Jean-Pierre Blesbois, 27 mars 1987. 15. Archives personnelles.

30. Alternance

1. Josette Alia, « Jean-Bernard Raimond : la stratégie de la fourmi », *Le Nouvel Observateur*, 27 juin 1986. 2. « L'indomptable Joëlle Kauffmann : parler ? ne pas parler ? “Moi, je crie !” », *L'Événement du jeudi*, 22 mai 1986, interview par

Liliane Sichler. 3. Michel Roussin, *Le Gendarme de Chirac*, Paris, Albin Michel, 2006, p. 135. 4. Pierre Péan, *Manipulations africaines. L'attentat contre le DC 10 d'UTA, 170 morts*, Paris, Plon, 2001, p. 202 ; Sylvain Cypel, « L'autre affaire des otages », *Le Monde*, 17 janvier 2002. 5. Josette Alia, « Comment Chirac veut gagner la guerre », *Le Nouvel Observateur*, 28 mars 1986. 6. Jean-Francis Held, « Otages d'un monde devenu fou », *L'Événement du jeudi*, 22 mai 1986. 7. F. G.-R. [François Germain-Robin], « Les télégrammes de Voltaire », *L'Humanité*, 23 avril 1986. 8. *Journal officiel de la République française. Sénat. Débats parlementaires*, séance du 24 avril 1986. Voir aussi « Le sort des otages évoqués au Sénat », *L'Humanité*, 25 avril 1986. 9. France Inter, journal de 13 heures, 22 mai 1986. 10. FR3 Nord Pas-de-Calais, journal de 19 heures, 26 mai 1986. 11. TF1, journal de 20 heures, 22 mai 1986. 12. France Inter, journal de 13 heures, 22 mai 1986. 13. « L'indomptable Joëlle Kauffmann : parler ? ne pas parler ? "Moi, je crie !" », *L'Événement du jeudi*, 22 mai 1986, interview par Liliane Sichler. 14. Antenne 2, journal de 20 heures, 8 mai 1986. 15. *Journal officiel de la République française. Débats parlementaires. Assemblée nationale*, séance du 6 juin 1986. 16. « De la lutte pour la liberté à la lutte pour la survie », *L'Alsace*, 22 mai 1986, interview par Francis Laffon. 17. « Jean-Paul Kauffmann par Joëlle Kauffmann : un an déjà », *Révolution*, 23 mai 1986, interview par Dominique Vidal. 18. « Joëlle Kauffmann : Jean-Paul est à Beyrouth-Sud », *L'Alsace*, 21 mai 1987, interview par Francis Laffon.

31. Otages volontaires

1. Arch. comité, lettre de Christian D. à Joëlle Kauffmann, s.d. [1987]. 2. Arch. comité, lettre de Xavier L. à Joëlle Kauffmann, 24 août 1985. 3. Arch. comité, lettre de Pierre L. à Joëlle Kauffmann, 13 mars 1986. 4. Arch. comité, lettre de l'abbé Jean-Pierre M. à Joëlle Kauffmann, 6 janvier 1986. 5. Arch. comité, lettre de Daniel C. à Joëlle Kauffmann, 23 janvier 1986.

6. Arch. comité, lettre de René M. à Joëlle Kauffmann, 15 août 1988. 7. Mickaël Louédec, « Charles Paperon, héros de la Résistance et figure de Brest, est décédé », *Ouest-France*, 30 mars 2021. 8. « Paperon réitère son offre de remplacer Kauffmann », *L'Orient-Le Jour*, 4 septembre, 1985. 9. « Kauffmann-Seurat. 181e jour de détention. Une initiative particulière », *Le Matin de Paris*, 21 novembre 1986. 10. Marie Seurat, *op. cit.*, p. 128. 11. Jean-François Kahn, « Nous sommes tous Jean-Paul Kauffmann », *L'Événement du jeudi*, 9 octobre 1986. 12. Arch. comité, lettre de Jean-Jacques P. à Joëlle Kauffmann, 15 mai 1986. 13. Arch. comité, lettre d'Olivier B. à Joëlle Kauffmann, 3 novembre 1986. 14. Arch. comité, lettre de Hattab G. et Pierre B. à Joëlle Kauffmann, 27 mai 1986. 15. Arch. comité, lettre de Jean-Jacques P. à Joëlle Kauffmann, 3 août 1986.

32. Septembre noir

1. Archives personnelles, bulletin du troisième trimestre du collège Henri-IV, année 1985-1986. 2. Arch. comité, lettre de Grégoire Kauffmann à Joëlle Kauffmann, s.d. [juillet 1986]. 3. Arch. comité, lettre de Grégoire Kauffmann à Alexandre Kauffmann, s.d. [juillet 1986]. 4. Dominique Vidal, « Une journée particulière », *Révolution*, 12 septembre 1986. 5. Arch. comité, « Grégoire 2.9.86 ». 6. Dominique Vidal, « Une journée particulière », *Révolution*, 12 septembre 1986. 7. TF1, journal de 13 heures, 3 septembre 1986. 8. Dominique Vidal, « Une journée particulière », *Révolution*, 12 septembre 1986. 9. France Inter, Inter actualités de 7 h 30, 3 septembre 1986. 10. Jean-Claude Raspiengeas, « Joëlle Kauffmann : sa parole contre l'oubli », *Télérama*, 20 mai 1987. 11. Dominique Vidal, « Une journée particulière », *Révolution*, 12 septembre 1986. 12. *Ibid.* 13. Jean-François Crozier, « Mme Kauffmann a conduit son fils à l'école avant d'aller voir Chirac », *France-Soir*, 4 septembre 1986. 14. « La logique du chantage », *Le Monde*, 4 septembre 1986. 15. José Fort, « L'abandon ? », *L'Humanité*, 4 septembre 1986. 16. Rush inventorié par erreur sur inamediapro.com sous la référence « Rennes, manifestation de soutien

à Jean-Paul Kauffmann et Michel Seurat », FR3, 22 février 1986. 17. *Taxi*, FR3, 9 septembre 1986. 18. *L'Heure de vérité*, Antenne 2, 10 septembre 1986. 19. Arch. comité, cahier de permanence. 20. Arch. comité, agenda de Joëlle Kauffmann pour l'année 1986, 12-13 septembre 1986 ; François Germain-Robin, « Jean-Paul et les autres », *L'Humanité*, 15 septembre 1986 ; « Menace contre Mme Kauffmann », *Le Monde*, 17 septembre 1986. 21. « SOS-Racisme : "ni marchandage honteux ni dérive sécuritaire" », *Le Monde*, 17 septembre 1986. 22. François Germain-Robin, « Jean-Paul et les autres », *L'Humanité*, 15 septembre 1986.

33. Sur la péniche

1. Gabriel Matzneff, « Carnets », *Impact médecin*, 25 mai 1988. 2. Jacques Lanzmann, « J'étais partisan, il y a un an, d'aller chercher les otages », *Plurielle. Revue de création interculturelle*, supplément au n° 5-6, second semestre 1987. 3. Arch. comité, lettre de Daniel Kauffmann à Joëlle Kauffmann, 22 décembre 1986. 4. Érik Neveu, *Des soixante-huitards ordinaires*, Paris, Gallimard, coll. « NRF Essais », 2022, p. 181. 5. Arch. comité. 6. Frédéric H. Fajardie, « Un certain climat, un climat incertain », *Quatre lettres à Jean-Paul Kauffmann*, *op. cit.*, p. 13. 7. Arch. comité, lettre de Joëlle Kauffmann à Gérard Longuet, 27 mai 1986. 8. Arch. comité, lettre de Gérard Longuet à Joëlle Kauffmann, 10 juin 1986.

34. Une messe

1. Arch. comité, lettre de Mme V. à Joëlle Kauffmann, 20 avril [1988]. 2. Arch. comité, lettre de sœur Marie de l'Immaculée Le Priol à Joëlle Kauffmann, 30 avril 1986. 3. Arch. comité, lettre de sœur Marie de l'Immaculée Le Priol à Joëlle Kauffmann, 9 septembre 1986. 4. Arch. comité, lettre de Marie de Saint-Jean Callet à Joëlle Kauffmann, 30 décembre 1986. 5. Arch. comité, lettre de Georges Hourdin à Joëlle Kauffmann, 29 octobre 1986. 6. Élise Fischer, « Les 2 000 bougies », *France catholique*,

2 octobre 1987 7. « La petite bougie de Mgr Decourtray », *Le Monde*, 22 septembre 1986. 8. Arch. comité, lettre de l'abbé Denis Baudot, secrétaire général du cardinal archevêque de Lyon, à Joëlle Kauffmann, 7 novembre 1986. 9. Arch. comité, lettre de Joëlle Kauffmann à Jean-Paul II [brouillon] ; Robert Belleret, « Acte d'espérance : 500e. Joëlle Kauffmann et les siens étaient à Eurexpo », *Le Progrès*, 7 octobre 1986. 10. R.B., « Mme Kauffmann à Eurexpo : Jean-Paul vaut bien une messe », *Le Monde*, 7 octobre 1986. 11. Robert Belleret, « Acte d'espérance : 500e. Joëlle Kauffmann et les siens étaient à Eurexpo », *Le Progrès*, 7 octobre 1986. 12. R.B., art. cit.

35. PORCHERIE

1. *Journal officiel de la République française. Débats parlementaires. Assemblée nationale*, séance du 12 novembre 1986. 2. Jean-Paul Kauffmann, « La double nature de Charles Pasqua », *Le Matin de Paris*, 9 août 1984. 3. Marc Kravetz, « Questions écrites sur vos silences », *Libération*, 9 octobre 1986. 4. Claude Angeli, « Le marché que les agents français ont proposé aux Syriens », *Le Canard enchaîné*, 6 novembre 1986. 5. « Selon "L'Événement du jeudi", la France aurait proposé de fournir des armes à l'Iran : démenti catégorique de Matignon », *Le Monde*, 10 octobre 1986. 6. J.J. [Jacques Julliard], « Un sondage Sofres-"Le Nouvel Observateur"-TF1 auprès des 16-22 ans : ce que nous voulons », *Le Nouvel Observateur*, 5 décembre 1986. 7. Edgard Morin, « Une révolte sans révolutionnaires », *Le Monde*, 13 décembre 1986. 8. Christiane Chombeau et Daniel Schneidermann, « Les élèves à l'école de la grève », *Le Monde*, 28 novembre 1986. 9. Louis Pauwels, « Le Monome des zombies », *Le Figaro Magazine*, 6 décembre 1986. 10. François Cusset, *op. cit.*, p. 104. 11. Georges-Marc Benamou, « La France s'ennuie vraiment », *Globe*, n° 12, décembre 1986, in Globe, *Les Années tournantes. Le meilleur du mensuel, 1985-1992*, Paris, Le Seuil, coll. « Points Actuels », 1992, p. 131-132. 12. Laurent Joffrin, *Un coup de jeune. Portrait d'une génération*

morale, Paris, Arléa, 1987, p. 16, 112-113, 129, 143-145, 161. 13. *Ibid.*, p. 102-103.

36. HOMME-SANDWICH

1. *7 sur 7*, TF1, 28 décembre 1986. 2. Arch. comité, lettre de Joëlle Kauffmann à Jean-Paul Kauffmann, 24 décembre 1986. 3. « Mme Kauffmann : "Je reviens inquiète" », *Le Monde*, 29 décembre 1986. 4. Arch. comité, Joëlle Kauffmann, « vendredi 26 décembre 1986 », note manuscrite. 5. Arch. comité, télex de Marc Kravetz à Joëlle Kauffmann, s.d. [25 ou 26 décembre 1986]. 6. Arch. comité, télex de Jean-Francis Held à Joëlle Kauffmann, s.d. [25 ou 26 décembre 1986]. 7. Joëlle Kauffmann, « Pour un Noël de justice », *Panorama. Le mensuel chrétien*, décembre 1987. 8. Jean Toulat, « À Beyrouth, près de Jean-Paul », *La Croix Magazine Nord/Pas-de-Calais*, 24 décembre 1987. 9. Arch. comité, lettre de Jean-Paul Kauffmann à Joëlle Kauffmann, 24 décembre 1986. 10. TF1, journal de 20 heures, 26 décembre 1986.

37. UNE FIGURE

1. TF1, *Mini-Journal*, 1er janvier 1987. 2. « L'indomptable Joëlle Kauffmann : parler ? ne pas parler ? "Moi, je crie !" », *L'Événement du jeudi*, 22 mai 1986, interview par Liliane Sichler. 3. André Laubepin, « Joëlle Kauffmann : invitée du "Club de la Presse". "Le combat quotidien pour libérer Jean-Paul et les autres otages" », *Le Dauphiné libéré*, 25 avril 1986. 4. Jean-Claude Raspiengeas, « Joëlle Kauffmann : sa parole contre l'oubli », *Télérama*, 20 mai 1987 ; Richard Binet, « Joëlle Kauffmann : j'y ai toujours cru », *La Vie*, 12 mai 1988. 5. Arch. comité, lettre de Jacqueline M. à Joëlle Kauffmann, 6 mai 1988. 6. « Joëlle Kauffmann, la "folle du 22 mai" », *Nouvelles. Bulletin hebdomadaire de l'Agence femmes information*, n° 205, 26 mai-1er juin 1986. 7. Jean-Claude Raspiengeas, « Joëlle Kauffmann : sa parole contre l'oubli », *Télérama*, 20 mai

1987. **8.** Antenne 2, 21 mai 1986. **9.** Voir Grégoire Kauffmann, *Hôtel de Bretagne. Une famille française dans la guerre et l'épuration*, Paris, Flammarion, 2019. **10.** Éric de Goutel, « Joëlle Kauffmann : "Il faut qu'on lise l'espoir dans mes yeux" », *Télé 7 Jours*, 20 février 1988. **11.** « "Jusqu'à ce que s'ouvrent les portes de sa prison, je ne cesserai pas de hurler !" », *Le Réveil normand*, 7 avril 1988. **12.** « Kauffmann : toujours l'espoir », *Sud-Ouest*, 23 septembre 1985. **13.** Voir Paula Schwartz, « Résistance et différence des sexes : bilan et perspectives », *Clio. Histoire, femmes et sociétés*, vol. 1, n° 1, 1995. **14.** Arch. comité, lettre de Mme M. à Joëlle Kauffmann, 10 septembre 1986. **15.** Arch. comité, lettre de S. C. à Joëlle Kauffmann, 14 décembre 1986. **16.** Arch. comité, lettre anonyme à Joëlle Kauffmann, 22 janvier 1986. **17.** Arch. comité, lettre anonyme à Joëlle Kauffmann, s.d. [janvier 1986]. **18.** Arch. comité, lettre anonyme à Joëlle Kauffmann, s.d. **19.** Arch. comité, lettre de Mme Z. à Antenne 2, 26 décembre 1985.

38. La gloriole

1. « Solidarités aux otages du Liban : la pudeur et la rage », *Libération*, 30 janvier 1987. **2.** Arch. comité, lettre de Thérèse B. à Joëlle Kauffmann, 8 octobre 1986. **3.** José Fort, « Photos gênantes », *L'Humanité*, 12 mars 1987. **4.** France Inter, journal de 19 heures, 9 septembre 1986. **5.** Interview de Jean-Francis Held par Jean Lebrun, « "Il n'y a pas de stratégie impeccable" », *La Croix*, 15 janvier 1987. **6.** Gabriel Macé, « Au pied, les journalistes glorioleux ! », *Le Canard enchaîné*, 4 février 1987. **7.** Claude Sarraute, « Dingo », *Le Monde*, 29 janvier 1987. **8.** « Mme Kauffmann : "Des propos outrageants pour les otages" », *Le Dauphiné libéré*, 30 janvier 1987. **9.** *Le Nouvel Observateur*, juin 1985. **10.** Jean Daniel, *Les Religions d'un président*, Paris, Grasset, 1988. **11.** Jacques Julliard, « L'adieu aux chimères », *Le Nouvel Observateur*, 27 décembre 1986. **12.** *Ibid.* **13.** *Id.*, *Intervention*, n° 1, novembre-décembre

1982. 14. *Id.*, « Où sont les casseurs ? », *Le Nouvel Observateur*, 6 septembre 1985.

39. Les vautours

1. Arch. comité, lettre anonyme à Joëlle Kauffmann, 9 novembre 1985. 2. Arch. comité, lettre anonyme à Joëlle Kauffmann, s.d. 3. Arch. comité, lettre anonyme à Joëlle Kauffmann, s.d. 4. Arch. comité, lettres de Philippe Rondot à Joëlle Kauffmann, 23 juillet 1985, 19 août 1986, 8 septembre 1986. 5. Arch. comité, lettre d'Amer S. à Joëlle Kauffmann, 13 octobre 1986. 6. Arch. comité, lettre de Danièle T. à Joëlle Kauffmann, 23 juin 1986. 7. Arch. comité, lettre de Mayoub N. à Joëlle Kauffmann, 3 octobre 1985. 8. Arch. comité, lettre à Joëlle Kauffmann, 20 juin 1986. 9. Arch. comité, lettre d'Alexandre Kauffmann à Joëlle Kauffmann, 19 mai 1986. 10. Arch. comité, lettre de Jean-Louis Gantzer à Joëlle Kauffmann, 13 mars 1986. 11. Yves Loiseau, « Jean-Louis Gantzer : "Je sais comment est mort Michel Seurat" », *Le Matin de Paris*, 15 octobre 1987.

40. Le spectacle a assez duré

1. *Journal officiel de la République française. Débats parlementaires. Assemblée nationale*, séance du 18 juin 1987. 2. « Joëlle Kauffmann à "La Dépêche du Midi" » : "Il y a peut-être des solutions pour libérer mon mari" », *La Dépêche du Midi*, 27 mai 1987. 3. « Joëlle Kauffmann : Jean-Paul est à Beyrouth-Sud », *L'Alsace*, 21 mai 1987, interview par Francis Laffon. 4. Arch. comité, lettre de Joëlle Kauffmann à Jean-Paul Kauffmann, s.d. [mars 1986]. 5. « Joëlle Kauffmann à "Sud-Ouest" : "Ce qui me pousse, c'est la rage" », *Sud-Ouest*, 22 mai 1985, interview par Bernard Broustet. 6. « Otages : pas d'espoir à court terme », *Le Parisien*, 13 mai 1987. 7. « M. Jacques Chirac a reçu les familles des otages français du Liban », *Le Monde*, 14 mai 1987. 8. Jean-Michel Verne, « Otages : le combat de Joëlle Kauffmann », *La Marseillaise*, 16 juin 1987. 9. *L'Orient-Le Jour*,

22 mai 1987. 10. Didier Bigo, « Les attentats de 1986 en France : un cas de violence transnationale et ses implications (partie I) », *Cultures & Conflits*, hiver 1991. 11. *France-Soir*, 24 juillet 1987. 12. « Polémique française sur les otages », *Libération*, 4 août 1987 ; Hervé Algalarrondo, « Otages : le coup de sang de Chirac », *Le Nouvel Observateur*, 7 août 1987 ; « La polémique lancée par M. Rafsandjani : "Il ne suffit pas qu'une autorité iranienne s'exprime pour que nous entrions dans des conflits internes" déclare M. Louis Mermaz », *Le Monde*, 5 août 1987. 13. FR3, Rennes soir, 22 août 1987.

41. COMMUNISTES ET SOLIDAIRES

1. TF1, journal de 13 heures, 12 septembre 1987. 2. Jean-Pierre Keimeul, « Rencontre avec Joëlle Kauffmann, une femme en lutte contre le terrorisme », *Le Drapeau rouge*, 22 septembre 1986. 3. « Un nouveau Mai 1968 », *Répliques*, France Culture, 13 décembre 1986. 4. Arch. comité, lettre de Georges Marchais à Joëlle Kauffmann, 3 septembre 1986. 5. Arch. comité, lettre de Roland Leroy à Joëlle Kauffmann, 14 novembre 1985. 6. Françoise Germain-Robin, « Trois ans de vie volés », *L'Humanité*, 22 mars 1988. 7. *Journal officiel de la République française. Débats parlementaires. Assemblée nationale*, séance du 8 octobre 1986. 8. *Journal officiel de la République française. Débats parlementaires. Assemblée nationale*, séance du 5 juin 1987. 9. *Journal officiel de la République française. Débats parlementaires. Assemblée nationale*, séance du 4 novembre 1987. 10. Arch. comité, lettre de Sylvie Jan à Joëlle Kauffmann, 13 avril 1987. 11. Arch. comité, lettre du maire de Grigny Roger Tissot à Joëlle Kauffmann, 2 décembre 1987. 12. « Chantage à répétition », *L'Humanité*, 3 août 1987. 13. Arch. comité, Joëlle Kauffmann, « Débats à l'ENI Clermont et à l'ENI Paris », s.d. [mars 1987]. 14. Dominique Bari, « Otages. Un entretien avec Joëlle Kauffmann : "Il est encore temps de négocier" », *L'Humanité Dimanche*, 14 août 1987. 15. Arch. comité, lettre de Gérard Gatinot à Joëlle Kauffmann,

8 octobre 1986. 16. « Vers le 10e Congrès de l'OIJ », *Le Journaliste démocratique*, n° 9, septembre 1986. 17. Gérard Gatinot, « Solidarité des journalistes », *L'Humanité*, 22 octobre 1986 ; arch. comité, brouillon du discours de Joëlle Kauffmann. 18. Arch. comité, lettre de la secrétaire générale de l'Union des femmes françaises Annie Péronnet à Joëlle Kauffmann, 14 avril 1987 ; lettre de la secrétaire administrative de l'Union des femmes françaises Annie Cloarec à Joëlle Kauffmann, 9 juin 1987.

42. Un monde d'aéroports

1. Joëlle Kauffmann, « Lettre à Jean-Paul », *Elle*, 21 décembre 1987. 2. Joëlle Kauffmann, « La diplomatie et la crise : le Moyen-Orient et la question des otages français », *Nuits magnétiques*, France Culture, 29 janvier 1986. 3. Jean-Yves Le Priol, « Joëlle Kauffmann : la "rage" de l'attente », *La Croix*, 1er-2 janvier 1987 ; Richard Binet, « Joëlle Kauffmann : j'y ai toujours cru », *La Vie*, 12 mai 1988. 4. Jean-Claude Raspiengeas, « Joëlle Kauffmann : sa parole contre l'oubli », *Télérama*, 20 mai 1987. 5. Arch. comité, lettre de H. Ayoubi à Joëlle Kauffmann, 9 juillet 1987. 6. Antenne 2, journal de 20 heures, 9 novembre 1987. 7. « Les bas-côtés de l'Histoire », *Le Monde*, 15 novembre 1987.

43. Encore trois

1. « Terrorisme, sécurité et diplomatie : la diplomatie hors-jeu », *Le Monde*, 17 septembre 1987. 2. « Les secrets de la libération des otages », *Le Journal du Dimanche*, 29 novembre 1987. 3. Pierre Péan, *La Menace*, Paris, Fayard, 1987, p. 232. 4. « Mille jours : otages, silence, impuissance... », *Le Monde*, 17 février 1988. 5. Serge Rafi, « Les ardoises de Jean-Charles Marchiani », *Le Nouvel Observateur*, 13 mai 1988. 6. Robert Solé, « Les limites de l'œcuménisme », *Le Monde*, 1er décembre 1987. 7. Arch. comité, lettre de Fabien L. à Joëlle Kauffmann, 1er décembre 1987. 8. Arch. comité, lettre anonyme à

Antenne 2, 30 novembre 1987. 9. Antenne 2, journal de 20 heures, 25 décembre 1987.

44. Square Ozanam

1. « Joëlle Kauffmann à "Sud-Ouest" : "Ce qui me pousse, c'est la rage" », *Sud-Ouest*, 22 mai 1987, interview par Bernard Broustet 2. Joëlle Kauffmann, « Je vis en permanence avec la souffrance de Jean-Paul », *L'Indépendant*, 2 novembre 1987, interview par Henri Fabre. 3. « Joëlle Kauffmann : "J'aide Jean-Paul à tenir" », *La Renaissance du Val-d'Oise*, 4 mars 1988, interview par Michel Beck. 4. « Voix du silence : droits des otages, droits des familles », France Culture, 19 mars 1988.

45. Le relais des Quimperlois

1. Arch. comité, lettre type de Denis Perier Daville, 22 octobre 1987. 2. « Le millième jour de la détention de Jean-Paul Kauffmann », *Le Monde*, 18 février 1988. 3. Arch. comité, lettre anonyme à Joëlle Kauffmann, s.d. [17 février 1988]. 4. Arch. comité, « Débloque-note », s.d., publication non sourcée, [février 1988]. 5. Arch. comité, « Un vaste élan de solidarité », s.d. [février 1988], périodique non sourcé. 6. « TF1 annule une émission sur les otages », *Ouest-France*, 3 février 1988. 7. Frédéric H. Fajardie, « La douceur de vivre », *Télérama*, 10 février 1988. 8. « Mille jours : otages, silence, impuissance… », *Le Monde*, 17 février 1988. 9. Françoise Colpin, « Les mille jours de Joëlle Kauffmann », *Révolution*, 12 février 1988. 10. Noël Mamère, *La Dictature de l'Audimat*, Paris, La Découverte, 1988, p. 45. 11. Jean Vautrin, « Merde à l'espoir », *L'Humanité*, 16 février 1988.

46. Rumeurs

1. Jacques Attali, *Verbatim II, 1986-1988*, Paris, Fayard, 1995, p. 470. 2. Antenne 2, journal de 13 heures, 4 mars 1988. 3. « "Les socialistes se contentent de critiquer parce qu'ils n'ont

plus rien à dire" affirme M. Chirac à Longchamp », *Le Monde*, 6 mars 1988. **4**. Antenne 2, journal de 20 heures, 22 mars 1988. **5**. José Garçon et Dominique Garraud, « L'odyssée de Marchiani à Beyrouth se termine en faux scoop encombrant », *Libération*, 30 avril 1988. **6**. « Le sort des otages au Liban », *Le Monde*, 26 mars 1988 **7**. TF1, journal de 13 heures, 5 avril 1988 ; « Nouvelles rumeurs concernant la libération des otages français détenus au Liban », *Le Monde*, 6 avril 1988. **8**. FR3 Picardie, journal de 19 heures, 30 avril 1988. **9**. Marc Kravetz, « Bien joué ? », *Libération*, 25 avril 1988.

47. 4 MAI 1988

1. Jean-Claude Raspiengeas, « 19 h 50 : Joëlle et les enfants... », *Télérama*, 11 mai 1988.

48. TRENTE ANS APRÈS

1. Roger Auque, avec la collaboration de Jean-Michel Verne, *Au service secret de la République*, Paris, Fayard, 2015. **2**. Denis Tillinac, « Grâce pour Marchiani ! », *Valeurs actuelles*, 9 mai 2008.

Table

Cet ouvrage a été mis en pages par

<pixellence>

Imprimé en France par CPI
en septembre 2023

Dépôt légal : septembre 2023
N° d'édition : 624238-1
N° d'impression : 176765